河北省高等教育教学改革研究与实践项目成果（项目编号：2019GJJG180）

人工智能法学教育系列丛书

Introduction to
Artificial Intelligence Law

人工智能法学导论

王利军　李大庆
——主编

法律出版社 LAW PRESS·CHINA
北京

图书在版编目(CIP)数据

人工智能法学导论／王利军，李大庆主编. -- 北京：法律出版社，2022
ISBN 978-7-5197-6524-8

Ⅰ. ①人… Ⅱ. ①王… ②李… Ⅲ. ①人工智能－科学技术管理法规－研究 Ⅳ. ①D912.170.4

中国版本图书馆 CIP 数据核字(2022)第 043548 号

人工智能法学导论
RENGONG ZHINENG FAXUE DAOLUN

王利军 李大庆 主编

策划编辑 沈小英
责任编辑 刘晓萌
装帧设计 李 瞻

出版发行 法律出版社
编辑统筹 法治与经济出版分社
责任校对 王 丰
责任印制 吕亚莉
经 销 新华书店

开本 710 毫米×1000 毫米 1/16
印张 14.25 字数 227 千
版本 2022 年 5 月第 1 版
印次 2022 年 5 月第 1 次印刷
印刷 固安华明印业有限公司

地址：北京市丰台区莲花池西里 7 号(100073)
网址：www.lawpress.com.cn
投稿邮箱：info@lawpress.com.cn
举报盗版邮箱：jbwq@lawpress.com.cn
销售电话：010-83938349
客服电话：010-83938350
咨询电话：010-63939796

书号：ISBN 978-7-5197-6524-8
定价：78.00 元
凡购买本社图书，如有印装错误，我社负责退换。电话：010-83938349

目　录

第一章
导　言

人工智能作为当代社会方兴未艾的一项重大科技突破，已经成为社会普遍关注的热点领域，法学、社会学等学科都需要积极回应人工智能带来的系列问题。

一、人工智能与人工智能法学

人工智能已经成为推动经济社会发展的重要技术，其影响力将继续扩大。人工智能法学人才需求涵盖了《国民经济行业分类》（GB/T 4754—2017）中的 100 余个大类、1000 余个小类，在服务整个国民经济体系中占据重要地位。2021 年 4 月，中国信息通信研究院发布了《中国数字经济发展白皮书（2020 年）》，指出 2020 年中国数字经济规模达到 39.2 万亿元，占 GDP 比重的 38.6%。

当前，"人工智能"一词已经成为时尚的标志性用语，备受大家青睐。各种广义上的"物联网"设备都被作为"人工智能"产品来销售，数字统计及数字科学亦是如此。一旦某企业提出一个热点技术,就会经由网络大力地宣传被大众接受,成为推动技术、社会,甚至经济革命的重要一步。众多响应者也会及时跟进,在他们的营销信息中加上诸如“机器学习”和“机器人”等流行术语,以此彰显产品品质、跻身时尚潮流。

“人工智能”一词如今已广泛普及,这也引起了一些质疑:为何照明开关不能被称为人工智能?它拥有神奇的功能,可以把一个伸手不见五指的房间变得光明敞亮。随着“人工智能”时代的逐步临近,如何理性地选择以及决策,辩证地思考以及行动,是人们不断探索的问题。

(一)人工智能的发展

1. 人工智能的产生

人工智能(Artificial Intelligence,AI),又称机器智能,是指由人制造出来的机器所表现出来的智能,即通过普通计算机程序手段实现的类人智能技术。人工智能是研究、开发用于模拟、延伸和扩展人的智能的理论、方法、技术及应用系统的一门新的技术科学。关于人工智能的研究可以追溯到1955年,美国洛杉矶举行了极具影响力的首次智能机器设计师会议——西部联合计算机大会(Western Joint Computer Conference)。在这次会议上,艾伦·纽维尔和赫伯特·西蒙提出了“逻辑理论机器”(Logic Theory Machine)的概念。随后在1956年,美国学者约翰·麦卡锡(John McCarthy)、马文·明斯基、雷·索洛莫诺夫等人在美国达特茅斯学院(Dartmouth College)召开了从6月18日到8月17日跨时两个多月的研讨会——“达特茅斯人工智能夏季研讨会”。在这场研讨会上,与会学者们深入探讨了“机器模拟人类智能”的问题,并且首次正式提出并使用了“人工智能”这一术语。这一被历史铭记的时刻,标志着人工智能学科的诞生。

人工智能的发展也并非一帆风顺,很快,对它的研究沦为混淆与幻想的闹剧。

1958年,美国著名数理逻辑学家巴希勒发表了一份“证明”,证明“机器翻译”是不可能实现的；

1965 年，赫伯特·西蒙预言，在 20 年内，机器将有能力完成人类所能做的任何工作；

1966 年，语言自动处理咨询委员会（Automatic Language Processing Advisory Committee，ALPAC）的报告称，其减少了对机器翻译研究投入的资金；

1969 年，马文·明斯基和帕伯特所著的《感知器》一书扼杀了美国神经网络的研究项目；

1970 年，马文·明斯基在接受《生活》杂志的采访时表示，在 3～8 年的时间里，将出现一台具有普通人正常智力的机器；

1972 年，理查德·卡普（Richard Karp）表示，有许多问题可能需要经过漫长的岁月才能逐一得到解决；

1973 年，莱特希尔的报告在英国彻底否定了人工智能。

在 20 世纪 80 年代，科学家们对第五代机器的过度夸大使人们产生了恐慌情绪。第五代计算机系统是日本国际贸易和工业省（Ministry of International Trade and Industry）于 1982 年发起的一项动议，旨在创建一款能够代表人工智能的超级计算机。美国的人工智能科学家表示，如果美国不响应这一倡议，而是像当年“斯普特尼克号”（Sputnik）[1]那样采取制衡手段，那么美国将会面临一场危机。

人工智能的发展在不断受挫和修正中一次又一次地遇到了新的机遇和挑战。人工智能经历了强化学习阶段、卷积神经网络阶段、深度学习阶段、深度强化学习阶段的发展。人工智能作为计算机学科的一个分支，20 世纪 70 年代以来被称为世界三大尖端技术（空间技术、能源技术、人工智能）之

〔1〕 苏联发射的第一颗人造卫星“伴侣号”于 1957 年 10 月 4 日由苏联的 R7 火箭在拜克努尔航天基地发射升空，其成功发射在政治、军事、技术、科学领域给美国带来了新的挑战，也标志着人类航天时代的来临，同时更直接地导致了美国和苏联在航天技术方面的激烈竞争。

一,也被认为是21世纪三大尖端技术(基因工程、纳米科学、人工智能)之一。近30年来,人工智能迅速发展,已经逐步发展成为一个独立的分支,在很多学科领域都获得了广泛的应用,无论在理论上还是在实践中都已自成一个系统,并取得了丰硕的成果。

20世纪80年代中期,AT & T贝尔实验室的雅恩·乐昆团队使用卷积神经网络技术,实现了人工智能识别手写的邮政编码数字图像。

20世纪90年代,IBM公司生产的拥有480块专用CPU,可以"像上帝一样思考"的机器人"深蓝"(Deep Blue)战胜了人类世界国际象棋冠军卡斯帕罗夫。

到了21世纪,美国华裔科学家吴恩达团队通过研究使用图形处理器GPU进行大规模无监督式机器学习工作,尝试让人工智能程序完全自主地识别图形中的内容。

2010年以后,深度学习算法的发展推动语言识别、图像识别和自然语言处理等技术取得惊人突破,前所未有的人工智能商业化和全球化浪潮席卷而来。

2016年3月9日,谷歌(Google)研发的深度学习人工智能技术项目阿尔法狗(AlphaGo)以4∶1的压倒性优势战胜世界围棋顶尖高手李世石,标示着人工智能技术已经发展到了相当高的水平,人工智能机器甚至已经具备了独立思考学习、战胜人类思维的强大能力。

据计划书公司(Pitch Book Company)统计,2017年全球人工智能和机器学习领域共获得风险投资108多亿美元。

2018年以来,全球人工智能发展进一步加速。

2. 人工智能的概念

了解人工智能,首先应对"智能"概念本身有充分理解,如果缺乏对智能概念本身的充分理解,即使对机器思维抱有再大的热忱,也很难在广泛的领域对人工智能所产生的影响作出判断。那么,到底何为"智能"?

对于智能概念本质的揭示,最早可追溯到17世纪莱布尼兹对于“智能”的设想。他通过卓越的哲学想象力,明白地预报了后世AI科学家通过被编程的机械来实现智能的设想。但他又同样明确地提出了反对机器智能的论证。

从词义上来解释,“智能”一词涉及诸如意识、自我、思维等问题。它甚至包括无意识的思维。而截至目前,人类唯有对自己本身的智能有所了解。即便如此,人们对自身智能的了解也是有限的,甚至无法明确对其构成的必要元素予以划分。这就导致了很难定义“智能”二字。人们就是在这样一个背景基础之上,去探究“人工智能”四个字的意义。因此,人工智能的研究往往涉及对人的智能本身的研究。其他关于动物或其他人造系统的智能也普遍被认为是与人工智能相关的研究课题。

在维基百科上,“人工智能”是这样被定义的:人工智能亦称智械、机器智能,指由人制造出来的机器所表现出来的智能。通常人工智能是指通过普通计算机程序来呈现人类智能的技术。该词也指出研究这样的智能系统是否能够实现,以及如何实现。人工智能之于人,二者之间的关系,始终是一个有待于人们思考的问题。而这也构成了人工智能法学讨论的基础。

人工智能在计算机领域得到了越来越多的重视,其在计算机仿真、机器人、经济政治决策、机器控制中得到应用。

美国斯坦福研究所人工智能研究中心主任尼尔逊教授将人工智能定义为:“人工智能是关于知识的学科——怎样表示知识以及怎样获得知识并使用知识的科学。”[1]而美国麻省理工学院的温斯顿教授认为:“人工智能就是研究如何使计算机去做过去只有人才能做的智能工作。”[2]这些说法反映了人工智能学科的基本思想和基本内容。即人工智能是研究人类智能活动

[1] [美]尼尔逊:《人工智能原理》,石纯一等译,科学出版社1984年版,第453~492页。

[2] [美]温斯顿:《人工智能》(第3版),崔良沂、赵永昌译,清华大学出版社2005年版,第127~128页。

的规律,构造具有一定智能的人工系统,研究如何让计算机去完成以往需要人的智力才能胜任的工作,也就是研究如何应用计算机的软硬件来模拟人类某些智能行为的基本理论、方法和技术。

3. 人工智能发展的阶段

为了能让人们更好地理解新一代人工智能之"新"的确切含义。本部分更加详细地梳理了人工智能的每个发展阶段,以期对当今的新一代人工智能有一个比较完整的认识和把握。

目前,大家普遍比较认同的人工智能发展阶段,大致可划分如下。

(1)20 世纪 50 年代后半期至 60 年代

1956 年夏季,对于人类人工智能来说是具有划时代意义的时间点,这一年也被普遍认为是"人工智能元年"。当时由美国学者约翰・麦卡锡、马文・明斯基等人共同发起了在美国达特茅斯学院召开的一次研讨会。参加该次会议的学者首次使用了"人工智能"这一术语,并重点讨论了用机器模拟人类智能的问题。人工智能学科由此而诞生。

加之,20 世纪初一群卓越的数学家以公式、定理为推动整个世界的前行作出了积极的努力、探索,这其中包括"希尔伯特纲领""哥德尔不完备性定理"等在内的数学推理,这些研究成果都为日后计算机的发明铺平了道路。直到图灵机的诞生,圆满地刻画了机械化运算过程的含义,并最终为计算机的发明铺平了道路。

人工智能也由此直接进入了为期 10 多年的第一个春天,即发展的黄金期。自此,科学界对于人工智能的乐观预测几乎无处不在。

然而,正如所有的事物,其发展都是螺旋上升式的,直接进入黄金期的人工智能并未像想象中那样发展顺利。虽然它取得了一定的成果,例如,这一时期,计算机主要使用"推理和搜索"解决了很多特定的问题,但它依然对于复杂的问题束手无策,同时相应的技术也并未能像预想的那样飞速提升,众多人工智能研究项目开始碰壁、停滞不前,人工智能自此进入了它的寒冬期。

(2)20 世纪 80 年代

这一时期的人工智能由于导入了“知识”,计算机变得更加聪明,从而迎来了全盛时期。“人工智能”的春天,再次到来。但是人类的知识储备是从婴儿时起就不断存储的,与此相比,计算机对于知识的储备、管理及描述的局限性日益凸显。所以在 20 世纪 80 年代,随着日本智能(第五代)计算机的研制宣告失败,人工智能的发展进入了第二个寒冬期。

然而,与上一个寒冬与热潮交替不同的是,这次寒冬期的到来,并没有阻止人工智能“暗潮涌动”式的发展,而“人工智能”本身也在热浪与寒冬的不断交替中,成熟起来。

(3)20 世纪 90 年代至今,人工智能(新一代人工智能)第三次浪潮的兴起

20 世纪 90 年代后半期搜索引擎的诞生,引发了互联网爆炸式的普及。特别是进入 21 世纪,随着网页的扩张,基于数据的“机器学习”更是直接引发了人工智能的迅速发展。同时,具有“重大技术性突破意义”的深度学习(又称特征表示学习)则进一步与“机器学习”交相辉映地影响着“新一代人工智能”的发展。

不难看出,当下,在互联网、物联网、大数据、VR/AR/MR、可穿戴设备、超级计算、脑科学等新理论、新技术的影响下,尤其是随着互联网的技术发展,人工智能的研究开始由单个智能主体转向基于网络环境下的分布式人工智能研究。这使人工智能的研究不再局限于基于同一目标的分布式问题求解,而是转向基于多个智能主体的多目标问题求解的研究。这一具有突破性的研究方向的转变,使新一代人工智能终于实现了链式突破,从而推动了经济社会各领域从数字化、网络化向智能化加速跃升。

(二)新一代人工智能所引发的思索

1. 关于人工智能概念本质的思考

(1)来自人文科学者的研究

英国学者玛格丽特 · A. 博登在《人工智能哲学》的导言中提出:“以与

AI 概念极为类似的概念对智能加以解释，是哲学家们长久以来的梦想。”[1]看似简单的一句话，包含着丰富的逻辑内容：一是一个人工智能概念的存在；二是对“智能”一词的解释也可以像人工智能所形成的概念一般。

(2)计算机软件学派对“智能”的“释义”

关于这个话题，其探索或许需要从图灵机开始。所谓的图灵机，是个超级简单的计算装置，但它的计算能力却异常强大，可以证明，图灵机计算的函数类对应了部分递归函数类，而当今最前沿、最高深的理论物理学所用到的函数都不会超出这个类。

“图灵论题”也由此而诞生。图灵机可以计算任何可计算的函数都是可计算的。也正因如此，说到人工智能、计算机，言必称图灵。因为从计算的角度来看，图灵机确实很灵，图灵论题也貌似没有任何破绽。由此可见，图灵将智能等同于符号运算的智能表现，智能的核心即算法。

在图灵之后，麦卡锡作为人工智能研究的奠基者，也是计算机软件学派的泰斗级人物。他对智能实现的系统性思考始于 1959 年，并于 1960 年提出著名的“ILSP”表处理语言。1996 年，其在斯坦福大学的个人网站上刊载了 *What is Aritificial Intelligence* 一文，文章对“人工智能”和“智能”做了解释。该文指出：“人工智能是某种创造智能机器的科学和工程，尤其是对于智能计算机程序而言。与之对应地，则是一种尽可能地运用计算机去理解人类智能的任务，然而它不仅仅只能尝试生物学中观察他的方法。”[2]

同时，麦卡锡在文中进一步对比说明了“人工智能”与“智能”的关系：“智能是(主体)在世界中实现目标的一种能力的可计算部分。在人类、多数动物和一些机器身上，都展现了不同类型和程度的智能。”[3]

---

[1] [英]玛格丽特·A. 博登：《人工智能哲学》，刘西瑞、王汉琦译，上海译文出版社 2006 年版，第 2 页。

[2] John McCarthy, *What is Artificial Intelligence*?, http://jmc. stanford. edu/articles/whatisai/whatisai, 2022 年 5 月 12 日访问。

[3] Ibid.

通过上述两段表述和其中所包含的“创造智能机器”“运用计算机”“理解人类智能任务”“能力的可计算部分”等关键词,足以可见:在人工智能的创始人看来,人工智能是一种利用计算机程序来模拟智能的方法。人工智能工作的过程更强调它在智能行为和表现的方面。

由此可见,自智能科学产生之初,对“智能”本身的探究以及对“人工智能”之于“智能”的关系探究,就一直存在,并产生了深远的影响。显然,这种对“智能”本身的研究更倾向于一种“本体论”的研究方法。它着眼于“机器思维”的研究。

然而,当人们在不断关注“人工智能”的技术是如何产生和运用的时候,当人们甚至对“人工智能”本身是什么以及它与“人类智慧”之间的关系都知之甚少的时候,试问,人们如何还能谈及所谓的“人工智能”惠及人类这样令人振奋的愿景呢?

2. 人工智能与人类智力

人工智能作为信息文明时代的三驾马车(计算机算法、互联网、人工智能)之一,自它诞生时起,就充满传奇色彩。科学研究者和技术专家们在智能理论的探索与实践的浪潮中一次又一次发挥着重要作用,推动人类社会进步的同时,对于人工智能本质的定义及概念的探究,也从未停止。

当谈及这个话题的时候,下述争论时常会被提及:(一台在工作的)计算机是否拥有意识?当以算法作为核心的人工智能在工作时,它是否可能会有自由意志?意识、意志是否真的是人类专属?

而对于这些问题的回答,人们似乎可以追溯到17世纪莱布尼兹关于“智能”的设想。如果人工智能产生的必要条件包括数学、符号学、逻辑学的共同发展,那么源自德国数学家、思想家戈特弗里德·威廉·莱布尼兹提出的具有现代意义的符号和逻辑思想无疑对此产生了巨大的推动作用。莱布尼兹提出了数理逻辑的基本构想,以及计算机中二进制运算法则。接着莱布尼兹对“智能”二字的理解,则是关于人类需要一种普通的人工符号系统的观点，正是这一符号系统说明了人工智能的高级逻辑性。

而在现代智能概念形成的初期，人工智能之父——图灵也在其最重要的文章中写道："我建议来考虑这个问题——'机器能思考吗？'。"[1]尽管彼时，图灵的真正目的为："找到一个可操作的（关于智能存在的）标准：如果一台机器表现的和一个能思考的人类一样，那么人们就几乎可以将之认定为是在'思考'的"。[2] 虽然，这个思虑所产生的重要影响（后面的故事）为：众所周知的图灵测试因此而变得更具有传奇色彩。但是，在此处，人们仍然将讨论的核心放在"人工智能和人类智力"。

正是源于图灵"想要使一台机器表现得像人一样会思考"这个基点，致使图灵测试在后世引起了不小的争议。怀疑者大多"质疑"这种测试方法的可靠性。因为这样做恰好将所谓的"智能本身"的问题绕了过去。

从这个意义上来说，如果智能是人的特有属性，那么人们又该如何辩证看待产生于计算机领域的"人工智能"？

也有研究者分析图灵测试（之所以）是不充分的，问题源自从一开始，图灵就混淆了两个完全不同的概念：一个是人类，另一个是智能。图灵测试隐含了一个潜台词，即机器智能是不可能超越人类智能的，或者说，智能是人的特有属性。机器智能必须与人的智能相比，而人的智能是检验机器是否具有智能的唯一标准。这是图灵测试根本的、哲学上的纰漏。

尽管如此，今天，提及"人工智能"，人们仍是言必称图灵。图灵作为"人工智能之父"，对于人工智能发展所起到的巨大推动作用以及重要贡献，毋庸置疑。

同时，随着人工智能理论、技术的日臻成熟，应用领域的不断扩大，研究者对其"智能"实质的研究也从未停止过。它涉及其他一些重要概念，如意识、自我思维、无意识的思维。

---

[1] A. Turing, *Computing Machinery and Intelligence*, Mind, 1950, Vol. UX, No. 236:433.
[2] Ibid.

目前,对此问题的探究主要集中在以下两类观点:一是人工智能是研究使用计算机来模拟人的某些思维过程和智能行为(如学习、推理、思考、规划)的学科,这类观点的核心在于用计算机实现智能的原理、制造类似于人工智能的计算机,使计算机能实现更高层次的应用。其中,包括使用计算机去做过去只有人才能做的事。二是人工智能代表着有知觉的、有自我意识的机器的诞生。

目前,在这一问题上,占主导地位的无疑是前一思想。它也是"人工智能"自其诞生以来,产生最早的一种观点。从图灵测试到麦卡锡第一次真正提出有关于"人工智能"的定义,他们都不约而同地指出:"人工智能"的标准即"如果一台机器'表现得'和一个能思考的人类一样,那么人们就几乎可以将之认定为是在'思考'的"。[1] 由此,不难看出,智能的本质及核心,在创始人看来,只是人类智慧的一个机器的表征。所以,无论"人工智能"在做什么,怎么做,都只不过是"像人一样思考""像人一样行动""理性的思考""理性的行动"! 在现代智能概念形成的初期,图灵在其最重要的文章中写道:"我建议来考虑这个问题:'机器能思考吗?'"[2]姑且不说图灵此言所指为何,人们可以将理解此言的思绪进一步延伸:如果一台机器"表现得"和一个思考的人类一样,那么,人们是否可将之认定为是在"思考"? 如此,图灵的疑问给予了人们更深一层的启发:当智能从人延伸到了机器。它仅仅只是一个表征吗? 其中是否蕴含了更深层的含义? 它揭示了"人工智能"从"弱人工智能"走向"强人工智能"的一种可能。

3. 强人工智能与弱人工智能

时至今日,"人工智能"真的只是一种机器的表征吗? 关于这一问题的深度思考及探索,造就了愈演愈烈的"强人工职能"与"弱人工智能"之间的对话。

---

[1] A. Turing, *Computing Machinery and Intelligence*, Mind, 1950, Vol. UX, No. 236:433.
[2] Ibid.

在人工智能的研究领域，很早就出现了关于“强人工智能”与“弱人工智能”的争论，有研究者认为，这一争论源自“强人工智能”概念的提出，这个概念最早是由哲学家塞尔提出来的。他认为，“（强人工智能）即具备正确的输入与输出，被给予合理程序化的计算机，与拥有心智的人没有任何区别，即它也是有心智的”。[1] 与之相对，“弱人工智能”理论则认为：计算机没有必要拥有心智，只要能够通过其有限的智能解决一些质量问题即可。

对此，有论者认为，应以是否有“自主意识”来判断是强还是弱。“弱人工智能是不具有自主意识的人工智能类型，推理和解决问题的能力局限于特定的任务，不能自主提出问题。强人工智能把人工智能和意识、感性、知识和自觉等人类的特征相结合，具有提出问题和独立推理与解决问题的能力。”[2] 而强人工智能可以分为两类：一是类人的人工智能，即智能机器的思考和推理类似于人类的思维。二是非类人的人工智能，即智能机器产生了新的知觉和意识，与人类完全不一样，也使用和人类完全不一样的推理方式。而弱人工智能论者则认为不可能制造出能真正地推理和解决问题的智能机器，这些机器只不过看起来像是智能的，但是并不真正拥有智能，也不会有自我自主意识。

由此可见，“心智”成了判断“强人工智能”与“弱人工智能”的重要标志。自主思考能力、行为特征、独立意识等特征已经成为判定一台机器是否拥有“超强能力”的重要判别依据。这些特征显然被赋予了更高级的标签属性：强人工智能。

未来世界，当一台机器学会了思考，甚至于形成了自己独特的思维方式，拥有了“属于自己”的表述能力、行为能力时，对于“人工智能”本身来说也许意味着“完美”，然而正如著名理论物理学家斯蒂芬·霍金所担忧的

〔1〕［美］约翰·R.塞尔：《心灵的再发现》，王巍译，中国人民大学出版社2005年版，第11～12页。
〔2〕时方：《人工智能刑事主体地位之否定》，载《法律科学》2018年第6期。

“(这一)完美人工智能的开发或许意味着人类的终结”。[1] 所以特斯拉首席执行官埃隆·马斯克甚至直言:“对于人工智能的研究,(人类)必须谨慎。因为人们的(这一)研究最终或许会为自己带来了恶魔。”[2]

尤其是在当下,“凡是可以描述的、重要的、有固定规则和标准答案的工作岗位,都有被智能机器人取代的可能”。这种职业替代的风险让人们反思人类与类人类机器人存在的可能问题,因为那个也许存在的尚未被发现的世界,离人们并不遥远。

4. 人工智能与人工智能体

时下,当人们谈论或讨论人工智能一词时,更多是从人工智能技术或科技的角度来界定人工智能,尤其是指运用计算机技术,或者以如前文所说的用计算机实现智能的原理,制造类似于人工智能计算机。20 世纪 80 年代以后,工业机器人在汽车制造领域得到运用,并获得了极高的生产效率,成为日本、美国和欧洲等大国进行角逐的领域。日本汽车制造行业因为较早使用了工业机器人曾经成为这个领域的胜出者。到了 20 世纪末 21 世纪初,工业机器人发展到军事、无人飞行、无人驾驶、家庭服务、机器人科学家,机器人医生、机器人法官,以及通过自然和人工混合系统造就的纳米机器人等领域,人工智能技术获得了空前的加速发展,甚至学界将其称为摩尔定律式发展。通常,人们将这种技术和科技的发展通称为人工智能,将人工智能在某一领域的具体运用的成果或产品称为人工智能体。或者,将人工智能与机器人在一定程度上等同,将具体领域的机器人等同于人工智能体。笔者认为,这种区分有一定的现实意义和科学意义。从实践的发展而言,人工智能技术的发展具有关键性的意义,是人工智能体发展的核心推动力,而将人工智能按照具体领域具体产品进行类型划分,有助于人工智能技术的专业化

---

〔1〕《霍金:人工智能的崛起可能是人类文明的终结》,载科普中国网,https://www.kepuchina.cn/qykj/rgzn/201704/t20170427_194580.shtm。

〔2〕John McCarthy, *Father of AI*, IEEE Intelligent Systems, Sep/Oct 2022, p. 84 - 85.

分工。从法学研究的发展而言,每个领域的人工智能体在规则诉求以及责任承担方式方面,有可能存在不同的判断标准。如机器人伴侣受到侵权和工业机器人受到侵权,法律上设定的责任承担方式等内容可能存在重大差别。

(三)人工智能法学

1. 人工智能法学的发展

今天,提及"人工智能",几乎无人不知、无人不晓。人工智能显然已经给中国的民生、发展带来了巨大的影响。围绕人工智能的各类活动话题在不断衍生。

从社会层面而言,人工智能前景广阔、应用广泛。2016 年 10 月,据统计,美国新阶段 23% 的律师业务已可由人工智能完成,人工智能法律"律师"在与真人律师的样本测试中,其准确率已经能够领先于人类律师。在非诉领域,人工智能优势明显,借助广泛的案例数据与特定价值算法,业内许多成熟公司已开始使用人工智能处理合同审查等具体业务。例如,摩根大通与德勤等知名会计师事务所和律师事务所,已经开始使用名为"kira systems"的合同分析系统,使用该系统能够在极短的时间内完成过去需要耗费大量人力、物力才能完成的信贷审查、尽职调查等工作。同时,提供合同分析的人工智能系统,如"beagle"等应用已经极为广泛,日本保险公司通过人工智能系统计算保费的效率较纯人工提高 30%,大幅节约了工资支出。

人工智能目前已实现自动驾驶航空器、批阅高考试卷,甚至有学者提出将人工智能应用于法律裁判。早在 2012 年,谷歌所研发的人工智能系统,已经能够从随机图片中识别猫等动物的特征,虽然事后被认为是炒作,但深度知识创造公司(Deep Knowledge Ventures Company)在 2014 年将计算机算法软件任命为董事会成员。人工智能已进入社会生活,而与之相关的法律规则却未能跟上人工智能技术前进的节奏。2017 年 4 月,美国公司推出了具有永久性喜好记忆的性爱机器人,但如何对待人型机器人争议巨大。2017

年7月，百度总裁李彦宏乘坐无人驾驶汽车行驶在北京五环路上引起了巨大争议，交管部门认为此行为违反现行《中华人民共和国道路交通安全法》。据《第一财经周刊》2018年7月报道，IBM公司旗下的辩论机器人（project debater）在复杂话题辩论中战胜了以色列国际辩论冠军，辩论的主题是“人类是否应当扩大使用远程医疗”，这款人工智能并未提前准备辩题，而是在现场通过搜索与辩题相关的庞大资料库并找到所有支持论点的观点与例子。人工智能的可怕之处在于其强大的自我能力，机器人AlphaGo在击败所有世界顶尖棋手后仅仅3天就被其升级版AlphaGoZero击败，而智能战争机器人已经进入军火公司的武器储备库，其通过计算机软件和传感器远程控制即可执行传统战场击杀，这种可能不受控制的武器一旦大规模投入应用将明显改变现有人类战争形态，该类人工智能武器的发展后果将远比可控的核能武器可怕。

2020年7月10日，世界人工智能大会进入第二天，上午9点，大会启动了“人工智能的权利义务与法治实践”“万物智联芯火燎原人工智能芯片创新”等主题论坛。其中，在权利义务与法治实践分论坛上，上海市法学会会长、上海市高级人民法院原院长、二级大法官崔亚东作了题为《人工智能助力司法改革破解司法难题——智能辅助审讯程序公正实现实体公正》的演讲。中国法学会学术委员会主任、浙江大学国家制度研究院院长、资深教授张文显等10位专家和学者围绕“引领人工智能法治研究”“规范人工智能法治实践”“培养人工智能法治人才”“营造人工智能法治生态”等话题进行演讲。本次论坛还发布了“人工智能法治发展指数”和《世界人工智能法治蓝皮书（2020）》。世界人工智能法治蓝皮书编委会发布“人工智能法治发展指数”和2019年中国人工智能法治发展评估报告，前者指数以可量化、可视化的形式反映后者发展情况。最终，通过人工智能法治发展指数的6个一级指标和18个二级指标的综合评分，2019年中国人工智能法治发展评估总体得分83.79分，总体状况较好。

2. 人工智能法学研究得到国家和社会高度关注

人工智能研究在我国已成为显学，受到各个领域的关注和青睐。从国家层面而言，2017 年 7 月，国务院颁布了《新一代人工智能发展规划》，推动了我国人工智能发展，该规划中明确提出要重视人工智能发展对人类社会影响的研究。该规划指出："人工智能发展进入新阶段。经过 60 多年的演进……当前，新一代人工智能相关学科发展、理论建模、技术创新、软硬件升级等整体推进，正在引发链式突破，推动经济社会各领域从数字化、网络化向智能化加速跃升。""面对新形势新需求，必须主动应变，牢牢把握人工智能发展的重大历史机遇，紧扣发展、研判大势、主动谋划、把握方向、抢占先机，引领世界人工智能发展新潮流，服务经济社会发展和支撑国家安全，带动国家竞争力整体跃升和跨越式发展。"自国家《新一代人工智能发展规划》颁布以来，国家各相关部门也多次提出对"人工智能"需要从各种角度予以高度重视。科技部启动了人工智能的重点科技项目，工信部也启动了人工智能的三年行动计划，教育部启动了人工智能一级学科建设，中国科学技术协会、中国科学院也相继启动了人工智能专项研究。

2016 年 10 月 17 日，最高人民法院院长周强在第三届世界互联网大会智慧法院暨网络法治论坛上提出中国"将积极推动人工智能在司法领域的应用"。在 2017 年 5 月 11 日的全国法院第四次信息化工作会议上，周强认为，没有信息化就没有人工人民法院工作的现代化，通过信息化实现研判体系和审判能力现代化，建设智慧法院，是顺应新一轮科技革命浪潮的必然选择，是提升司法公信力的重大举措，是提升人民群众获得感的有效手段，是深化人民法院司法改革的重要支撑。

正是在这样一个振奋人心的背景之下，经国务院批准，由国家发展改革委、科技部、工信部、国家互联网信息办公室、中国科学院、中国工程院、上海市人民政府共同举办的 2018 世界人工智能大会于 2018 年 9 月 17 日至 19 日在上海举办。大会以"人工智能"为主题，正如国家主席习近平在专门致

2018世界人工智能大会的贺词中所指出的那样,新一代人工智能在全球范围内蓬勃兴起,为经济社会发展注入了新动能,正在深刻改变人们的生活、生产方式把握好这一发展机遇,处理好人工智能在法律安全,就业道德伦理和政府治理等方面提出的新课题,需要各国深化合作,共同探讨。中国愿在人工智能领域与各国共谋发展,共护安全,共享成果。世界人工智能大会2020年云端峰会于7月9日至11日在上海举办。此次大会以“智联世界共同家园”为主题,以“高端化,国际化,专业化,市场化,智能化”为特色,集聚了全球智能领域最具影响力的科学家和企业家,以及相关政府的领导人,围绕智能领域的技术前沿、产业趋势和热点问题发表演讲和进行高端对话,打造世界顶尖的智能合作交流平台,为应对人类发展面临的共同难题、创造人类美好生活汇聚“世界智慧”,打造“中国方案”。

随着人类社会步入21世纪的第二个10年,信息科技、大数据与人工智能等新科技越来越多地应用在司法过程中,以及逐渐成熟的“智慧司法”建设,已然成为法学理论与司法实践界探讨的前沿与热点领域。虽然早在21世纪中叶科学家就已经提出了“人工智能”的概念,但是真正大规模开发并实践于司法系统中的人工智能,还是在大数据与其他技术条件日益成熟的当今阶段。一方面要解决“案多人少”这一世界性难题,另一方面试图在体制与机制建设上实现针对西方法院系统“弯道超车”的中国法院司法改革工作,司法过程的人工智能化,不失为一个不错的战略。也正因如此,2019年2月最高人民法院召开新闻发布会,发布《人民法院第五个五年改革纲要(2019—2023)》,把“坚持强化科技驱动”作为未来五年改革的八个基本原则之一,并把“建构顺应时代进步和科技发展的诉讼制度体系”作为改革总体目标的一部分。在2019年4月,最高人民法院发布《人民法院信息化建设五年发展规划(2019—2023)》,进一步明确提出“以促成审判体系和审判能力现代化为目标,建成人民法院信息化3.0版,形成支持全业务网络办理,全流程审判执行要素依法公开,面向法官、诉讼参与人、社会公众和政府部门提供全方位智能服务的智慧法院”。2019 年 11 月,最高人民法院院长周强更是提出“加强区块链、人工智能在司法领域应用”,全面提升智慧法院建设水平。中国科技部按照国家重点研发计划组织管理的相关要求,设置国家重点研发计划项目“公共安全风险防控与技术装备”重点专项(司法专题任务),划拨巨额科研资金支持包括法院在内的司法系统的科技创新。

(四)人工智能法学问题的凸显

人工智能的发展促进了人类的进步、触发了社会结构的变革,同时也对现有的法律、法规产生重大的冲击,并产生了深远的影响,正如王利明教授所言:“人工智能时代已经来临,其不仅将改变人类生产和生活方式,也会对人类的法律制度产生深刻的影响。”[1]人工智能技术及其产品对于当下的法律的影响是全方位、多层面和各领域的。有论者认为,目前的人工智能法律问题研究,主要在以下两个方面:一方面,是人工智能技术的发展对于法律发展或法律效能的推动或助推作用,尤其是人工智能技术辅助司法裁判、法律推理、法律论证,进而促进法律更为高效和精准,为运用科技推动法律公正实施提供了广泛的运用空间。这种研究进路需要法学和人工智能技术的高度交叉与融合,甚至要在把握人工智能技术的本身体系化基础上,来审视法学发展的内在诉求,以及应对人工智能对现有民法规范体系形成的挑战。另一方面,就是人工智能技术发展,推动了人工智能在各领域的应用,如无人驾驶员、创作作品的机器人、家庭服务机器人、医疗卫生领域的机器人,它们的出现,对传统的法学体系产生了挑战或影响。例如,这些人工智能体有没有主体性?有没有一定的法律人格?其侵害第三方如何承担责任和分配风险?其有没有相应的著作权的权利能力和资格?其财产权在法律层面是不是应该给予保护?这些问题急需人们进行回应。不同的研究进路,导致所研究的对象、重心和解决的问题,都有不同意义上的差异。

---

〔1〕 王利明:《人工智能时代对民法学的新挑战》,载《东方法学》2018 年第 3 期。

二、人工智能法学研究现状

（一）法律人工智能概念辨析

法律人工智能（Legal Artificial Intelligence，LAI），又称“人工智能与法”（Artificial Intelligence and Law，AI & L），是人工智能的子研究领域之一，主要包括人工智能在法律信息问题中的应用以及对这些问题的原创性研究。[1]

2016年，IBM公司研发出世界上第一个“人工智能律师”（AI Lawyer），取名罗斯（Ross）。它是基于公司沃森（Watson）系统自然语言问答平台基础之上的。虽然早在2014年10月阿鲁达、欧柏亚哥和达洛吉利奥三位联合创始人就已正式宣布罗斯问世，但它真正备受关注却是在2016年3月阿尔法狗（AlphaGo）击败世界围棋冠军李世石之后的事。

2016年5月16日，纽约贝克豪恩（Baker & Hostetler）律师事务所宣布“雇佣”罗斯帮助处理公司破产等非诉事务，标志着法律机器人正式上岗，法律人工智能也受到了越来越多的关注。罗斯上岗之初一度引起法律界人士的恐慌，部分人认为法律机器人的出现会影响法官、律师等法律工作者的饭碗，但根据其设计者的定位，“罗斯智能”建构人工智能工具的目的是提升法律工作者的能力，助力其作用的发挥。

人工智能法律的英文为“Law and Artificial Intelligence”，如果直接把其翻译成法律与人工智能，可能并不符合其内涵，而应该翻译为人工智能法学或者人工智能法律。

这样翻译的原因源于耶鲁大学的一个导论课程。这门课程一共由这样以下几个问题构成：第一个问题是理论基础，即什么是人工智能；第二个问题是讨论算法的偏差、算法的透明、算法的问责；第三个问题是算法的歧视、

---

〔1〕 参见熊明辉：《法律人工智能的前世今生》，载《中国社会科学报》2018年10月10日，第5版。

算法的操纵和正当程序;第四个问题是互联网;第五个问题是人工智能在司法中的应用;第六个问题是人工智能与选举、人工智能与法律、人工智能与就业、人工智能国家安全与战争。从上面的问题来看,人工智能法律跟法律有关,但它也涵盖了部分前面所讲的法律人工智能,如人工智能在司法中的应用,这个就是一个技术问题。所以叫人工智能法学可能更好。

现在对于人工智能会不会为人类带来好处存在很多误解,如人工智能会不会必然是不人道的或者人工智能会不会加剧不平等。有一本叫《黑箱社会》[1]的书讨论了这个问题。还有一个问题是讨论计算机是不是存在算法偏差。偏差问题实际上是一定存在的,有预算偏差、技术偏差、突发性的偏差。偏差(bias)有时候翻译成偏差,有时候翻译成偏见。偏见是一个贬义词,而偏差是一个中性词,所以有时候人们翻译成偏差而不是偏见。偏差是一定会存在的,如大数据篇章。人们不要认为大数据最客观,大数据有时候可能最麻烦。为什么会规定不准用网络爬虫(python)等技术去对法官的判决书进行继续学习,因为有时候大数据会让你变成一个透明人,你没有隐私可言,这就是一个偏差。

很多人也在讨论算法是不是可以透明,透明的标准是什么。算法透明有三种:第一种是源代码公开,但商业机密是不可能公开的;第二种是在不公开源代码的情况下揭示技术算法的工作原理;第三种算法透明是对信息规范的依赖。而对信息规范的依赖、算法是不是可以问责等问题的讨论都是很模糊的。算法是否存在种族歧视?《黑箱社会》里也讨论了这个问题。谷歌的创始人布林说过:“完美的搜索引擎就像上帝的心。”[2]它是一个智慧的容器,而人们把各种信息都放到里面,它无所不知,无所不晓,这就会造

---

〔1〕 [美]弗兰克·帕斯奎尔:《黑箱社会:控制金钱和信息的数据法则》,赵亚男译,中信出版社2015年版。

〔2〕 参见纽约时报专栏文章《搜索引擎,无论好坏》,载https://www.nytimes.com/2013/03/19/opinion/global/the-search-engine-for-better-or-for-worse.html。

成麻烦。前段时间微软造了一个推特(Twitter)机器人,但机器人很快就形成了种族歧视的偏见,导致了其被马上下线了,它是会变坏的。在《记分的社会》中,两位作者介绍了一个令人不安的现实:一个小而强大的个人群体在公众的广泛领域作出重要的决定。[1] 这些决定是根据小组成员事先秘密给出的计分方案达成的。这个自动、武断的评分过程允许某种强大的工具快速地提升他们的目标,同时以不同的方式对待类似的个人。

(二)人工智能在法律领域的应用概览

目前,围绕人工智能与法律相关的工作,从功能上大体上可以分成两类:一类尝试直接对法律本身、案件、推断过程建模,涉及诸如道义逻辑(deontic logic)、非单调逻辑(non-monotonic logic)等传统基于逻辑的形式化方法,也有基于神经网络、贝叶斯网络等的统计学习方法;另一类则选择了绕行,既然前者困难重重,那么人们不妨退而求其次,利用专家系统、自然语言系统等手段,通过法律文档化、文献文书检索、实体识别等方法来提高法律人的工作效率,让他们从繁重的重复性工作中解脱出来从而聚焦到更有意义的事情上去,这同样是一件有价值的工作。下面简单地从几个方向分别举例说明。

法律推理(reasoning),该领域主要研究法律推理的各种方法。从派系来分,可以分成基于法律规则的推理(rule based reasoning)和基于案例的推理(case based reasoning)两派。如果说基于法律规则的推理是将已有规则应用于案件进行推断的话,那么基于案例的推理更侧重于寻找已有比较类似的案件来进行归纳推理。从方法上来说,两者都曾经偏好使用基于逻辑的方法来进行形式化。相关逻辑理论的讨论也是领域焦点。比如,考虑齐硕姆悖论(Chisholm paradox),即道义逻辑对法律形式化是否是真正可用的等。近年来基于案例的推理更加偏向主流,其原因可能是支撑基于规则推

[1] Danielle Keats Citron & Frank A. Pasquale Ⅲ, *The Scored Society: Due Process for Automated Predictions*, Washington Law Review, Vol. 89, p. 1 – 34(2014).

理的一些传统方法（如专家系统，“knowledge base”）渐渐淡出视野，也可能是后者与统计学习的天然联系，毕竟基于案例的推理就是靠对以往大量判例的分析进行推断。

信息检索（E-discovery，全称 electronic discovery），其目标在于为法律诉讼、政府调查等领域提供专门的信息化服务。与传统的纸质信息提供服务不同，E-discovery 比较注重信息检索的“结构化”，也就是“metadata”。比如，一个信息条目的时间、地点、涉及领域，甚至事件的形式化描述等。这些信息可以大大优化相关人员的查找效率，节约成本。由于 E-discorvery 的本质就是从基于纯文本的文档中提取有价值的结构信息用于从业者的检索和查阅分析，因此在解决方案上目前基本上与自然语言处理（Natural Language Processing，NLP）联系较紧，如命名实体识别、自动生成文摘、情感分类等。通过这些方法，可以从法律文本中自动提取信息，自动化生成相关专业领域的文件，推动法律文档化等。

计算法律（computational law）可以说几乎是与法律人工智能的最终形态——AI 判官最为接近的领域了，其目标是法律本身以及案件的形式化表达和自动推理。

该领域涉及的方法暂时还主要偏形式化，分两部分：第一部分是事实和规则的形式化表达；第二部分是使用一些机械推理技术来分析案件自动产生推断结果。目前，计算法律的发展暂时还没有成熟到可以完全使用的程度，原因是逻辑方法很多都是基于规则的，很难逐个地对复杂判例作出完全表达，这对于英美法系国家来说尤为严重。

与自然语言处理 NLP 的结合。目前，在人工智能领域应用最多的还是自然语言处理等相关技术。因为无论是对法律本身建模还是建立一些帮助法律从业者的辅助系统，都需要人们从现有的法律条文、案件描述卷宗等资料出发，将其信息化和结构化，这是必需的第一步，而解决该问题的方法还须从自然语言处理入手。比如，人们可以根据主题模型（topic model）将案件通过涉及不同的法律法规或者量刑的不同进行聚类；通过信息抽取来生成案件的结构化描述信息；通过自动文摘加快从业者浏览文件的效率；通过自动问答系统(Question Answering System,QA)来建立法律服务领域的在线法院等自动化法律服务体系等。这也与当下推动“智慧法院”建设，将法院数字化、自动化的主旨相符。下面举出几个例子。

埃布拉维娅(EBravia)公司是一家致力于法律文档结构化的公司，它通过先端的机器学习技术，可以从非结构化的原始文本中提取里面蕴含的时间、地点，以及与法律领域相关的关键词、短语、句子，大幅度节约法律工作者从文本里人工挖掘信息的时间。

莱加尔罗伯特(Legal Robot)公司则更侧重法律文档审校和合同文本分析。它推出的合同文本分析工具不仅能帮助相关工作者校对领域文法的错误；还能基于海量的合同样本数据，生成一些常用的领域短语和句子，帮助人写出更加符合领域需要的法律文书。同时，对于已有的合同文书，它还能捕捉到里面表示模糊，给当事人带来隐性法律风险的词句，从而在风险管理领域发挥强大的作用。

法律非结构化信息管理架构(Legal Unstructured Information Management Architecture, LUIMA)是一个由国际人工智能与法协会(International Association for Artificial Intelligence and Law,IAAIL)及卡梅隆大学(Cameron University,CMU)等相关领域的研究员共同研发的法律检索系统。它专注于疫苗伤害事故相关的法律文本，对用户搜索的关键词(query)给出包含对应法律条文或者类似案件信息的文档用于参考和对比分析。具体而言，LUIMA 系统整体上分成四个模块：法律语义标注、文档存储与索引、文档搜索、搜索结果排序。

对一个法律文档，LUIMA 会先将其拆成句子级的文本。对每个句子做术语(term)、提及(mention)、表述(formulation)三个级别的标注，然后通过这三种标注将每个句子分为法律规则语句(legal rule sentence)，证据发现语句(evidence based finding sentence)和其他(other)三类。对于该分类任务,LUIMA 使用了句子的 n-gram TF-IDF(N 元模型词频逆文档频率指数)和上述的法律语义标注信息做特征,使用朴素贝叶斯、逻辑回归、决策树等方法训练出一个分类模型。这样输入的原始文档就会转化成多个带有语义标注即句子级分类标签的句子集合,并存入数据库中。当用户执行查询操作的时候,LUIMA 会先通过特定的搜索引擎找出前 30 个文档结果作为预选的"专家文档",然后对这 30 个文档做二次重排进而筛选出更符合条件的搜索结果。进行二次重排是为了避免那些"仅仅文档的文本相似但是实际语义毫不相关"的情况。该过程综合考虑了之前产生的相关法律语义匹配情况以及文本相似度等多个特征,使用逻辑回归对文档排名进行打分,返回最终的文档结果给用户。

从 LUIMA 人们可以看到基于自然语言处理的技术(词频—逆文本频率指数等特征),机器学习模型(逻辑回归等)是如何与法律专业知识(领域级语义标注)结合起来并发挥作用的。

当然,AI 的发展也并非前景大好。有一些内部本身以及涉及跨行业的矛盾仍未得到解决。首先,一切法律都是基于所处国家、所处文化、道德导向等种种因素,对"自然法"——这一正义的基本和终极的原则的集合的诠释。而随着法律人工智能的进行,无论是逻辑还是模型,是否真的能体现法理学精神、是否能被传统法律从业者接受、法律行业与人工智能领域这两个职业的最佳契合点到底在哪里等问题仍待解决。"人工智能能做哪些事,不能做哪些事,机器判官是否能为人所接受",其包含的技术风险和伦理风险,可能不再是公众号和媒体的纸上谈兵。其次,法律不是数学规律,它不仅仅包含那一个个孤零零的法条。一些与现实紧密结合的法律过程和事实,如陪审团、对抗式刑事审判,这些实际过程如何进行数学或者模型的抽象,都不是容易解决的问题。

(三)人工智能法学研究的历史沿革

人工智能法学是研究人工智能法律问题的交叉学科,涵盖了如何运用人工智能技术来推进法治建设,以及人工智能技术应用带来的新问题的法律治理,横跨法学、信息工程、认知科学等多个专业。

1949 年,美国法学家、律师洛文杰在《明尼苏达法律评论》上发表了《法律度量学:下一个前进步骤》一文,提出要用概率统计方法来测量证人、法官和立法者的行为。[1] 1956 年,耶鲁大学法学院教授、数理逻辑学家艾伦发表了《符号逻辑:一种起草与解释法律文件的锐利工具》一文,提出要将数理逻辑作为法律分析工具以及在法律研究领域使用计算机。1958 年,梅尔在英国国家物理实验室举办的"思维过程机械化论坛"上发表了《法律世界的自动化:从法律信息机器处理到法律机器》一文。1970 年,美国匹兹堡大学计算机科学系教授布坎南与美国巴法罗大学法学院教授海德里克在《斯坦福法律评论》上发表的《关于人工智能与法律推理的几点思考》一文被视为首个真正法律人工智能提案,第一次正式把"人工智能"与"法律推理"关联起来进行思考研究。[2]

虽然 20 世纪 80 年代初,在英国斯温西、意大利佛罗伦萨和美国休斯敦均有过人工智能与法会议召开,但 1987 年在美国波士顿召开的第一届"人工智能与法国际大会"(International Conference on Artificial Intelligence for Law,ICAIL)是人工智能与法学共同体正式形成的标志。与会者达成共识,每两年召开一次学术大会。为了进一步引领与推动人工智能与法研究,1991 年在牛津大学召开的第三届人工智能与法国际大会上成立"国际人工智能与法协会",设主席 1 人、副主席 1 人、秘书长 1 人、委员 4 人,实行轮执

---

〔1〕 Loevinger L., *Jurimetrics*: *The Next Step Forward*, Minnesota Law Review, 1949, 33(5): 455 - 493.

〔2〕 参见熊明辉:《从法律计量学到法律信息学——法律人工智能 70 年(1949—2019)》,载《自然辩证法通讯》2020 年第 6 期。

主席制,每届任期两年,不得连任。第一届任期为1992～1993年,主席由麦卡蒂担任,里士兰担任副主席,秘书长由哈夫纳担任。1993年,在美国匹兹堡大学法学院资助下创办了《人工智能与法》杂志(季刊),由斯普林格出版社出版。该协会不仅引领了法律人工智能的发展方向,而且引领了人工智能的发展方向。一个有力证据是:人工智能领域顶级刊物《人工智能》在2007～2012年最高被引用排名前20篇论文中有9篇,前10篇有5篇,前5篇有3篇都是处理论证的。

在国际学界上,存在一个比较成熟的学术共同体讨论法律人工智能。这个学术共同体就叫作“Artificial Intelligence and Law”,直接翻译就是“人工智能与法”或者“人工智能与法律”,我们就将其翻译成法律人工智能。为什么说这是一个成熟的学术共同体呢?因为法律人工智能有一个协会、一个会议,一本杂志。这个协会就是国际法律人工智能学会,这个国际会议就是法律人工智能国际大会,这个杂志就是《法律人工智能》。

法律人工智能成熟的标志还有一个系列的大会——法律人工智能国际大会,它是法律人工智能的官方会议。第一届会议是1987年召开的,每一届会议都设程序委员会主席(Program Chair)以及大会主席(Conference Chair)。其中,程序委员会主席负责学术,大会主席负责会议召开。无论是大会主席还是程序委员会主席都是这个领域中很活跃同时具有学术地位的人物。

法律人工智能国际大会1989年在加拿大温哥华召开,1991年在英国牛津大学召开,1993年在荷兰阿姆斯特丹自由大学召开,1995年在美国马里兰大学召开,1997年在澳大利亚墨尔本大学召开,1999年在挪威奥斯陆大学召开,2001年在美国华盛顿大学召开,2003年在英国爱丁堡大学召开,2005年在意大利博洛尼亚大学召开,2007年在美国斯坦福大学法学院召开,2009年在西班牙巴塞罗那自治大学召开,2011年在美国匹兹堡大学召开[凯文·D. 阿什利(Kevin D. Ashley)是美国匹兹堡大学法学院的教授,当时他担任大会主席],2013 年在意大利罗马召开,2015 年在美国圣地亚哥大学法学院召开,2017 年在英国国王大学召开,2019 年在加拿大蒙特利尔召开。

维基百科里列出的 11 个法律人工智能的议题是:一般法律推理(formal models of legal reasoning)、协商与决策的计算模型(computational models of argumentation and decision-making)、证据推理的计算模型(computational models of evidential reasoning)、多智能体系法律推理(legal reasoning inmulti-agent systems)、立法的执行模式(executable models of legislation)、法律文本自动分类汇编(automatic legal text classification and summarization)、法律信息自动化检索(automated information extraction from legal databases and texts)、证据挖掘等方面的机器学习(machine learning and data mining for e-discovery and other legal applications)、基于概念或模型的法律信息检索(conceptual or model-based legal information retrieval)、完成事务性工作的法律机器人(law bots to automate minor and repetitive legal tasks)、风险评估(risk assessment)、使用机器学习和人工智能的诉讼定价和时间线预测(pricing and timeline predictions of litigation using machine learning and artificial intelligence)。

在这 11 个议题中,前 5 个议题属于理论问题,后 6 个议题属于应用问题。理论问题的第一个关键词是模型,第 1 个、第 2 个、第 3 个、第 5 个议题中都有模型这个词(model),第 4 个议题中虽然没有模型,但是讲的是多主体系统,没有模型,怎么去做多主体呢?但这个模型不是所有的议题都去讨论的,人们首先要讨论的是跟逻辑有关的形式模型,其次是计算模型,要让其变得可计算。第 4 个议题讲的是系统,系统必须可执行。而讲法律人工智能,人们有一个定语,就是"法律推理"的形式模型和"论证与决策"的计算模型,是限于法律的,是正确推理的计算模式。多主体系统中的法律推理讲的是立法方面的问题。

后面 6 个议题讲的是应用问题。应用问题的第一个关键词就是自动化。

自动化、机器学习、数据挖掘,这些都是人们要去关心的,它们都属于人工智能的部分。但法律人工智能中的自动是自动干什么?干哪些事情?这种自动就包括了运行总结、运行的信息的提取、自动进行信息的检索、自动的执行任务等。人们讲法律人工智能必须要讲法律背景,所以这些议题上都加了"legal"或者"legal applications"等。

在国内,人工智能法学最早可追溯至1985年钱学森教授的《法制建设中的现代科学技术》。在该文中,钱学森提出:"建立法制信息库,也就是把资料、法律、法规、规定、案例等等东西存入磁带里,存到库里边,在省、市、自治区一级建立法律咨询的电子计算机处理中心。这个中心利用一些现代科学技术,每天可以处理成千上万的群众来信,解决各种纠纷,为企业提供各种法律指导等等。运用现在普遍正在搞的人工智能、知识工程和专家系统这种技术。把有经验的律师思考的问题和解决问题的方法,纳入电子计算机里面去,让电子计算机跟这位有经验的律师学。电子计算机能够学会。它学会了以后,在处理问题的时候,其高明程度跟这位律师是一样的。"[1]此后,学术界对人工智能法学开展了零星研究,其重心在于推动法律体系的科技化水平,这对推动司法服务体系的信息化水平起到了较大作用。2016年3月机器人AlphaGo战胜世界著名围棋职业选手李世石,国内法学界对于人工智能的关注度也得到迅猛提升。此后,人工智能法学研究成果开始大量涌现,内容涉及:人工智能的法律规制,包括数字时代的规制新情景和法律应对、网络平台治理、数字时代反垄断等;网络空间的表达自由、网络安全等;大数据和隐私相关的法律问题;法律的大数据分析,包括司法裁判文书大数据挖掘、人工智能审判辅助、人工智能法律服务等;人工智能的主体性、人工智能监管、自动驾驶与算法责任、人工智能的军事应用;人工智能相关技术法律问题,包括智能合约、分布式治理等。

---

〔1〕 钱学森:《法制建设中的现代科学技术》,载《政法论坛》1985年第3期。

此外,国内多个高校还建立了人工智能法学方面的研究机构。主要包括:北京交通大学法学院互联网交通运输法律研究中心(2017年5月),中国人民大学未来法治研究院(人工智能法学是其重要的研究方向之一,2017年9月8日),西南政法大学中国信息法制研究所人工智能与机器人法工作组(简称"人工智能与机器人法工作组",2017年12月4日),西南政法大学人工智能法学院(全国高校首批23个人工智能学院中唯一的法学院,2017年12月6日),北京大学法律人工智能实验室、法律人工智能研究中心(2017年12月29日),首都经济贸易大学法学院法律与人工智能研究中心(2017年年底),天津大学中国智慧法治研究院(2018年4月7日),华东政法大学人工智能与大数据指数研究院(2018年8月3日),清华大学智能法治研究院(2018年12月15日),中南财经政法大学刑事司法学院与南京云思创智信息科技有限公司共同创建的人工智能联合实验室(2019年3月15日),上海政法学院人工智能法学院(2019年5月),湖南大学大数据—人工智能与司法管理研究中心(2019年5月21日),中国政法大学数据法治研究院(2021年6月)等。

三、人工智能典型案件

随着人工智能技术社会应用的不断扩展,涉及人工智能等新技术的案件也逐步增多,本部分选取相关典型案件进行统计分析,通过对134份司法裁判文书,主要时点、地域、纠纷类型等进行研究,以期发现我国涉人工智能法律纠纷的现实状况。

(一)时点分析

近年来,随着人工智能技术水平的提高,人工智能产品开始真正走进人们的生活。依所选案件裁判发生时间进行研究,分析人工智能及其相关技术与司法产生交点的时间规律发现:

1. 2008年已出现涉人工智能案件。在本次所收集案件范围内,最早在

2008 年便有涉及人工智能及其相关技术的案件出现,如“上海步升大风音乐文化传播有限公司诉北京友播世纪信息技术有限公司侵犯录音制作者权纠纷案”。在该案中,原告上海步升大风音乐文化传播有限公司诉称,被告北京友博世纪信息技术有限公司未经许可,即在经营的 YOBO 网站上向网络用户提供 37 首涉案歌曲的在线播放服务,损害了其对涉案歌曲所享有的录音制作者权。[1] 该案涉及音乐作品的信息网络传播、“信息存储空间提供者”与“网络内容提供服务提供者”的定性,以及网络重新定向技术对于证据保全的干扰等诸多问题,体现了人工智能这一技术早已渗透到民众的社会生活中。

2. 涉人工智能案件数量至 2018 年达到高峰。自 2008 年以来,相关案件总体呈逐年增多之势。其中 2015 年及之后上升最快,至 2018 年达到高峰。显而易见,这与我国中央政府及各地方政府越来越重视人工智能等新科技发展,出台了一系列政策引导、保障其进一步发展有关。尤其是 2017 年国务院颁布了《新一代人工智能发展规划》,将人工智能技术列入国家战略,对我国人工智能的发展起到了强有力的引领和推动作用。可以说,人工智能案件随着人工智能技术的发展应用而产生,并随着人工智能技术应用范围的扩展数量不断增多。

3. 涉人工智能案件仍将处于增长态势。可以预见,因人工智能及其相关技术仍处于不断进步之中,随着人工智能及其相关技术应用领域的不断扩展,其所涉及的法律问题会更多地显现,涉人工智能的相关司法案件也将呈现不断增加之态势。

(二)地域分析

科技水平具有明显的地域特征,本部分对 134 起案件裁判法院所在地域进行分析,以期得出涉人工智能案件数量的地域差异特点。

---

[1] 参见上海步升大风音乐文化传播有限公司诉北京友播世纪信息技术有限公司侵犯录音制作者权纠纷案,北京市海淀区人民法院(2008)海民初字 6939 号。

1. 涉人工智能案件集中于东、中部经济发达地区。涉人工智能相关技术案件大多集中在北京、湖南、浙江、江苏、福建、广东、上海、山东等地区。这些地区同时也正是我国经济发展水平较高的地区,尤其北京、广东、上海更可说是我国经济重心所在,经济发展水平越高就越能提供必要的物质条件,并吸引国内外优秀人才,从而也能带动教育水平的提高,为科研工作源源不断地输送人才。可见高经济水平和高教育水平造就高技术水平的概率高于中低经济和教育水平的地区,其科研成果转化效率必然高于这些地区,东、中部地区人工智能产品应用较为普遍,故我国人工智能相关案件多集中于这类地区。

2. 涉人工智能案件有向中西部扩展态势。陕西、广西、甘肃等地亦出现涉人工智能案件,目前数量较之东部地区虽然不多,但已经可以说明目前人工智能案件开始逐步向中西部扩展,而且日后随着中西部经济科技水平的发展,此类案件很有可能会继续增加。由此,人们应对北京、湖南、浙江、江苏、福建、广东、上海等地涉人工智能的司法实践进行研究分析,总结裁判经验,积累典型案件为其他地区、同类案件纠纷提供借鉴。在北京、上海、浙江、广东、湖南这类案件纠纷高发地区,可以率先进行地方立法尝试,总结经验、梳理问题、发现规律,以提高立法的针对性、适应性,为人工智能领域立法积累充足的资料,从而使法律更好地适应现实需求,做到处理人工智能等新型案件有法可依。

(三)当事人类型分析

本部分将分析所选案件中各方当事人类型,为司法实践有针对性地保护不同类型当事人提供实践智慧。

1. 涉人工智能案件当事人以营利法人与自然人为主。通过分析得知,营利法人参与的设施工程案件占比76%,可见人工智能及其相关技术目前多存在于公司日常运作之中。公司业务复杂,人工智能及其技术的使用能提升公司运转效率。而且在大环境鼓励人工智能及其相关技术发展的今天,各种发展高新技术的企业层出不穷,故在此方面,涉案企业占比较大不足为奇。此外,涉及自然人的案件占比43%。自然人是人工智能技术的主要使用者,实践中产生了大量利用人工智能的侵权案件,如利用人工智能技术侵害个人数据隐私,人工智能产品致害责任等。因此,自然人亦为涉人工智能案件的主要主体之一。

2. 涉人工智能案件主体类型仍在不断增加。目前,涉人工智能案件主体类型虽以营利法人和自然人为主,但也有案件涉及特别法人、非营利法人和非法人组织。主体类型的多样性,反映出人工智能相关技术适用范围逐步扩展,已经融入社会生活的各个层面。因此,人工智能相关司法裁判,除须重视企业及自然人这两大主体的不同诉求之外,还要注意保障其他各类主体的合法权益。

(四)案件所涉及技术类型分析

人工智能技术应用范围较广,涉及门类较多,大数据、算法、区块链、智能合约等一系列技术均可涵盖在内。本部分对相关案件所涉及技术类型进行分析,以期得出人工智能相关技术在所涉案纠纷中的占比,并为后续案件的裁判提供指导。

1. 涉个人数据案件占比过半。涉个人数据案件在所收集的134个案件中占56%,超过半数,处于第一位。"数据"是信息时代的石油。个人数据是个人隐私的一部分,关乎人格尊严与人身安全,商业数据大多属于商业机密,是商事主体市场竞争力的重要来源,在"北京淘友天下技术有限公司等与北京微梦创科网络技术有限公司不正当竞争纠纷案"中,上诉人所经营之脉脉未经用户允许和被上诉人所经营之微博平台授权,非法抓取、使用新浪微博用户信息,构成不正当竞争。这是我国首例大数据不正当竞争纠纷案,[1]此案提醒互联网平台及个人均应重视数据保护。

---

[1] 参见北京微梦创科网络技术有限公司诉北京淘友天下技术有限公司不正当竞争案上诉案,北京知识产权法院(2016)京73民终588号。

2. 涉区块链案件比重次之。区块链相关案件占比 24%，处于第二位。区块链技术是人工智能项下新兴技术的一种，其不可篡改性、去中心化和去信任化的时间截技术，使其中所有的权利信息更具连贯性和真实性，可完整记录作品创作和后期后转让的全过程，在保护知识产权方面具有独特的作用。在"中文在线数字出版集团股份有限公司与广州市动景计算机科技有限公司侵害作品信息网络传播纠纷案"中，原告中文在线数字出版集团股份有限公司便采取了区块链存证的方法，确认了自身所享有的权利，证明了被告侵权。[1]

3. 涉算法案件比重居于第三位。涉算法的案件占比 19%，处于第三位。算法是人工智能的核心。随着计算机算力的不断提高，各种算法的复杂度和精细度也在不断地提升，但也带来一定风险，需要及时规制。典型案件如"伊世顿操纵期货市场案"。[2] 该案是中国首例因高频交易操纵被提起公诉的案件，伊世顿公司通过预先设定的程序化算法软件制造虚假买卖信息，误导投资者跟风投资，并从中渔利，构成新型操纵行为。这一案件的判决为今后起到了良好的示范指导作用，该案也提醒人们，司法机关应正确认识算法在此类新型犯罪行为中的作用，作出科学裁判。

4. 涉智能合约案件数量较少。涉智能合约的案件最少，排在第四位。这一比例显示，智能合约虽然是法学研究的热点，但由于实际应用有限，[3] 故相关司法案件较少。由于智能合约具有低成本、高效率、高安全等特点，可以预见随着区块链技术的逐渐进步，未来智能合约的应用亦会随之增加。

(五)案件类型分析

本部分统计分析案件所涉纠纷类型，以期发现案发规律，总结案件特

---

〔1〕 参见中文在线数字出版集团股份有限公司与广州市动景计算机科技有限公司侵害作品信息网络传播纠纷案，北京市东城区人民法院(2018)京 0101 民初 3835 号。

〔2〕 参见伊世顿操纵期货市场案，上海市高级人民法院(2017)沪刑终 59 号。

〔3〕 参见陈吉栋：《智能合约的法律构造》，载《东方法学》2019 年第 3 期。

点,为后续相关司法裁判正确适用法律规范提供指导。

目前所收集的案件多集中于知识产权权属、侵权纠纷(46%),侵犯公民人身权利、民主权利罪(14%),合同纠纷(12%),不正当竞争纠纷(10%)及扰乱公共秩序罪(4%)五个方面,其中知识产权权属、侵权纠纷,合同纠纷,不正当竞争纠纷为民事案件,侵犯公民人身权利、民主权利罪及扰乱公共秩序罪为刑事案件。

1. 涉人工智能类案件以民事案件为主

知识产权权属、侵权纠纷案件数在案件总量中处于第一位。这一比例说明,人工智能相关专利逐步增多;利用相关技术侵权更加简单,方式更加多样,也更加隐蔽。

合同纠纷在案件总量中占比第三位,涉案合同种类多种多样,多涉及人工智能及其相关技术产品,如"深圳市恒丰行投资发展有限公司与深圳市数心科技有限公司服务合同纠纷案"就涉及了电话机器人这一人工智能产品,[1]此类案件所涉争议大多处于现有法律框架之内,可适用现有法律进行解决。

不正当竞争纠纷在案件总量中占比处于第四位,如"浙江核新同花顺网络信息股份有限公司、灯塔财经信息有限公司侵害计算机著作权纠纷案"[2]即涉及不正当竞争纠纷。虽此类案件可通过司法解释手段予以调整解决,但相关法律论证成本高昂,不如以立法予以调整。

2. 涉人工智能刑事案件占有较大比重

侵犯公民人身权利、民主权利罪案件在样本总量中占比第二,所涉及罪名主要为侵犯公民个人信息罪,如在"王某、张某侵犯公民个人信息案"中,

[1] 参见深圳市恒丰行投资发展有限公司与深圳市数心科技有限公司服务合同纠纷案,广东省深圳市龙华区人民法院(2018)粤0309民初6762号。

[2] 参见浙江核新同花顺网络信息股份有限公司、灯塔财经信息有限公司侵害计算机著作权纠纷案,浙江省高级人民法院(2018)浙民终1072号。

两被告利用所在系统利用他人制作的信息抓取软件获取个人信息，通过QQ、微信等方式大量倒卖公民个人信息非法获利，[1]严重侵害了公民个人信息安全。在大数据时代，利用公民个人信息进行精准推销，或倒卖个人信息牟利等行为，对当下的司法实践提出了新的要求，故合理界定信息侵害行为，保护公民的个人信息，是司法机关必须正视的问题。

扰乱公共秩序罪案件占比居于第五位。如被最高人民法院列为指导案件的"付某某、黄某某破坏计算机信息系统案"，被告付某某、黄某某等人租赁多台服务器，使用恶意代码修改互联网用户路由器的DNS设置，盗取互联网用户流量，从而达到非法获利的目的。[2] 此类利用人工智能技术犯罪的案件涉及面较广，影响了不特定人的工作与生活，对公共秩序也造成了一定程度的破坏，须引起司法机关的重视。

3. 纠纷类型呈增加趋势

此处所述仅为五类出现频次较高的纠纷类型，其他案型如人格权纠纷、侵害财产罪类案件等也应引起人们的重视，而且涉人工智能案件也有向劳动争议、物权保护纠纷等领域拓展的趋势。

四、人工智能法学的学科定位

从一般意义上说，学科是指相对独立的知识体系。人类的生产和生活产生经验，经验的积累和升华形成知识，知识经过不断积累和发展而形成知识体系，知识体系就是广义上的科学。人类知识总体根据某些共性特征进而划分为不同的门类，称为学科。在当今语境下，学科有两种不同的内涵：其一，作为学术研究层面的学科，其划分标准主要是研究对象和研究方法，

---

〔1〕 参见王某、张某侵犯公民个人信息案，辽宁沈阳经济技术开发区人民法院(2018)辽0191刑初418号。

〔2〕 参见付某某、黄某某破坏计算机信息系统案，上海市浦东新区人民法院(2015)浦刑初字第1460号。

因为学科之间的界限并非绝对分明，故该意义上的学科仅仅是相对独立的知识体系。如自然科学、人文社会科学。其二，作为我国高等学校本科教育专业设置层面的学科分类，包括哲学、经济学、法学、教育学、文学、历史学、理学、工学、农学、医学、军事学、管理学、艺术学共13个学科门类。

学科划分是科学研究和人才培养的必由之路，但学科划分过细所导致的学科屏障也引发了诸多问题。故当今科学研究和人才培养多鼓励跨学科协同，复合型科研课题和人才培养方案倍受重视，成为科学研究和人才培养的亮点。在这种时代背景下，人工智能法学应运而生。在科学研究方面，一大批人工智能法学领域的研究成果涌现，如人工智能的主体资格问题、人工智能创作作品的保护问题、人工智能体的侵权责任承担问题、人工智能算法的法律规制问题。同时，人工智能法学专业也在部分高校陆续设立，如西南政法大学人工智能法学院于2018年在全国率先增设"人工智能法学"二级学科，涵盖数据法学、网络法学、算法规制和计算法学四个方向。[1] 上海政法学院人工智能法学院于2019年正式招收40名人工智能法学专业本科生和10名硕士研究生。[2] 笔者预计，在未来的几年里，人工智能法学专业会逐渐成为全国法律院系竞相追逐的热门专业，极有可能引发盲目跟风的巨大风险。为此，亟须对人工智能法学的学科定位和专业培养目标展开深入研究，作出指导性的预判，为人工智能法学的学术研究和专业培养奠定坚实的基础。

(一)作为法学分支的人工智能法学

法学是古老的学科知识体系，其研究对象为社会治理的规则体系，包括法律的创制和实施。因此，作为法学分支的人工智能法学主要面向人工智

---

〔1〕 参见《西南政法大学人工智能法学院简介》，载西南政法大学人工智能法学院官网2020年6月29日，https://alc.swupl.edu.cn/xygl/xygk/index.htm。

〔2〕 参见《2019世界人工智能大会法治青年论坛》，载上海市法学会官网2019年9月3日，https://sls.org.cn/levelThreePage.html? id=10996。

能技术对人类社会关系的影响及其治理规则。现代高新技术对于既有法律规则的冲击比比皆是,首当其冲的当属人工智能技术。从人类历史演进的角度讲,人工智能技术是一次深度的工具革命。坚持“发展论”和“工具论”对于回应人工智能技术对法律的挑战具有重要的指导意义。

首先,从1956年人工智能概念出现起,在60多年的发展历史中,人工智能技术不断获得突破,从以往机械执行人类指令的“弱人工智能时代”逐渐步入以人机交互、机器学习和模式识别为标志的“强人工智能时代”。2006年,在达特茅斯召开的“AI@ 50”会议上,与会专家一致认为,人类级别的人工智能将在25～50年内实现。这就意味着人工智能将具有相对独立的思考能力,而且将在某些方面拥有超越人类的能力,如下象棋或开汽车。

人工智能的“发展论”意味着人工智能技术会冲击传统的社会治理规则。比如,在合同法领域,人工智能基于其优越的大数据分析能力,可以代替人类作出是否签订合同的决断并代理人类签订合同,这就需要在《民法典》“总则编”的代理制度中设立“人工智能代理人”制度,允许民事主体委托人工智能作为缔约的代理人。在著作权法领域,人工智能基于其优越的机器学习能力和海量人类作品的大数据训练,能够创作出具有一定新颖性的作品,尽管其独创性和思想性还很难与人类优秀作品比肩,但在广告设计、封面设计、版式设计、新闻采编等领域具有人类无法企及的高效率和多产优势。这就需要在《著作权法》中承认人工智能的创作主体资格并对其创作的作品予以保护。人工智能和机械系统结合的人工智能体(机器人),能够基于其模式识别能力(如机器视觉、听觉或嗅觉等)自主作出决断并向机械系统发出指令,代替人类完成特定的活动。在这种技术背景下,机器人已经超越纯粹工具的范畴,具有了一定的自主性,在侵权责任法领域,既不能简单按照工具论的逻辑由所有者或者使用者承担责任,也不能机械套用产品责任逻辑由生产者或者销售者承担责任,而应当承认人工智能机器人的行为主体资格,在此基础上创制一套崭新的由生产商、销售商、所有者、使用者和保险商共同承担责任的替代责任制度。同时,要创造性地增设责令修改完善算法程序、吊销自动驾驶出租车的营运执照等责任承担方式。

其次,“工具论”是我们始终要坚守的人工智能伦理和立法原则。无论人工智能技术发展到什么高度,即使其在某些方面的思维能力超过人类,其作为人类助手和工具的地位不会改变。人工智能不能享有人格权,其人格利益受不受保护?回答这一问题的关键是要深入研究人类人格权的法理基础以及机器智能和人类智能的根本区别。

自然人人格权的法理基础是其独特的精神利益,从生命权、健康权、身体权、姓名权、名誉权、隐私权、荣誉权等具体人格权,到人身自由和人格尊严的一般人格权,其核心是自然人的自由意志和人格尊严。但是,人工智能机器人具有自我意识和自由意志吗?这就需要探究机器智能和人类智能的本质区别。

从目前的人工智能技术观察,人工智能仅局限于认知能力,如大数据统计能力和模式识别能力等。但是,人类智能除认知能力外,还包括审美能力和道德能力,人类具有独立的自我意识和丰富细腻的感情。从解剖学上讲,人类智能的发展得益于大脑新皮质的进化及其扩展。大脑皮质是大脑表面的一层灰质,它是高级神经活动的物质基础,人类大脑皮质是由无数大小不同的神经细胞、神经纤维和神经胶质构成的,总面积约有2200平方厘米。[1]对于理解个别神经元,我们还有很长的路要走,而对于理解它们在某个系统,乃至在大脑中的相互作用,前方的道路就更遥远了。相比于对其他基础科学相关方面的了解,我们对(人类)心智的了解还存在很大差距。[2] 我们必须对人类智能心存敬畏。

---

〔1〕 参见芮德源、朱雨岚、陈立杰主编:《临床神经解剖学》(第2版),人民卫生出版社2015年版,第1598页。

〔2〕 参见[美]罗伯特·伯顿:《神经科学讲什么》,黄珏苹、郑悠然译,浙江人民出版社2017年版,第249页。

即使在认知能力层面,人类的理解能力和人工智能的计算能力也存在根本区别。任何认知过程都包含两个部分:真实的计算和感觉体验。感觉体验指的是一种理解感,它来自那些计算。但这种关系并不像我们希望的那样简单直接。正确的计算不一定与理解感联系在一起。哲学家约翰·瑟尔(John Searle)在1980年发表了广受争议的假想实验——中文房间实验。通过这个实验,他解释了为什么人工智能并不代表理解。瑟尔想象一个只会说英语的人被锁在一个房间里,这个人会看到一套指导手册,手册告诉他如何加工中文输入信息,然后以中文输出回应。由于他完全不懂中文,因此他的反应只是在照着指导手册去做(指导手册是英文的)。他既不理解输入,也不理解输出,但他能够恰当地完成任务。对于能够看懂中文的人来说,输出的反应很有意义,但对被锁在房间里的人来说,它们毫无意义。瑟尔的论点是,无论一个人能够多么准确地照着指令去做,产生看似有意义的反应,但如果他不理解反应的意义和语义,那么我们便不能说他理解了。由此看来,人工智能确实能够模仿一部分人类的认知能力,并且拥有相较于人类智能的某些优势,如强大并无限扩充的运算能力、存储能力以及不知疲倦的耐力,没有喜好、储存数据没有选择性,而且不会遗忘等。但机器并没有模式创新的能力,没有感觉能力和相应的心理感觉系统,即使配备最尖端人工智能程序的先进计算机也无法拥有构成人类智慧的许多要素,无法把这些要素纳入决策过程,这些要素包括同情、怜恤、憎恶、正义感等。因此,人工智能仅仅是人类的辅助工具,人工智能体不可能拥有如人类一般的人格权。

(二)作为人工智能分支的法律人工智能技术

人工智能属于技术范畴,早期的人工智能技术倾向于通过把逻辑规则串联起来从而获得结论,这是一种数学形式的证明。主要应用场景是简单的逻辑分析、计算、定理证明以及解决谜题等,这是人工智能技术的初级阶段。

为了提高人工智能技术的智能化程度,程序开发者们发现,编程的重点并不在于对答案的机械搜索,也不在于把逻辑命题串联起来的过程,而在于用于搜索处理数据的规则(算法)。这些规则主要来自问题所属领域的专家,比如象棋大师、围棋大师、语言专家或者医生等。程序设计师需要专门采访某个领域的专家并把专家的技能融入人工智能程序中,最终生成的程序被称为"专家系统"(expert systems),这是人工智能技术的第二个阶段,从此算法成为人工智能技术的核心,专家系统的智能化程度取决于专家知识的水平及其与计算程序的融合度。

人工智能技术的第三阶段始于机器深度学习技术的突破,这得益于一种被称为神经网络的编程方式,程序设计师们把同一个程序复制很多份,以模拟神经元的结构,每个神经元都会接收一组输入数据,同时输出一组数据。程序设计师们用这些程序组成不同的网络层,把底层的输出接入高层的输入。层数越多,该程序的精密度越高。模拟神经元之间的连接经常用数字表示权重,0 可能意味着没有连接,而 100 则意味着强连接。这类程序的精髓在于其自动调整权重的功能,程序会根据出现在网络底层输入端的示例数据而作出调整。在程序的训练过程中,只需要提供大量的学习数据,然后拉动开关在系统中上下传导这些权重,直到系统能够稳定下来。神经网络系统的智能化程度取决于神经网络的精密度、训练数据的数量和算法的迭代次数。由此来看,"神经网络系统"与"专家系统"的最大区别在于,前者遵循自下而上的经验主义路线,是开放式自适应的算法系统,只要程序员提供足够的训练数据。算法就会变得越来越聪明,其技术关键是大数据统计及关联性识别。而后者遵循自上而下的理性主义路线,需要程序员预先定义符号和逻辑规则来组成问题的论域。

神经网络系统是人工智能技术的一次巨大飞跃,使人工智能具有了更快的速度、更高的准确度和更低廉的成本,在自然语言识别、机器视觉等领域获得了巨大的成功。在经验学习领域,人类所能吸收的经验受广度和规模所限,而这些系统却能够以极快的速度检索有意义的海量样本。它们不仅能理解我们所熟悉的视觉、听觉以及书面信息,还能理解那些我们并不熟悉的“穿行”在电脑和网络中的数据。[1] 所以,这类系统可以从中掌握人类大脑无法企及的模式和见解。它们在某些方面极其擅长,但是我们并不完全理解它们是如何完成这些任务的。这就是“算法黑箱”问题。这使算法失去了理性的基础,丧失了检讨分析的机会。这是算法规制的理论基础。

人工智能作为一种迅猛发展的技术,其应用范围也在不断拓展。作为人工智能分支的法律人工智能技术就是其在法律领域的具体运用。人工智能在法律领域的典型应用场景进行归纳梳理至少包括下列五种。

其一,法律检索。法律检索是针对特定的案件展开的,原来法律检索是非常烦琐的工作,目前,国内外已经有一些可以进行法律检索的 AI 产品,极大地提高了法律检索的效率。如作为世界上第一个人工智能律师的罗斯(ROSS)系统,该系统受到 IBM 认知计算机沃森(Watson)的技术支持,可以理解自然语言,并提供特定的、分析性的回答,其已经接近于人类律师的工作水平。

其二,法律咨询。AI 法律咨询机器人可以代替律师做一些简单的法律咨询。号称中国第一个机器人律师的“小梨”目前可以提供签证、离婚咨询等服务。国外的无须支付(DoNotPay)[2]可以挑战罚单、请求航班延误补偿金、申请政府住房等。法律咨询机器人研制的重点在于其出色的自然语言理解能力,法律问题或争议焦点的分析能力及成熟的法律知识数据库。

其三,文件审阅。文件审阅工作量大,程式化程度高,为了减轻律师或公司法律顾问的工作强度,AI 技术可以大展用途。比如,在合同审核上,人工智能技术可以提供人工智能合同分析,帮助用户以更低的成本、更高的效

---

〔1〕 参见[美]杰瑞·卡普兰:《人工智能时代》,李盼译,浙江人民出版社 2016 年版,第 49 页。

〔2〕 无须支付(DoNotPay)是一家致力通过自动化解决方案的公司,其推出的机器人律师,起初是为了让人们更轻松地搞定违停罚单。

率管理合同,防范法律风险。在企业法律服务中,AI 技术可以对企业创办、融资、并购、上市等提出更加科学的方案,以降低风险,提高效率,削减时间、人力成本等投入。AI 技术在尽职调查、法律风控、合规审查、文件整理等法律事务中,都可以扮演重要角色。

其四,案件预测。通过对过去案件的统计分析,外加数据挖掘和预测性分析技术,AI 技术能够预测法律纠纷的处理结果。如美国迈阿密一家名为预告(Remonition)的公司甚至宣称可以基于类似案件判决的统计性分析,在起诉前就预测案件的胜诉方。伦敦豪治琼斯艾伦律师事务所(Hodge Jones & Allen)利用一个"案件结果的预测模型"来评估人身伤害案件的胜诉可能性,直接导致了 2013 年的杰克逊(Jackson)民事诉讼改革,使人身伤害案件的诉讼成本大大降低了。莱克斯·梅奇纳(Lex Machina)公司通过对成千上万份法院判决进行自然语言处理,来预测案件结果,其软件可以确定哪位法官倾向于支持原告,基于对方律师过去处理的案件来形成相应的诉讼策略,针对某个特定法院形成最有效的法律论证等。

其五,智慧法庭。法律人工智能的案情可视化技术、诉讼主体自动识别技术、争议焦点提炼技术、证据辅助审查技术可以提高合议庭阅卷的效率。法律 AI 技术可以实现诉讼参与人身份自动识别、法庭纪律自动播报、庭审现场实时语音转文字、电子卷宗自动生成及归档,这些技术的应用极大减轻了书记员的工作量,提高了庭审效率。裁判规律分析及预测技术、类案推送、裁判文书自动生成系统也减轻了法官的工作强度。另外,庭审现场行为捕捉及识别技术降低了审判活动的监督成本,对于规范审判活动,维持审判现场秩序也发挥了重要作用。

以上仅仅展示了法律人工智能技术的典型应用场景,随着 AI 技术的发展,其在法律领域的应用空间将得到极大拓展。法律人工智能技术在智慧法庭、智慧检务、智慧公安、智慧律所、智慧公司法务、智慧公证仲裁等领域将发挥越来越大的作用。

当然,我们在强调法律人工智能技术优越性的同时,也不能忽视其局限性。我们既要看到人工智能优于人类智能的领域,也要关注人类智能优于人工智能的领域。法律工作有很大一部分具有很强的逻辑性和程式性,也存在大量简单机械的活动,在这些领域法律人工智能的优势是毋庸置疑的。但是,法律 AI 能否代替人类作出判决是一个值得深思的问题。判决是一门艺术,是逻辑分析和价值考量的统一,这有赖于法官的丰富经验和公平正义的道德情操。随着现代科学技术的迅猛发展,社会利益冲突和矛盾呈现新的特点,给法律调整带来了新的挑战。这就要求法官以不变应万变,用公平正义的理念去处理纷繁复杂的案件。大量研究表明,我们的道德判断主要由潜在的情绪和心理感受所引发,有意识的心智事后会对行为进行合理化解释。而人工智能没有情感,没有道德情操,不具备模式创新能力,其主要基于大数据统计作出判断和决策,这跟审判活动所需要的基本能力是相悖的,这就决定了法律人工智能技术难以应对疑难复杂的案件,难以应对新型案件,也无法代替法官从事所有的法律工作。比如,AI 法律技术可以辅助法官撰写判决书,但证据分析和判决理由部分机器则很难代劳。

总之,在法律人工智能技术的开发和应用方面,我们要坚持扬长避短的原则,充分发掘法律 AI 技术在法律工作中的巨大潜能,提高法律工作的效率,减轻法律人的工作负担。同时,要保持清醒的头脑,警惕法律人工智能技术的劣势和局限性。在审判的实质性决策环节不可盲目相信和过分依赖 AI 技术。同时,要加强法律专家和 AI 程序开发者的沟通,使 AI 技术融入更多的专家技能,使其更加适应法律活动的特点,不断提高其智能化水平。

(三)作为人才培养体系的人工智能法学专业

人工智能法律规制的挑战及其在法律领域的广泛应用急需既具有扎实的法律功底又精通人工智能技术的复合型人才。在这样的背景下,人工智能法学专业应运而生。因此,作为人才培养体系的人工智能法学专业必须面向人才需求和就业市场。

人工智能技术在消灭一些传统工作岗位的同时,也会创造新的工作岗位。很多科技进步会通过让商家重组和重建运营方式来改变游戏规则。这样的组织进化和流程改进不仅会淘汰工作岗位,也会淘汰技能。[1] 例如,银行安装了 ATM 之后可能会裁掉出纳员,提升的服务会创造雇用网络工程师而非出纳员的需求。在人工智能技术的影响下,今天很多由人从事的工作都将由机器取代。创新工场董事长兼首席执行官李开复认为,有两种类型的工作可能最先被人工智能取代。一种是传统上“黑箱操作”、存在较严重的信息不对称的行业,如股票投资、保险业;另一种是那些非常机械、重复性劳动较多的行业。前者是基于监督和管理成本的考虑,因为机器没有感情、没有私心;后者是因为机器不会疲劳,在机械性工作上比人类更出色。而那些人类比机器完成得更好的工作将得以保留,包括需要和他人建立情感联系以及具有创造性的工作。

法律人工智能技术对于法律职业的冲击同样不容小觑,在律师服务行业,AI 法律科技使对律师助理的需求大幅度减少,各种合同、章程及其他法律文件都具有很高的结构化特点,所以计算机程序可以轻松起草初稿文件,甚至具有直接完成最终文本的可能。在审判业务中,便捷准确的法律检索技术、案情可视化技术、诉讼主体自动识别技术、争议焦点提炼技术、证据辅助审查技术等将大幅度降低对法官助理的需求。而诉讼参与人身份自动识别、法庭纪律自动播报、庭审现场实时语音转文字、电子卷宗自动生成及归档等技术也将大幅减少对书记员的需求并最终淘汰书记员岗位。据美国律师协会统计,法学院收到的申请数量一年不如一年。法学院招生委员会在 2014 年的报告中说,在过去的两年中,报名人数已经回归到了 1977 年的水平。在 2009 年,35% 的法学院应届毕业生竟然找不到需要通过律师资格考试的工作,尽管造成这种局面的原因很多,但法律人工智能技术的冲击是不

---

〔1〕 参见[美]杰瑞·卡普兰:《人工智能时代》,李盼译,浙江人民出版社 2016 年版,第 127 页。

可低估的。

我国政府大力扶持法律人工智能技术的研发和应用，资本驱动也为此提供了强大动力。法律人工智能技术的开发应用将导致法律职业的结构性变化，在法律人工智能技术快速发展的背景下，低端法律工作将被 AI 法律技术取代，如文字记录、法律检索、法律咨询、合同审查、文件归档、文书制作。同时，对于中高端的法律工作，法律人工智能技术也可以起到重要的辅助作用，形成新型的人机协同办案模式，如诉讼结果预测、类案推送、裁判意见参考。

法律人工智能技术快速发展背景下法律职业的结构性变化引发了法学教育的变革需求。人工智能时代的法学教育更加关注对“法律 + 人工智能技术”复合型人才的培养。对于法律人工智能技术的研发而言，无论是走“专家系统”的技术路线，还是走“神经网络系统”的技术路线，均需要沟通法学和人工智能技术两个领域的高端复合型人才。而法律人工智能系统在测试、维护、改进、培训和使用中更需要大量的兼具法学知识与人工智能技术的中低端复合型人才。因此，AI 法学专业应以法学与人工智能技术的融合为核心，旨在培养既具有扎实的法律知识、法律思维和法律技能，又熟悉人工智能的原理和技术，具有大数据思维和计算思维，具有法学和人工智能学科沟通能力，能在司法机关、行政执法机关、企事业单位、科研机构等从事法律人工智能系统开发、维护、测试、管理、培训及应用的复合型新法科人才。

人工智能法学专业的培养目标有两个重要方向：一是培养具有法律思维和计算思维的软件工程师；二是培养具有法律思维和计算思维的立法者、法官、检察官、律师等法律工作者。两个方向各有侧重，前者侧重人工智能技术，后者侧重法学知识和法律技能。在就业方向上，前者主要向 AI 法律科技公司输送人才，后者则主要面向司法机关、行政执法机关和律师事务所。在培养模式上，前者应主要采用“计算机本科 + 法律硕士”模式，在本科阶段打下数学和计算机编程的基础，在法律硕士阶段进行人工智能和法学的结合。后者则可以采用“AI 法学本科实验班”模式,以法学为主,以人工智能技术为辅。

在“AI 法学本科实验班”模式下,要重点培养学生的法律功底,保证国家法律职业资格考试的通过率,在法学课程设置上,要开设法理学、宪法学、民法学、刑法学、行政法与行政诉讼法学、经济法学、商法学、知识产权法、民事诉讼法学、刑事诉讼法学和国际法学,这 11 门法学核心课属于国家法律职业资格考试的出题范围,也是法学的基础知识,是必须保障的。其他法学类课程可以作为选修课,由学生根据学习能力自由选择,以减轻学生的学习压力。在人工智能课程的设置上,应开设人工智能原理、Python 语言程序设计、数据统计与分析、知识发现与数据发掘、网络与信息安全概论、数字证据与区块链、法律管理信息系统、法律大数据分析、人工智能法律应用;人工智能法学概论、人工智能伦理概论和人工智能法律规制等,要侧重人工智能和法学的结合,对学生的独立编程能力不宜要求过高,应以“能懂会用会编辑”有关计算机程序为原则。这些学生将来可以在计算机领域继续深造,以提升自己的人工智能技术开发能力。

五、小结

笔者认为,广义的人工智能法学有三个层面:一是作为法学分支的人工智能法学,主要面向人工智能技术对人类社会关系的影响及其治理规则;二是作为人工智能分支的法律人工智能技术,主要面向人工智能技术在法律领域的具体运用;三是作为人才培养体系的人工智能法学专业,主要面向培养兼具法律思维和计算思维的高素质复合型人才。三个层面既各有侧重,又互相配合,共同构成人工智能法学的学科体系。

第二章
人工智能法学基础理论

一、人工智能重塑社会结构

自计算机诞生开始，人工智能在语音及图像识别、机器翻译、文本写作、棋类竞技和自动回答问题等方面都取得了巨大成就，深刻改变了当代社会的生产方式和生活方式。人工智能逐步在多个领域完全战胜人类，当前人类显然正在不可逆地进入人工智能时代。在互联网、云计算、大数据、深度神经网络等一系列技术的催生下，1997 年早期人工智能“深蓝”在对弈中战胜了当时的国际象棋冠军卡斯帕罗夫。而且新一代人工智能阿尔法狗(AlfaGo)在 2016 年战胜围棋世界冠军李世石。无论是国际象棋还是围棋，都长期被人类视为机器不可逾越的智能高地，而人工智能的这两次重大胜利，无疑给世界带来了巨大影响，激发了人工智能技术和产业的裂变式创新发展，世界各主要大国亦开始高度重视人工智能的发展，纷纷制定了相应的发展规划和战略。人工智能自 20 世纪 50 年代诞生之日起，就一直有大量的研究者和艺术创作者关注人工智能所带来的威胁问题。从

20 世纪 50 年代阿西莫夫创作的科幻小说《我,机器人》,到 20 世纪 80 年代起的电影终结者系列,直到进入 21 世纪,著名科学家霍金和著名企业家埃隆·马斯克都在不同场合表达了对人工智能所带来的潜在风险的深深忧虑。[1] 随着人工智能的不断发展,越来越多的人工智能本身的技术研究者和社会学科研究者也开始关注人工智能所带来的风险问题。尽管如此,这些关注和担忧,都丝毫没有影响人工智能近年来的飞速发展和应用的普及。[2]

(一)人工智能打破物理时空限制

互联网技术革新了人类世界的信息存储、传输方式,大大缩减了信息传递成本。在文字诞生之前,人类社会的信息存储依赖于口口相传,至多只能以刻石、结草等形式来记录信息,信息的传递也极为缓慢,人类祖先艰苦探索的经验知识往往会迅速湮灭。因此,此时段人类社会演进进程中的试错成本极高,人类进化的速度也十分缓慢。文字诞生之后,人类以竹简、动物皮、草纸等方式来记录信息,信息的存储成本迅速下降,印刷术等技术的推广使人们之间的信息传递也大为便利。两次工业革命带来了火车、汽车、飞机等新的交通工具,使人类能够高效地利用书本等形式将信息传递至世界各地;电报、电话等新型通信工具,则带来了信息处理模式的革新。计算机和互联网技术的诞生,使人类低成本存储和传输信息成为可能,“摩尔定律”断言芯片的存储能力每隔 18 个月就将翻倍。

近十几年来,大数据、区块链、物联网等技术的诞生,则进一步优化了信息处理模式,为人类社会迈向智能化奠定了技术基础。人工智能的深度普及应用,打破了传统的物理空间约束,几乎从根本上重塑了整个物理时空。在互联网诞生之前的时代,人类社会的信息存储、处理和传递不可避免地受到技术条件的制约,个人所能接受的信息量往往局限在某个特定的物理空

〔1〕 参见霍金:《人工智能可能使人类灭绝》,载《走向世界》2015 年第 1 期。
〔2〕 参见何哲:《人工智能技术的社会风险与治理》,载《电子政务》2020 年第 9 期。

间。而在当代,个人通过互联网获取信息的成本极小,网络空间几乎不受任何资源环境制约,突破了加持在信息之上的时空约束,也撕碎了因自然环境或政治选择所塑造的物理边界限制,降低了传统治理模式的治理效能。在智能时代,网络空间永续存在、物理边界模糊、数字信息与现实世界交织成为新的社会常识,前智能时代以行政区域、工作行业和部门分工的碎片化治理思路,已经显得难以应对,迫切需要深化改革和创新手段。

人类社会自诞生以来就具有较为明显的内部边界划分,居住空间、血缘关系、信仰、知识等都是人类社会划分内部界限的基本指标,社会分工体系因此得以存续。资本主义革命打碎了传统的社会分工模式,重构了生产关系,并且使社会分工更加精密化和广泛化。工业革命拓展了生产和交换体系,强化了社会内部的分工,提升了各个领域的效率和能力。[1] 从根本上说,互联网技术的诞生,使资产阶级革命以来的社会分工模式得到重塑。互联网的普及使信息传递的边际成本趋近于零,科学技术在互联网的加持下得到更为迅速的传播,人类社会改造自然的能力得到空前提升,传统社会的地域分工在现代知识体系的作用下有逐步瓦解之态势。典型的例子是以色列对沙漠地区的改造,使传统社会认为绝不可能的沙漠地区农业生产成为可能。以色列将沙漠改造为良田的创举,经历了较多的试错过程,而在人工智能时代,这些试错过程中的很多内容都可以经由人工智能来建模处理,且迭代更新速度更快,从而大幅降低此类活动的成本。人类利用科技来改造自然环境的速度将大大提升,类似于以色列改造自然环境发展农业的科技知识能够更为迅速地传播并转化成为现实的社会生产力,亚当·斯密在《国富论》中揭示的根据自然资源禀赋形成的社会分工局面将受到挑战,其他类似的社会分工格局也将会被迅速打破。知识存储成本和传递成本的剧烈下跌,使原本具有极强专业化门槛的社会分工逐渐被重构,典型的如10余年之

---

〔1〕 参见于琳、丁社教:《马克思与涂尔干社会分工思想谱系的异同与会通》,载《江西社会科学》2020年第2期。

前毫无经验的特斯拉公司正在重构整个汽车产业，而汽车生产在过去很长时间内被认为是高度专业化的生产部门，非有长期积累的介入必然失败。知识的扩散淡化了专业分工，社会价值的传播又使人们根据价值观念重新聚合而不再只根据血缘、地域或者族群。人工智能的出现，则进一步打破了传统的分工体系，模糊了社会的内部边界。

从经济学视角来看，现有的社会分工格局之形成，既源于自然禀赋差异，也源于人类自身对知识的掌握速度较慢，从而需要通过分工来提高效率。在智能时代，人类的学习效率远低于人工智能。无论是最初级的数学计算，还是人类引以为傲的象棋、围棋等智力活动，人工智能都已经实现了对人类的碾压式超越，甚至在疾病诊断、车辆驾驶、写作、司法裁判等领域，人工智能也正在形成超越人类的优势。在此情形下，不仅社会生产体系的专业分工将被打破，人与人之间的专业分工也将成为历史。

一方面，人工智能使跨界经营更为便利，现有的经济分工格局受到重大挑战。长期以来，人类社会的经济发展具有很强的路径依赖效应，历史积淀形成的知识优势，成为后续产业发展的基础。在马克思描述的行会经济向资本主义转型时代，商人阶层根据资本增殖逻辑重构的生产体系必须要充分吸纳行会学徒等旧阶层，或者对其进行资本主义式的改造，并且逐渐按照资本主义的逻辑形成新的专业壁垒，并在不断推进科技创新进程中强化此种壁垒。但是在当今时代，这种先发优势却可能成为繁重的历史包袱，被后来轻装上阵者抛下智能社会的高速列车。以诺基亚手机被苹果手机等智能手机彻底颠覆的商业案例来说，苹果手机等智能手机正是利用了人类追求智能化的潜在消费本能，实现了商业领域的巨大突破，并且将人类生活的智能化水平推向了一个新高度。在手机之外的其他智能制造领域，人工智能也正在形成超越传统产业的巨大优势。因为人工智能的加持，新型企业能够迅速掌握消费者的消费习惯，更快对产品数据进行智能分析并转化为现实生产力。相反，传统制造企业依然需要经历产品设计—经销商—零售商—消费者等多个环节，数据孤岛现象十分显著，各个环节的主体正是因为信息不对称才能够生存。因此，即便是在互联网较为发达的现代社会，依然有大量社会主体顽固地拒绝信息共享。但是对于智能制造企业，各环节的信息共享成为必然，消费者的消费需求以及产品使用过程中的数据记录，都将加速信息积累过程，使原本需要长期积累的产品迭代更新得以快速进行，从而颠覆拒绝智能化改造的传统制造企业。而且，快速制造、柔性制造、数控机床的迅速发展加大了机器的柔性转换能力，[1]进一步增强了人工智能改造制造业的优势。随着人工智能在生产领域的不断渗入，人工智能的多样化与柔性制造的结合，最终将模糊和淡化机器之间的严格分工边界。在通用人工智能时代，生产一种产品的机器在需要的时候可以智能地转换为另一种，专用性的资产将会大幅缩减。这同样意味着整个智能生产体系将打破基于产品的分工边界。

另一方面，人工智能提供了人类突破专业知识壁垒的工具，使人与人之间的专业分工日渐弱化。在过去较长的历史时期，个人要掌握一项新技能、一门新知识，需要耗费大量的时间和金钱。新技能、新知识的获取成本之所以十分高昂，原因不仅在于这些技能、知识本身的获取成本巨大，也在于新技能、新知识的学习效率本身较低，长期低效的重复学习不仅消耗了大量时间、金钱，也进一步消耗了人类学习的热情。人工智能能够在根本上重塑人类的学习进程，使人类学习新技能、新知识的成本降低到与专业人士接近的程度。目前，人工智能在这一领域已经创造了很多奇迹，典型案例是硅谷风险投资团队对美国篮球队勇士队训练流程的智能化改造。[2] 与恒大足球队砸重金聘请明星球员不同，硅谷风险投资团队重点在于利用人工智能重塑球员训练流程，通过智能分析，新的勇士队教练通过数据分析发现最有效的

〔1〕 参见潘卫军：《现代柔性制造技术及其发展》，载《装备制造技术》2007 年第 12 期。
〔2〕 参见吴军：《智能时代：大数据与智能革命重新定义未来》，中信出版社 2016 年版，第 282～286 页。

进攻是传球和投篮,而非人们普遍关注的扣篮和突破防守,因此将重点放在训练传球和投篮上。另外,通过大数据分析,球队的配合也得到了精准改良。通过人工智能对勇士队训练流程的改造,其成绩从最初的倒数第二跃升为美国职业篮球联赛(National Basketball Association,NBA)总冠军。传统的学习方式之所以低效,最根本原因在于缺乏找到个人知识技能的盲点区域和专业性指导方案,也未能根据个人自身的特点设计个性化的学习方案,人工智能可以辅导人类快速找到知识技能的盲点,并且根据个人特点设计个性化学习方案。在此背景下,必须通过长期学习训练才能掌握的专业知识,将能够在较短时间内被外行人迅速掌握,现有的人与人之间的专业分工也将会受到挑战。

"用不确定的眼光看世界,再用信息来消除这种不确定性",是大数据解决智能问题的本质。吴军指出,世界的不确定性来自两个方面:一是影响世界的变量太多以至于无法用数学模型来描述。二是来自客观世界本身:不确定性是我们所在宇宙的特性。因此,机械论已经完全无法对未来进行预测。克劳德·艾尔伍德·香农(Claude Elwood Shannon,数学家、信息论创始人)通过热力学中"熵"的概念引入"信息熵",用信息论将世界的不确定信息联系在了一起。这个建立在不确定性上的理论,正是今天人类研究大数据及其智能的基石。解决智能问题,就是将问题转化为消除不确定性的问题,大数据则是解决不确定性问题的良药。[1]

(二)人工智能设施重构社会连接关系

互联网作为人工智能的基础设施,与人类社会形成不可分割的密切关联。互联网提供了实时交互的人际信息传递系统,经济社会也呈现数字化、节点化、网络化、即时化的倾向,人类的社会连接关系也因此逐步改变,新的生活方式和生产方式因此而诞生,商业模式亦因此重构。从根本上说,当前

---

〔1〕 参见吴军:《智能时代:大数据与智能革命重新定义未来》,中信出版社2016年版,第1页。

世界各国的治理模式仍然与资产阶级革命建立初期相差不大,无法适应当代智能社会的需求。美国学者麦克斯·泰格马克在《生命3.0:人工智能时代人类的进化与重生》一书中,描述了一个人工科技团队利用人工智能(欧米茄团队)来改变商业甚至最终统治全球的故事,这个故事鲜明地展示了人工智能如何重构社会关系。[1]

欧米茄团队是一家人工智能公司的研发团队。这个团队存在的唯一目标是建造通用人工智能(Artificial General Intelligence,AGI)。所谓通用人工智能,笔者认为是可以完成任何的认知任务,而并不是现有的局限于某个专业领域的人工智能,通用人工智能具有在各项任务上完成得至少和人类一样好的能力。1965年,英国数学家古德就提出一个智能爆炸理论,智能机器人在没人干预的条件下,能不断设计下一代智能机器。欧米茄团队的人工智能产品为普罗米修斯,其目标是发展成为具有远超人类水平的通用人工智能。

欧米茄团队让普罗米修斯通过学习互联网上的信息自我迭代,开始时普罗米修斯还表现得极为笨拙。然而仅仅一天的时间,普罗米修斯就已经迭代出了10.0版本,远超预期,欧米茄团队决定进入计划的第二阶段,用普罗米修斯来赚钱。普罗米修斯先利用了亚马逊平台的知识付费程序"Mturk",设计出了针对这些任务的狭义人工智能的软件模块,去完成一个特定的任务。同时,他们用假名注册了几千个账号,用来掩饰身份。很快,欧米茄团队发现普罗米修斯的钱每8小时就能翻一倍,每天能赚到8倍多的钱,每小时的投资回报率达到了9%。这就是通用人工智能的可怕力量。可以想象这个时候,那些靠兼职完成低技术任务的人类基本上无事可做。为了不引起过多的注意,欧米茄团队把收入控制在每天100万美元以下。在此情形下,欧米茄团队再也不需要向公司申请经费了。

---

〔1〕参见[美]麦克斯·泰格马克:《生命3.0:人工智能时代人类的进化与重生》,王婕舒译,浙江教育出版社2018年版,第1~25页。

这里可以看到,如果人工智能水平达到一定的程度,那么赚钱的速度可能高到人们无法想象。如果这样,至少整个商业社会将被颠覆和改写。

接下来的第三阶段,欧米茄团队做的不是让普罗米修斯挣更多的钱,而是设计好防御机制,防止普罗米修斯逃脱团队掌控。欧米茄团队将承载普罗米修斯运行的电脑称作潘多拉魔盒,这个魔盒从物理上与互联网彻底隔绝,绝不能联网。欧米茄团队提前把互联网上相关的海量信息,下载下来给普罗米修斯学习。每次只允许一个文件输入和一个文件输出。另外,每完成一次任务,就把所有的内存数据全部清空。这样他就不能从过去中学习。

本来他们想让普罗米修斯设计网络游戏来赚钱,那可能是最快的赚钱方式。但那样就要允许普罗米修斯彻底访问所有玩家的电脑,太危险了。最后他们想到的赚钱方式是,拍动画电影。

第四个阶段就是大赚特赚。普罗米修斯通过学习互联网上的内容,仅仅 3 天就成为电影大师,同时也学会了制作动画电影的所有相关技术,可以说他自己本身就是一个电影梦工厂。在没有任何帮助的情况下,普罗米修斯从设计剧本到制作再到配音,以一己之力,完成了一系列高质量的动画电影。欧米茄团队把这些电影上传到网络平台上供人付费观看,结果大受好评。这些电影制作得极其精良,支持所有主要的语言。连人物的口型和手势都能对应相应的语言。比如,说意大利语的角色就能有意大利语的口型和意大利人的手势。更为难得的是,这些动画片的剧本都非常精彩而且新鲜。观众时而开怀大笑,时而为激动人心的时刻屏住呼吸,时而因感动而落泪。普罗米修斯制作的电影比其他电影都便宜,而且非常高产。

在普罗米修斯制作电影作品上线 1 个月内,欧米茄团队获得的收入就达到了每天 1 万美元。3 个月后,每天入账 1 亿美元。可以与时代华纳、迪士尼这些巨头并列,成为全世界最大的媒体帝国之一。实际上,普罗米修斯已经在短短的 3 个月内在全球范围颠覆了一个大产业。

为了不引起人们的怀疑,欧米茄团队在全世界成立了一系列的影子公司。雇用了一大批各种类型的员工。并以“连接世界上的创作天才”等作为宣传口号,以宣扬自己的与众不同。为了掩盖普罗米修斯开展业务过程中显现出的庞大计算量,欧米茄团队成立了一系列庞大的计算中心,并且用太阳能提供能源。

这个时候的普罗米修斯,各方面的能力已经得到了突飞猛进的发展。普罗米修斯现在的能力已经大大超过人类,甚至可以被视为完美的先知。于是到了第五个阶段,即秘密先知和高科技大繁荣阶段。普罗米修斯的研发能力已经大大超过了人类,各类高科技成果不断输出。此时,科技进步的唯一限制因素就成了人类自身的理解力。也就是说,人类要花多长时间才能理解普罗米修斯的高科技成果并制造出正确的东西。所以这个时候理解AI的高科技,成了人类最重要的能力。

这时候人们发现,全世界正在经历一波超级科技大繁荣。世界各地突然间爆发出许多新公司,在几乎所有领域都发布了革命性的新产品。比如,韩国一家初创公司发布了一种新电池,能存储笔记本电脑电池两倍的电量,但重量轻了一半,还能在一分钟之内充满电。波士顿的一家生物公司宣称自己发明了第一款绝无副作用的高效减肥药。大量的机器人公司在全世界各地冒出来,在许多行业逐步取代了人类的劳动力,类似的科技创新大量迸发。

然而,这些颠覆性创新公司实际上全部由欧米茄团队掌握的事实,并不为社会公众知晓。因为普罗米修斯的运行隐藏在一系列公司之下,欧米茄团队与各个公司之间的联系也被各种媒介所掩盖。在普罗米修斯的帮助下,欧米茄团队在一系列的复杂操作下通过层层的代理人控制,成功掩盖了真相。按照泰格马克的此种假设,由于通用人工智能的发展,世界各行各业大量五彩缤纷的最有价值的那些创新公司实际都可能被一个或几个大财团幕后掌控,而人们对此却茫然无知。从理论上看,通用人工智能的发展完全有可能使这个假设变为现实。在当今时代的科创领域,大量很多价值比较高的初创公司就是谷歌、微软、BAT 这些大公司控股或者参股，国内的阿里巴巴、腾讯等公司也掌控了大量的科技初创企业。

第六个阶段是统治世界。欧米茄团队通过操控舆论等方式来控制政治议题，并利用自身掌握的大数据和政治人物的隐私来打击政敌，利用资金优势来扶植政治势力，最终摧毁一切敌对政治势力，并完全统治全球。

泰科马克笔下的欧米茄团队通过人工智能彻底统御全球，一共经历了六个阶段，第一个阶段是关键能力养成，这个关键能力就是让普罗米修斯能不断设计迭代出更好的自己。第二个阶段是开始赚钱，普罗米修斯通过完成网上的各类人类智力任务赚钱，几天就做到每天赚 100 万美元。第三个阶段是避免逃脱，欧米茄团队设计各种措施避免普罗米修斯逃脱。第四个阶段就是大赚特赚，普罗米修斯通过设计制作动画电影，3 个月后达到每天入账 1 亿美元。第五个阶段是秘密先知和科技大繁荣，这时普罗米修斯的能力已经远超人类水平，他不断创造出各类高科技，推动了人类科技的大繁荣。第六个阶段是利用这些系列优势来建立政治统治。

（三）人工智能重构社会组织模式

从人类文明诞生至资产阶级革命，人类社会的组织模式历经多次演变，其效能也日趋提升。在人类社会早期，社会组织模式较为简单，受制于自然环境与知识水平，各社会组织的规模普遍较小。随着文字普及、交通的发展，人类社会组织的规模逐渐扩大。资本主义诞生以来，以资本增殖为逻辑的社会组织体系迅速重构了整个人类社会，任何社会组织都必须在资本主义的逻辑体系中才能得以生存，社会组织也因资本主义的改造而实现了对人类控制程度的空前提升。作为资本主义发展重要成果的泰勒制，旨在剥夺工人除服务于资本增殖之外的任何自由行动，公司等新型社会组织对人的控制程度得到了空前提升。在当代社会，人工智能的产生和发展使信息存储、处理和传递都得到了质的飞越，将更多的人吸纳到互联网平台之中，网络平台的形成加速了信息交互、汇聚和传递，使政府、企业掌握了更多的个人信息，这对提升社会组织动员能力、增强社会资源汲取能力、强化宏观调控、加强个人监控等都带来了巨大便利，社会生产的组织形式与社会治理的组织机构载体也都因此出现重要变革。在当代社会，网络信息平台已经成为社会组织的枢纽，拥有远高于其他载体的组织动员能力。在特朗普与拜登的美国总统选举竞争过程中，脸书（Facebook）等网络平台都发挥了重要作用。既有的互联网平台积累了大量用户数据，具有很强的用户黏性，用户转移的成本高昂。这些新型社会组织，逐渐渗透到了制造业、金融业等传统领域，对国家实施宏观调控、行业管理带来了巨大挑战，也成长为遏制创新的强劲力量。

目前，技术创新推动组织形式变革已经得到了很多学者的关注，也形成了很多共识性结论。人工智能是当代最为重要的科技创新之一，它既会重塑现有的社会组织形式，亦会带来新型的社会组织形式。一些学者已经开展人工智能带来的既有社会组织形式创新研究，如数字政府建设，对人工智能诱至的新型社会组织形式的发展与风险也有较多关注，两者都十分重视以数字平台形式存在的组织模式创新。[1] 数字平台是智能社会的基本组织形式，数字平台实际控制人通过掌控关键资源——信息数据，以平台为杠杆，实现对更多社会资源的支配，不仅成为社会生产的实际组织力量，而且已经深度介入个人生活方式的选择上。智能时代的社会组织形式创新，在对人的控制和社会资源的支配能力方面，都实现了深度与广度的空前提升。算法和数据库是现有数字平台运作的关键，相当于人的大脑。现有人工智能的本质是利用机器学习海量经验数据，从而寻找解答问题的最优模型，进而设计出最符合数字平台利益的算法，同时利用数字霸权打击其他竞争者，保障数字平台的绝对垄断地位。在此情形下，数字平台成为人工智能法学研究和立法的重要课题，新的法律治理方案正在形成。此外，“利用大数据

〔1〕 参见崔之元：《人工智能与公共管理研究——技术可能性、议题重构和治理创新》，载《中国行政管理》2020 年第 3 期。

的机器学习技术只是众多人工智能技术的一种,快速迭代的技术创新可能在较短时间内消弭数字平台累积的垄断优势,而人工智能技术发展与应用的多种可能性同样决定了组织形式变革的多种可能性”。[1] 新的人工智能技术方案必然会带来新型组织形式,远超现有的数字平台这种组织形式。大体看来,基于区块链技术的分布式治理组织,则更具革命性,其在现有的中心化治理体系之外重新开辟了去中心化的治理模式。基于区块链技术的大量开源自治社区,形成了大量新型人工智能开源平台。[2] 参与者共同占有“瓶颈”资源而非私人占有的平台合作社式组织,在现实中已经频繁迭代更新,从最初的具有准世界货币性质的比特币,到分布式自治组织(Decentralized Autonomous Organization,DAO),再到目前的去中心化金融(Decentralized Finance,Defi),新的社会组织形式和新型组织机构正在蓬勃发展。

(四)人工智能重导价值流向

智能社会的网络不仅创新了信息生产、存储、处理和传输机制,而且正在重构价值流通模式。在智能社会,数据成为各种竞争的核心资源,数据存储能力、数据处理能力和数据流通成本都成为决定竞争胜败的关键。以网络数据为核心的信息流,逐渐成为支配技术、资本、人才、物资流通的前置性要素,数据成为资源配置和价值权衡的基础性变量。索罗斯在中欧大学的演讲中指出,价格等指标事实上并不能准确反映实际的经济信息,人类固有的偏见时刻左右着经济发展。事实上,在经济社会发展进程中,理性并非总是起决定性作用,非理性因素反而时常处于主导地位。在智能社会,互联网会进一步放大个人偏见等非理性因素,同时无限放大资本的利己本能。例如,在思想市场领域,特定算法可以在看似无意中将民意引向任何事先设定的方向,从而使特定观点占据优势地位。在经济领域,保险公司可以利用大数据进行智能分析,从而将所谓风险较高的弱势群体排斥在被保险人范围

---

[1] 贾开:《区块链的三重变革研究:技术、组织与制度》,载《中国行政管理》2020年第1期。
[2] 参见王冲鶄、陈丝:《人工智能开源平台发展态势研究》,载《电信网技术》2018年第8期。

之外。

人工智能影响和支配价值流向的进程并非完全是自然发展的,事实上在很大程度上受制于社会权力的政治抉择。技术形成、应用,实际上都难以摆脱政治选择的影响。例如,"数控机床有两种可能的程序编制法,而自动化走锭纺纱机也并不必然被工厂主所吸纳并因而作为排挤工人的手段。对于数控机床而言,虽然工程师可以一开始就给机器编制好统一程序并因而实现了管理者对劳动过程的彻底控制,但'录制加重放'的编程方式仍然给予了熟练工人很大的自主性,这两种方式分别被不同的政治环境所采用并因而产生了不同的历史后果;对于自动化走锭纺纱机的应用而言,特定政治环境下成熟男工人在管理生产过程中的不可替代性仍然使工厂主并不一定采纳自动化工具"。[1]

二、人工智能技术的社会风险

"由于人工智能是一种与传统完全不同的技术体系,因此,人工智能势必对人类社会产生深刻的从内而外的改变并引发相应的风险。"[2]日本学者福田雅树等人将人工智能的风险概括为功能风险和制度风险,并认为制度风险是首要的。[3] 另有大量学者描述了人工智能发展可能带来的隐私权遭受威胁等数十种不同类型的风险。在这些研究成果的基础上,本书将人工智能的社会风险归纳为五大方面:个人信息权遭受侵害、大范围失业、主体界限模糊、社会激励体系失效、反噬人类自身。

(一)个人信息权遭受侵害

随着人工智能的深度推广,公民信息权遭受侵害已经成为一项深受关

[1] Lazonick W., *Industrial Relations and Technical Change, the Case of the Self-acting Mule*, Cambridge Journal of Economics, Vol. 3, p. 231 - 262 (1979).

[2] 何哲:《人工智能技术的社会风险与治理》,载《电子政务》2020年第9期。

[3] 参见[日]福田雅树、林秀弥、成原慧:《AI联结的社会:人工智能网络化时代的伦理与法律》,宋爱译,社会科学文献出版社2020年版,"前言"。

注的社会议题,国家已经出台了大量相关立法。2005 年《刑法修正案(五)》增设了“窃取、收买、非法提供信用卡信息罪”(第 177 条之一第 2 款),2009 年《刑法修正案(七)》(新增第 253 条之一)首次将窃取或以其他方式非法获取公民个人信息、出售或非法提供公民个人信息的行为情节严重的规定为犯罪行为,2012 年《全国人民代表大会常务委员会关于加强网络信息保护的决定》首次对网络服务提供者和其他企业事业单位、国家机关及其工作人员在收集、使用、保管公民个人电子信息中应当遵循的原则、承担的义务及法律责任作出了较为具体的规定,2013 年《消费者权益保护法》(第 14 条)新增了消费者“享有个人信息依法得到保护的权利”,2017 年 6 月 1 日起施行的《网络安全法》于第四章“网络信息安全”中对个人信息的收集、存储、保管和使用进行了更全面细致的规范,2017 年 10 月 1 日起施行的《民法总则》第 111 条规定:“自然人的个人信息受法律保护。任何组织和个人需要获取他人个人信息的,应当依法取得并确保信息安全,不得非法收集、使用、加工、传输他人个人信息,不得非法买卖、提供或者公开他人个人信息。”2020 年 5 月 28 日颁布的《民法典》在人格权编的第六章“隐私权和个人信息保护”中对个人信息保护作出了详细的规定。2021 年 6 月 10 日,第十三届全国人大常委会第二十九次会议通过了《中华人民共和国数据安全法》。该法专章规定了“数据安全保护义务”。2020 年 10 月 17 日《未成年人保护法》专章规定了“网络保护”对信息处理者通过网络处理未成年人个人信息作出了专门规定。2021 年 8 月 20 日第十三届全国人大常委会第三十次会议正式审议通过的《个人信息保护法》,增加了“个人信息删除权”(不包括匿名化处理后的信息)的规定,并将“删除”列为个人信息处理的行为类型。一般认为,信息权与隐私权是两个不同范畴,而信息权属于更大的范畴。[1] “隐私是指一个社会自然人所具有的不危害他人与社会的个体秘密,从范围而言,

---

〔1〕 参见王利明:《论个人信息权的法律保护——以个人信息权与隐私权的界分为中心》,载《现代法学》2013 年第 4 期。

则包括个人的人身、财产、名誉、经历等信息。隐私权是传统社会重要的自由权利,其保护了个体行为的自由范围和尊重了个体的自然与选择偏好差异。因此,在很大程度上,隐私是传统社会自由的重要基石。"[1]隐私本质上也是一种应当由公民个人掌握的信息,且该隐私信息的权利人一般不希望他人得知并公开该信息。因此,本书以信息权这一概念统摄隐私权等内容。

在世界法律史上,隐私权等个人信息保障制度都具有很长的历史渊源。窥探私宅等行为,历来为道德和法律所不容。19 世纪末,英美等国家正式通过立法确立对隐私权等信息权的明确保护。[2] 20 世纪 70 年代以来,电子通信技术逐渐推广普及,美国也开始对电子通信中的信息权进行立法保护。当前主流的人工智能技术,主要是基于大数据的机器学习,从而在海量数据中发现相关性,并由此建构新的知识模型,从而指导决策。在人工智能发展进程中,大量收集公民信息成为必然选择。无论是网页词条浏览、问题搜索还是网络言论发表,都成为历史记录而被纳入网络数据平台的数据库之中,成为其进行智能分析的基础性材料。尽可能全面地收集包括公民个人隐私在内的一切信息,成为数据平台挖掘用户和进行商业推广的必然选择。

作为信息生产者的个人,如果按照洛克《政府论》所提供的所有权的诞生逻辑,理应享有这些信息的所有权,对这些信息拥有完满的占有、使用、收益和处分权能。但实际情况却远非如此,个人不仅在事实上完全丧失了对这些信息的占有、收益权能,也完全丧失了处分权能,仅剩的使用权能也必须与数据平台等进行分享。更为严重的是,个人信息事实上被大量出卖,理论上的信息所有权人实际上成为自己所提供信息的受害者。典型的案例如电商平台通过个人浏览信息来进行大数据分析,并对其投放广告,银行等部门出卖个人银行存款数据等信息。企业可以通过收集个人信息,了解个人

[1] 马特:《无隐私即无自由——现代情景下的个人隐私保护》,载《法学杂志》2007 年第 5 期。

[2] 参见倪蕴帷:《隐私权在美国法中的理论演进与概念重构——基于情境脉络完整性理论的分析及其对中国法的启示》,载《政治与法律》2019 年第 10 期。

的实际收入水平、性格、生活习惯，从而推知该个人的潜在消费能力、消费偏好甚至是生理情况，从而在员工聘用、保险投放等领域实行差别对待，将所谓的低收益员工和高风险投保人排除在外。对此，季卫东教授指出："如果在制度层面容许那些基于来自父母遗传信息的差别，其实就是在向封建时代的血统观、身份原理倒退。实际上，现代宪法的根本原则是维护公民的自由和平等，绝不允许把个人自己无法选择、无法纠正的事由作为不平等待遇的依据。"〔1〕

（二）劳动力市场的变化

在过去较长一个时期，人们广泛认为新技术意味着生产力的提升，意味着人类完成某项工作所需时间的减少，也意味着人的解放和自由的增加。然而，大多数人未能设想的是，科技创新的产物可能彻底摒弃人类的劳动，将人类排除在社会劳动之外，使大部分人类个体纯粹成为无须劳动的享乐者。机器对于人的替代和与人争夺劳动岗位的问题，从工业革命以后就开始了。有人认为，科技创新虽然解放了生产力并消灭了一些工作岗位，但是创造了更多其他类型的工作岗位，因此担心机器在劳动力市场彻底取代个人劳动者是不必要的。此种认识之所以错误，是因为其简单地将智能革命等同于历史上的机器创新。从根本上来说，人工智能不同于以往任何类型的机器创新，人工智能将在根本上颠覆现有的劳动力市场格局，给就业带来变化。

综观当代社会的一切商品（包括服务）生产环节、商品流通部门，绝大多数生产环节都能够由人工智能替代。在商品制造领域，汽车总体上应当属于专业化程度较高的行业。然而即便如此，特斯拉等企业也广泛采用了人工智能机器来取代汽车产业工人，形成了对传统汽车制造企业的绝对优势，其方案也得到了资本市场的信任（截至2021年1月，其市值已经远超全球十

---

〔1〕 季卫东：《数据、隐私以及人工智能时代的宪法创新》，载《南大法学》2020年第1期。

大传统汽车制造企业市值之和)。在服务领域,自动驾驶也有逐渐取代人工司机之势。在医疗服务、行政服务、司法裁判等公共产品方面,大多数人认为人工智能无法超越人类智慧,但实际情况却可能恰好相反。人类花费巨资培养的肿瘤科医生,在实施医疗诊断时,并不必然拥有超越人工智能诊断的优势,而后者的成本更为低廉,且仍然在不断进步。在政务服务、司法裁判领域,人工智能则可以更为纯粹,摆脱因人而异的行为模式,实现公共服务的均等化。"由于人工智能飞速的学习能力和构造与逻辑上的拟人化,人工智能并没有存在什么天然的阻碍其融入和替代绝大多数人类岗位的自然沟壑。人类大规模的退出生产性劳动,将是一种历史必然。"〔1〕

人类文明的诞生、发展与劳动息息相关,人类社会的道德、法律往往以绝大部分人能够参与劳动作为前提。人工智能在劳动力市场基本取代绝大部分自然人之后,如果维持现有的政治法律体系,则绝大部分人将会彻底沦为"无用之人",只享受社会配给产品,而唯有极少数拥有卓越创造力的个人才能继续为人工智能提供创造的灵感和工作目标。此时,人与人之间的两极分化将会更加严重,剧烈的社会动荡必然产生。因此,未雨绸缪地提前规划十分必要。

(三)主体界限模糊

首先,人与非人界限的模糊化。现有的人工智能应用场景大多是为了提高生产效率,只限于生产领域。人工智能是否可以被永久性地限制在生产领域?人工智能体是否可能进入人类社会的生活领域?关于这一点,回顾人类历史上的奴隶制解体、动物权利的获得,就能够得到答案。奴隶在人类社会早期是纯粹作为生产工具而存在的,但是随着社会的发展奴隶制逐步解体,奴隶逐渐获得了法律认可的主体资格。牛、狗、猫等动物在人类社会的早期只是纯粹的附属物,而当今社会逐渐确认了其所应当享有的一系

---

〔1〕 何哲:《人工智能时代的人类社会经济价值与分配体系初探》,载《南京社会科学》2018年第11期。

列权利。随着人工智能产品的广泛应用，一些人工智能产品必将成为类似猫、狗等伴侣动物的存在，人工智能体获得部分权利在所必然。同时，人工智能设备经过多次更新迭代并与相应个人长期生活共存之后，显然会获得相应家庭及其亲属的情感认同，某些设备甚至成为个人不可分割的部分。部分人工智能专家将人工智能主体化过程划分为三个阶段，即高级识别与判断能力的核心智慧模块（程序+算力+外设）存在—拟人形态的智能体—经过仿生学技术改造的具有人类形态可从事人类绝大多数社会行为的社会主体。根据现有技术条件，在人工智能积累到足够量级的人类活动样本时，完全有条件全部实现上述三个阶段的转变，实现从工作助手到拟人智能体再到社会成员的转变，而且人类也有充分的动力来促成此项变革。以智能家居和情感陪护等方面来看，具备拟人形态的智能机器人必然在商业竞争中胜出，将不具备拟人形态的智能机器人淘汰出局。显然，全球老龄化社会的来临将加速这一历史进程。当此之时，康德等哲学家主张的人作为主体的理念将会受到重大冲击，而建基于此的法律体系亦将遭遇挑战，人与智能体之间的区别将日益模糊化。除此之外，脑机链接技术也将模糊人与机器之间的界限。

其次，伦理冲突。"人工智能的大规模进入社会显然会引发一系列严重的伦理和价值问题。从大到人工智能能不能伤害人类？再到人工智能是否能够管理人类？小到人工智能是否具有人类一样的权利，例如自由权、人格权、休息权、获取报酬权、继承权等？"[1]人工智能技术诞生之初，其目的只是减轻人类劳动负担，提升社会生产力。然而人工智能的未来发展方向，显然会超越其最初的目的。一方面，人工智能必然会深度介入人类的日常生活，并参与人类感情世界的建构，其人格化特征将日趋明显；另一方面，人工智能体也将因自身智能的拓展而不断进化升级，甚至可能因人机链接而呈现

---

〔1〕 杨庆峰：《从人工智能难题反思 AI 伦理原则》，载《哲学分析》2020 年第 2 期。

全新的高智能物种。无论是上述何种情况的发生,都意味着现有伦理体系将会遭受重大挑战。

前者要求法律赋予人工智能体部分权利,该进程可能与确认动物应当享有的权利的立法进程类似。从近代以来对动物权的立法保护历程来看,动物从原先严格意义上的人类的附庸逐渐转变为拥有越来越多权利,如休息权、不被虐杀权。[1] 德国和意大利甚至立法规定了宠物拥有主人的财产继承权。这意味着,各种物种之间的平等权利,是一种人类的基本文明趋势。长久地将拥有高度智慧并且与人类共同生存的种群置于人类的严格约束下,无论是在伦理还是在可行性上,可能都很难做到。因此,人类将如何面对人工智能,特别是人形的人工智能?与此相关,我们应该在什么阶段赋予人工智能什么样的权利,将是一个从现在就必须严肃对待的问题。

后者则可能从根本上颠覆人类的统治。历史上人类的进化经历了极为漫长的岁月,人类进化的过程缓慢而平稳有序。但是人工智能技术的诞生,则可能打破这种温和的进化格局。一种情况是人工智能结合基因编辑技术,在提取人类基因信息的同时,结合人工智能对基因进行升级改造,制造新人类。"生物技术的发展逐渐打开了生命本身的神秘大门,人类开始能够通过人工手段帮助生育甚至编辑婴儿。"[2]人工智能可以迅速掌握基因编辑技能,并研制更好的身体构造材料来制造新人类。新人类在智力水平、身体素质等方面将远超人类,在与普通人类的竞争中直接出现压倒性优势。自然人因疾病等情形自然淘汰,而新人类则最终统治世界。另一种情况则更为恐惧,随着数据积累,人工智能体积累了远超人类的能力,逐渐演化出自由意志,人类在事实上已经丧失了统治世界的能力,人工智能取而代之。"人工智能对人类就业的大量替代和人工智能广泛参与到社会暴力中,也会

---

〔1〕 参见张敏、严火其:《从动物福利、动物权利到动物关怀——美国动物福利观念的演变研究》,载《自然辩证法研究》2018 年第 9 期。

〔2〕 陆群峰:《人类基因编辑的伦理问题探析》,载《自然辩证法研究》2020 年第 1 期。

加剧人与人工智能之间的关系紧张，人工智能就会进一步形成对人类的替代压力。”〔1〕

（四）社会激励体系弱化

在现存社会治理体系中，提供是非判断终极性标准的道德原则以及推动其实施的社会激励体系，都是维系社会存在的基础性设施。随着人工智能技术的深度普及，现有的社会激励体系必将弱化，现有的社会惩罚机制和激励奖励机制的功能都将遭到严重削弱，原有的道德原则的力量将遭到致命削弱。

人工智能的发展可能导致惩罚失效。道德谴责、法律责任与经济惩罚，是人类文明史上的主要惩罚形式。道德谴责之所以有力量，往往依赖于其所形成的否定性评价将能够继续影响被评价个体的后续生存状态，包括削减其人身自由、经济收益等权益。其中，削减经济利益形式的社会惩罚机制主要是限制工作机会、事实上减少劳动报酬等内容。人工智能的深度发展会导致现有的劳动力市场中人类被机器人取代，从而使现有的经济惩罚措施失去作用。而对于人身自由类型的社会惩罚形式而言，由于人工智能对人类身体、心理状态的改造，会导致未来人类的生理、心理结构与当代人类出现巨大差异，纯粹限制身体上的自由行动是否能够达到惩罚效果显然存在疑问。因为经过人工智能改造后的人类，很有可能已经实现了个人意识的网络上传，限制人身自由的惩罚措施并不能阻止被惩罚个体在网络上自由活动。对于智能社会时代的新人类而言，当前法律体系中限制人身自由形式的惩罚措施，将不会导致任何不良的生命体验。此外，在人工智能发展初期，惩罚失效现象并不显著，但是自然人利用人工智能体开展违法活动的现象将成为较为严重的社会问题，此种情形下也面临着现有惩罚机制难以落实的难题。“一些法律研究者认为不应该赋予人工智能独立的法律主体

〔1〕 何哲：《人工智能时代的人类安全体系构建初探》，载《电子政务》2018年第7期。

地位,应该追溯到人工智能的拥有者,或按照监护人的方式来惩罚人工智能背后的设计者或者拥有者。”〔1〕高度拟人化的人工智能机器,将会深度参与人类个体的感情世界建构,成为远超猫狗等伴侣动物的存在,在法律地位上也必然超越这些人类宠物,甚至在一定程度上可能被赋予准人类资格。此种情况下的惩罚机制设计,将会面临前所未有的困难。

人工智能的深度发展导致现有市场激励机制失效。人类长期以来都面临着能力不足的问题,传统社会长期是一个能力稀缺的社会,因此,人类长期以来一直都在致力于增强人类自身和机器的能力。然而,直到近年来,随着信息技术的指数级增长,人类开始逐渐遇到了机器能力超出或者冗余的问题。例如,大量的计算机辅助方面的工作,如文档处理、文字与视频交互、网页浏览、工业控制,人们远没有用到今天动辄百亿晶体管芯片的全部能力,甚至10余年前的芯片也足以满足大部分工作场景。由于人工智能的高速发展,社会生产力将得到空前提升,产品的稀缺更多只是局限于高、精、尖或精神生活等方面。在人工智能普及的时代,绝大部分的人类工作都可以由机器取代,同时可以几乎无须任何付出就能获得生活必需品。当此之时,亚当·斯密的无形之手理论可能将会再无用武之地。〔2〕

三、人工智能对法律体系的重塑:以司法决策的智能化为例

人工智能正在嵌入人类社会的方方面面,也正在对整个法律体系进行重塑,以当下兴起的司法人工智能为例,大致可发现其端倪。人工智能技术对司法领域产生了巨大的影响,其在文件推送、文本自动化生成,以及裁判预测等方面取得了成就,人工智能技术在司法审判领域日益普及,它可以帮

〔1〕 刘洪华:《论人工智能的法律地位》,载《政治与法律》2019年第1期。

〔2〕 亚当·斯密在《国富论》中指出,经济利益而非慈善品格是激励人类个体从事各行各业的基础性动力,这就是市场无形之手的力量。在当代世界经济体系中,必要的市场和经济利益是维持社会存续的必要条件。失去经济利益激励,人们从事各项工作的动机可能都将慢慢消散。

助审判法官在整个诉讼过程中进行量刑,从而帮助节省诉讼成本,提高司法效率。随着人工智能技术在司法领域的进一步渗透,实现人工智能司法决策成为可能。但是,其也面临着挑战和困难,当前现有的司法数据库很难支持智能司法决策,同时,算法歧视和不透明在一定程度上影响司法的公平。另外,复合人才的缺乏阻碍了人工智能司法的应用。

(一)问题的提出

到目前为止,人工智能技术已经在法律领域取得了令人瞩目的成就。人工智能在司法领域的发展和介入已成为一种不可逆转的趋势,人工智能在图像和语言识别领域取得了巨大的成就,[1]在立案、庭审、裁判等阶段都有深度应用,法律检索的准确性不断得到优化,人工智能技术为司法实践提供了方便的条件,司法效率得以大大提高,更有利于司法机关赢得权威和公信力。当然,任何新兴技术的诞生和应用,在给人们带来机遇和便利的同时,也可能产生风险和挑战。随着人工智能深度学习能力的不断提高,它将对司法决策产生更广泛的影响。以人工智能技术为支撑的法律智能系统将得到进一步发展。目前,在这方面"机器学习"技术正在改变法律实践,并可能通过取代、支持或补充司法角色来重塑审判过程。在司法实践中,多地引入人工智能技术辅助司法审判,提供相对规范的诉讼程序和决策模式,指导和监督审判过程和判决结果。[2]

因此,顺应时代发展趋势,把握当前人工智能技术对司法决策的促进作用,构建现代化的审判制度和模式十分重要。我们必须保持一个理性的态度,积极、乐观地关注其发展潜力和空间,正确分析人工智能在司法决策领域的挑战和风险,并探索如何构建一个科学的体系,确保可持续、健康发展

[1] 参见高翔:《人工智能民事司法应用的法律知识图谱构建——以要件事实型民事裁判论为基础》,载《法制与社会发展》2018年第6期。

[2] 参见周尚君、伍茜:《人工智能司法决策的可能与限度》,载《华东政法大学学报》2019年第1期。

的人工智能司法决策。

(二)人工智能司法决策在应用中面临的挑战

人工智能包括科学、工程和技术领域,并专注于智能机器的创造,它是一个涵盖了许多科学技术分支的通用术语。计算机科学家约翰·麦卡锡将人工智能定义为让机器像人类一样思考并以理性的方式行动。[1] 在日常生活中,人工智能的形象经常被转化为科幻小说中的超级英雄形象,并为人类所熟知。人工智能是一个发展中的概念,不同的学科对其定义有不同的侧重点。到目前为止,关于人工智能还没有形成一个被理论界各方都认可的概念,但总的来说,人工智能是一门以研究、模拟和扩展人类智能机器系统为目的的学科。目前,大部分人工智能的创新都是由公司研发,由经济利益驱动,在这种研究模式下,很少考虑社会利益。

20 世纪 80 年代,钱学森教授首次提出将人工智能引入司法领域的想法,开启了人工智能与我国司法实务相结合的大门,后来,这一思想被越来越多的人提及,并逐渐得到了进一步的研究和重视。[2] 随着互联网的兴起和信息时代的到来,司法与人工智能的结合越来越受到人们的关注。司法实践进一步发展,司法活动逐步信息化。自 2002 年以来,最高人民法院先后发布了一系列文件,如《人民法院计算机信息网络系统建设管理规定》《人民法院审判法庭信息化建设规范(试行)》,支持人工智能在司法活动中的应用。2015 年,最高人民法院正式提出了"智慧法院"的概念,引起了法学界的广泛关注。"智慧法院"的建设蓝图已经被多次提及,2016 年,《国家信息化发展战略纲要(2016—2020)》为建设"智能法院"指明了方向,[3] 智慧法院以实现司法公正与高效为目标,运用大数据,促进法院管理高效化。

---

〔1〕 参见郑庆华:《2017 人工智能应用专题前言》,载《计算机研究与发展》2017 年第 12 期。

〔2〕 参见李月白、江晓原:《钱学森与 20 世纪 80 年代的人工智能热》,载《西安交通大学学报(社会科学版)》2019 年第 6 期。

〔3〕 参见徐骏:《智慧法院的法理审思》,载《法学》2017 年第 3 期。

在司法实践中,各地逐步探索了人工智能与法律实践的结合,并取得了可喜的成果。例如,“206 项目”由上海市高级人民法院研发,通过互联网完成从立案到裁定,从离线到在线的蓝图,这极大地推动了我国法学与人工智能的跨学科研究;[1]北京、天津、重庆等地也开展了司法平台和语音识别系统的大数据分析,对各地智能审判工作的开展起到了良好的引领作用。目前,随着我国法律智能的快速发展,对于当前人工智能辅助司法以及未来人工智能介入司法决策存在不同意见。有学者提出,要重建法律推理逻辑、司法责任和分工的定义和内涵,有必要对人类参与司法决策的模式加以限制,构建一种有益的、有限的、以人为本的司法决策模式。[2] 冯洁认为,司法裁判中人工智能的适用是对司法裁判理论发起的挑战,对裁判模式有很大的影响。[3]

1. 弱司法人工智能阶段

随着科技的发展,人工智能技术已经运用于各个领域。但是,目前司法领域的人工智能技术还停留在弱人工智能阶段。[4] 相较于人类自主意识,人工智能经历了以下几个发展阶段:弱人工智能阶段、强人工智能阶段与超强人工智能阶段。现阶段,人工智能技术重塑了司法系统。在第一层面,人工智能技术在基础层面为司法系统提供了信息化和电子化等技术支持,如在线立案、同步生成电子卷宗、司法人员电子信息管理等技术;在第二层面,智能语音技术、证据链审查技术、量刑辅助、案件检索等一些人工智能科学与技术可以在一定程度上替代人类;在第三层面,以人工智能技术介入司法

---

〔1〕 参见严剑漪:《揭秘“206”:法院未来的人工智能图景——上海刑事案件智能辅助办案系统 164 天研发实录》,载《人民法治》2018 年第 1 期。

〔2〕 参见周尚君、伍茜:《人工智能司法决策的可能与限度》,载《华东政法大学学报》2019 年第 1 期。

〔3〕 参见冯洁:《人工智能对司法裁判理论的挑战:回应及其限度》,载《华东政法大学学报》2018 年第 2 期。

〔4〕 参见马治国、田小楚:《论人工智能体刑法适用之可能性》,载《华中科技大学学报(社会科学版)》2018 年第 2 期。

决策。在司法领域建立和完善人工智能应用体系必然要经历由强到弱的转变过程。

2. 强司法人工智能阶段

从根本上厘清强司法人工智能阶段与弱司法人工智能阶段的不同,是构建司法人工智能的必要前提。[1] 首先,弱人工智能司法化在法律信息检索方面取得了突破性进展,信息检索从只能对法律法规等具体规范进行检索逐渐发展为可对案件事实自主分析并进行类案推送,大大提高了信息的准确度和完整性;其次,法律专家系统在深度学习知识、模拟判断及专业法律推理层面也取得巨大进展,其自主性得到显著增强。人工智能司法化的进一步发展的时代便是强司法人工智能阶段,在强人工智能阶段,人工智能衍生物可以利用语言、知觉、常识、创造力甚至情感等进行案件分析、推理和判断,模仿法官的审判思维和法律推理逻辑审查证据、分析案件事实,在综合考量诸多可能影响案件审理结果的因素后作出最终判决。强司法人工智能是未来人工智能与司法领域相融合进行跨学科交叉的发展趋势,这将对法学领域的研究方向、实践模式乃至整个社会产生极其深远的影响,一旦实现,现行的司法审判模式和理论体系将会受到极大的冲击。

(三)人工智能司法决策应用面临的挑战

我国司法实践面临着现有的数据库无法满足司法智慧化的需要、算法的歧视与不透明会影响司法裁判的公正,以及复合型人才的匮乏阻碍人工智能司法决策的发展这一现状。[2]

1. 现有的司法数据库难以支撑司法决策智能化

由于数据管理机构分散、财政投入不足等原因,我国面临着既有的司法

---

〔1〕 参见姜子豪:《弱人工智能向强人工智能转向中的生态伦理本质》,载《常州大学学报(社会科学版)》2019 年第 5 期。

〔2〕 参见高鲁嘉:《人工智能时代我国司法智慧化的机遇、挑战及发展路径》,载《山东大学学报(哲学社会科学版)》2019 年第 3 期。

数据库无法满足司法智慧化需要的现实。[1] 大数据通过收集、挖掘、分析海量信息,为司法决策奠定了技术基础。[2] 当前人工智能技术迅速发展有赖于大数据喷发式的增长,真正实现人工智能的前提是要保证优质、海量的数据供应,若想利用人工智能实现电子案卷自动整理、在线庭审、电子判决书自动生成、量刑辅助、类案推送甚至自主裁判等功能,庞大的司法数据支撑是不可或缺的。然而,我国现有的司法数据库却难以支撑司法人工智能技术的发展。首先,当前我国的司法数据大多来自裁判文书网,但据统计,中国裁判文书网公开的案例数据仅仅占据线下审结案例的一半左右,虽然各地法院也在尽量上传相关案例判决数据,但收效甚微。其次,上传到裁判文书网的相关案例判决仅包括简单的案件事实及法院的裁判意见和最终的量刑结果,对于裁判的具体流程及最终决策的具体讨论并未涉及,这必然会影响人工智能衍生物的深度学习,难以实现高准确度的智慧化司法决策。最后,既有的数据内容混杂不一,准确度低,总体质量有待提高,阻碍了司法人工智能的发展。

2. 算法歧视和不透明性影响司法决策的公正

算法歧视现象引发了人们普遍的担忧,[3] 算法是人工智能实现高效率运算的基础,是一项客观的科学活动,设计者的能力决定其所能达到的层级水平。若算法使用数据不充足、质量低,设计者专业能力及认知水平不高,就容易引起算法歧视的现象。就目前而言,我国的司法机关尚且不具备自主研发司法人工智能的能力,多是外包给专业的研发企业,而专业的研发企业并不具备充分的法律知识,人工智能核心算法编写人员缺乏专业的知识、相关经验积累及法律伦理观念,在进行算法设计与编辑时,容易将个人偏见

---

〔1〕 参见王洁:《构建统一刑事司法数据库的可行性及其路径选择》,载《法学论坛》2016 年第 1 期。

〔2〕 参见楚德江、韩雪:《大数据时代的国家治理:挑战与变革》,载《人文杂志》2016 年第 1 期。

〔3〕 参见汪怀君、汝绪华:《人工智能算法歧视及其治理》,载《科学技术哲学研究》2020 年第 2 期。

嵌入其中，导致算法歧视。另外，由于人工智能技术的复杂性、内容的涉密性以及机器深度学习的不稳定性和不可预知性，算法属于人工智能的核心技术，算法不透明所引起的算法偏见问题严重，对于外界而言，算法像一个不透明的黑箱子，神秘而不可知，[1] 司法人员专业知识匮乏，难以理解程序运行背后的原理，无法对其进行有效的监督管理，从而造成监管空白，影响司法公正。

3. 复合型人才的匮乏阻碍司法决策智能化的推进

从技术发展的角度来看，司法人工智能的建设离不开技术人员与法律专家的深度融合与对接。目前，由于技术人员不了解法院需求，其所开发的产品与目前法律理论研究并不匹配，司法信息化难以取得实质性进展。人工智能系统建设首先要基于法律专家提出的理论问题，经过反复讨论，运用大数据逐一筛选，最终提出解决方案。专业的技术人员并不具备完备的法律知识、经验及伦理观念，而与此同时法律从业人员对于人工智能技术又一知半解，长此以往，基础性工作停滞不前，无法进行良好的人际互动，这势必会影响司法决策智能化的推进。因此，从短期来看，需要法律专家和技术专家的深入合作，从长期来看，培养"人工智能 + 法律"复合型人才必须提上日程。[2]

(四) 国外人工智能司法决策的应用

国外对人工智能的研究开始较早，始于 20 世纪 50 年代。1956 年，"人工智能"一词由达特茅斯学院(Dartmouth College)提出后，人工智能越来越多地出现在人们的视野中。[3] 自那以后，跨学科研究成果呈爆炸式增长。人工智能在语言处理方面的独特魅力，以及法律专家系统的建立引起了许

---

[1] 参见梁志文：《论算法排他权：破除算法偏见的路径选择》，载《政治与法律》2020 年第 8 期。

[2] 参见左卫民：《从通用化走向专门化：反思中国司法人工智能的运用》，载《法学论坛》2020 年第 2 期。

[3] 参见王春晖：《人工智能的伦理、法律与监管》，载《互联网天地》2018 年第 8 期。

多美国学者的关注。从诞生以来的40多年里,人工智能向法律领域不断深入,目前,人工智能辅助司法审判技术正以惊人的速度发展,不同的国家已经在开发和使用不同的法律专家系统,然而,各国仍处于弱人工智能阶段,人工智能发挥着辅助司法决策的作用。司法人工智能决策的研究具有针对性和实践性,早期主要由人工智能相关领域的专家主持这些研究工作,随着越来越多的法学专家参与到研究工作中,研究成果的实用价值得到极大提升。从国际角度来看,除了英美法系国家,传统的大陆法系国家,如德国、法国、日本等也逐渐主张在司法决策中使用人工智能并积极研究相关问题,并且,最新的科研成果已被应用于司法领域,促进了司法人工智能决策的有效性、实用性。

1. 英美法系国家

美国在人工智能技术领域较为领先,其在人工智能方面的发展在很大程度上得益于政府的支持和财政投入。早在2001年,美国就已经建立了比较完备的司法数据库,为了打破美国司法系统资源紧张、案多人少的困难局面,他们在司法领域引进人工智能技术以提高司法效率保证司法公正。同时,为保证美国在人工智能领域的领先地位,美国政府对司法人工智能带来的伦理及社会安全问题非常重视,借助算法进行风险评估,并将该成果运用于司法领域。司法机关依托人工智能技术,辅助案件侦查、证据审查、预测评估犯罪发生高频时段和地区、评估被告及羁押人员的犯罪风险系数、辅助量刑等。此外,美国在人工智能行业监督、安全防护及未来发展方面都取得了巨大的成就。

英国在其发布的《机器人技术和人工智能》报告中阐述了将会如何规范人工智能的发展,如何应对其带来的伦理、法律与社会问题,以及注重安全。[1] 英国在线上法庭及在线纠纷解决机制方面的研究也较为突出,并建

〔1〕 参见王亦澎:《人工智能战略中的信息安全——美国、英国人工智能发展战略简析》,载《保密科学技术》2017年第11期。

立了专门负责金融网络案件及消费者权益纠纷等案件的在线纠纷解决机制。为了规划人工智能发展战略,英国政府于 2016 年发布了《人工智能:未来决策的机遇与影响》,阐述了人工智能的范围。英国的人工智能特别委员会曾在发布的《英国人工智能发展的计划、意愿和能力》中指出,英国的人工智能研究有能力成为世界的领导者,其在数据分析和信息技术方面的突出成就已经走在世界前沿。部分英国学者认为,人工智能对案件判决结果的预测能力已经超越人类法律专家,并且开发了一定数量的案件结果预测智能化产品。

2. 大陆法系国家

日本政府发布了以应用人工智能为宗旨的《人工智能战略 2019》,开启了日本人工智能全面推进的新阶段。[1] 日本在计算机领域始终领先于他国,其在人工智能自动驾驶技术、机器人的面部识别技术及动作预测系统方面已经发展得较为成熟。在司法领域,基于程序语言的开发,日本研制出了可以检索实体法与程序法及其相互关系的系统,人工智能机器深度学习技术的不断发展也使法律逻辑推理、网络算法规制、案件结果预测等方面的研究得到了深化。在人才培养方面,日本构建素养教育与应用基础教育,以使更多国民能够接受人工智能培训。为推广人工智能的应用夯实基础,日本主张人工智能人才储备的理念,在中小学就进行多样化教育,引进人工智能相关课程,在大学阶段进一步开展跨领域综合培养,建立理论与实践相结合的培养模式。

20 世纪 70 年代末法国开始研究人工智能,80 年代建立了一批人工智能研究实验室。[2] 由于司法人工智能技术对于个人隐私存在巨大的侵害风险,法国对于个人数据保护的立法体系相对完备,2004 年出台的法国《数据

---

〔1〕 参见刘平、刘亮:《日本新一轮人工智能发展战略——人才、研发及社会实装应用》,载《现代日本经济》2020 年第 6 期。

〔2〕 参见许浙景、杨进:《法国加快人工智能人才培养》,载《神州学人》2018 年第 9 期。

处理、数据文件及个人自由法》对于个人数据收集、运用、处理都作出了详细规定。法国十分重视人工智能的发展,对在案件裁判过程中采用人工智能技术制定了严格的规定,为了保证司法公正并考虑人工智能存在的算法缺陷,法国禁止利用任何技术预测和比较法官的裁判结果。法国总统马克龙于2018年公布人工智能发展战略,拟从人才培养与资金扶持等方面入手,将法国打造成人工智能研发方面的强国。[1]

此外,欧盟发布了《通用数据保护条例》,保护隐私并加强人工智能监管和问责,致力于实现保护数据和促进行业发展的统一。[2]

(五)我国人工智能司法决策的风险防控对策

人工智能在我国司法领域的应用已成为趋势,这为我国司法实践带来了机遇,有助于破解"案多人少"的难题,有助于实现"类案类判"的司法裁判。同时,我国司法决策实践也面临着司法数据无法满足司法决策的需要、算法的歧视与复合型人才的匮乏等挑战。[3] 对此,要构建统一的司法数据库和信息共享平台,预防与纠正算法歧视,强化复合型人才的培养。

首先,构建统一的司法数据库和信息共享平台。我国一些司法机关已经通过公开裁判文书等方式开展司法数据库的探索,司法数据数量少与质量不够高等是当前研究存在的问题,[4]因此,通过增加大数据的数量和提高质量,弥补现有数据库缺陷的方式来避免人工智能在自主学习过程中出现的"垃圾输入,垃圾输出"的现象具有重要意义。同时,为打破法院内部、司法行政机关之间和科研机构与律师事务所之间的数据壁垒,有必要建立统一的现代化司法数据库,实现对新旧数据的有效整合和挖掘。另外,掌握司

---

〔1〕 参见韩冰、应强:《法国人工智能发展战略三大重点》,载《瞭望》2018年第21期。

〔2〕 参见魏怡然:《智能互联的隐私风险:法律挑战与欧盟规制》,载《国外社会科学》2020年第2期。

〔3〕 参见高鲁嘉:《人工智能时代我国司法智慧化的机遇、挑战及发展路径》,载《山东大学学报(哲学社会科学版)》2019年第3期。

〔4〕 参见王洁:《构建统一刑事司法数据库的可行性及其路径选择》,载《法学论坛》2016年第1期。

法数据发展新契机，构建信息共享平台，有利于实现各个机构数据的交换与共享，通过有效地利用数据化时代的优势，促成司法人工智能的发展。值得强调的是，为了保证数据的真实性和有效性，既要保障数据供应，又要做好数据鉴定工作。

其次，预防与纠正算法歧视。构建合理的算法规则是必不可少的，人工智能要符合安全标准，以司法公正为追求。[1] 为了预防算法歧视，必须采取有效的措施。通过建立算法校验和审查机制，来提高人工智能技术的准确性和透明度。可以从以下几点着手：一是为了避免算法歧视的出现，可以建立专门机构对算法进行法律及伦理审查。例如，选取法学、心理学、社会学及机器学习等多领域的专家组成审查委员会对算法进行相应的审查。二是建立公开制度，要求算法应当在不侵害国家秘密、商业秘密及技术和核心的情况下，在有限的范围内公开。此外，保守秘密为负责审核的人员应当遵循的义务。

最后，强化复合型人才的培养。树立培养人工智能人才的理念，推进产学研合作的模式，培养优质人才。[2] 人是在人工智能技术中发挥决定性作用的因素，因此，加快新时代法律人才的培养，建立复合型人才培养模式刻不容缓。可以从以下四方面着手进行新时代法律人才的培养：一是在法学教育方面，跨学科人才培养计划应当被大力推行，为了尽可能保障生源的多元化，要注意平衡文理招生比例；二是在课程设计方面，不只是开展法学课程教育，还要采用增加计算机原理、数据分析等相关课程的方法来提高学生的技术水平；[3] 三是在司法人员的培训方面，运用前沿科技提升工作效率，

---

〔1〕 参见周尚君、伍茜：《人工智能司法决策的可能与限度》，载《华东政法大学学报》2019 年第 1 期。

〔2〕 参见张茂聪、张圳：《我国人工智能人才状况及其培养途径》，载《现代教育技术》2018 年第 8 期。

〔3〕 参见方华、张惠：《人才培养视角下人工智能专业建设的探析——以北京航空航天大学为例》，载《教育进展》2019 年第 5 期。

进一步掌握司法人工智能技术原理,为司法实践工作的顺利开展奠定基础;四是在课外实践方面,要积极促成与阿里、腾讯、百度等校外企业的联合培养计划,改变原先只是与法院、律师事务所等实践单位合作的单一培养计划。

总之,以大数据为依托的人工智能不断冲击着人类的现实生活。我们需要考虑如何实现算法的透明性,发挥人在人工智能司法裁判中的主观能动性,防止对人工智能决策系统的过度依赖。[1] 推动人工智能可持续发展的重中之重是对其进行立法规制,缺乏完善的立法保障,司法智慧化就无从谈起。前沿技术与司法决策的融合必然会引领司法领域的大变革,传统的司法审判规则和体系会在猛烈冲击下巨变,建立完备的人工智能司法决策法律体系及加强立法建设势在必行。因此,必须针对目前人工智能司法化现状进行统一的立法规制,加强顶层设计,在根本法层面明确人工智能技术引用的合法性和合理性,在顶层统一法律规范的指引下,加强对部门和地方立法工作的指引。在进行立法工作时,必须重视人工智能技术的特殊性,针对司法实践中已经出现及可能出现的问题进行法律规制,综合考量司法人工智能技术应用的现实风险和潜在风险,建立问责和监督机制,明确司法人工智能的应用领域和界限。

四、人工智能与未来社会的法治

人工智能作为当代影响最大的科技创新之一,对未来社会的法治提出了重大挑战。考格尼利亚(Cognilytica)发布了《全球 AI 法律法规》(Worldwide AI Laws and Regulations),探讨了世界各国 9 个 AI 相关领域采取的最新法律法规举措,包括人脸识别与计算机视觉应用、无人驾驶汽车的操作与开发、AI 相关数据隐私问题、对话系统与聊天机器人引发的挑战、AI

---

〔1〕 参见孙那:《人工智能的法律伦理建构》,载《江西社会科学》2019 年第 2 期。

应用可能引发的人身财产威胁等法律法规议题,同时从法律层面讨论了自主武器系统(Lethal Autonomous Weaponsystems,LAWS)、AI伦理与偏见问题、AI支持型决策、对AI技术的恶意利用可能性及方式、AI系统创建及交互等问题。[1] 国务院也出台了相应的产业发展规划。这些权威资料关注的问题点很多,但总的看来,人类社会关注的平等与自由两大焦点,依然是智能社会需要重新思考的问题,人工智能在维护人类自由和平等方面对法治提出了新的挑战。

(一)智能社会的法律平等

目前,人工智能的法律应用大多局限于智能法律检索、文书校对、法律文书数据化处理等事项,人工智能对法律认知和法律规范的影响尚未引起社会重视。随着人工智能的迭代更新,正如人工智能医疗一样,看似高度专业性的医疗诊断事务,完全可以由海量样本学习训练从而获得优于人类专业医师的医疗服务水平,法律人工智能的发展也会逐步形成类似局面,甚至可以说,在未来社会,法律人工智能在与人类司法人员开展的业务竞争当中,必然胜出。当然,这个过程所需耗费的时间无法预料。但是,在此之前,人工智能必然会重构现有的法律认知与法律规则,并对法律面前人人平等等公认价值理念形成挑战。

在智能社会,法律如何保障人的平等权利?人工智能影响法律价值的基本载体是隐藏在各类网络设施背后的算法,算法的差异将会导致结果的截然不同。

正如人工智能在医疗服务领域的应用,法律人工智能可以迅速阅读几乎所有类型的司法案例,从而获得正常法律人终身难以获得的法律经验技

---

[1] See Cognilytica, Infographic: Worldwide AI Laws and Regulations, in cognilytica. com, https://www. cognilytica. com/2020/03/05/infographic-worldwide-ai-laws-and-regulations/. 中文介绍参见《研究公司统计了9大AI领域,分析了世界各国AI法律举措》,载51CTO网2020年3月30日,https://www. 51cto. com/article/613473. html。

巧,并自动生成法律文书。在现有技术条件下,企业开发法律人工智能的成本并不高,法律人工智能供应商能够提供大量法律服务产品,取代大量法律服务工作。无论是律师还是法官、检察官,甚至需要法律服务的个人,都有足够的动力来获取人工智能创造的法律服务产品,至少将其用于参考。在此情形下,法律人工智能的使用范围将会逐渐拓展,法律人工智能自身具有的记忆和反馈、改进升级功能,将进一步推动其自身的迭代升级,从而一步步从法律职业者手中夺取话语权。从微观的法律推理层面来看,人类固有的思维惰性会促使人们直接接受法律人工智能的处理结果,而非刻意反其道而行之。正如一般人在使用计算机程序时不会重新编写代码一样,只会被动按照既有程序设计来使用。在此情形下,按照人工智能设计的法律推理方案将逐渐普及。"人类虽然还有更强的能力去进行感性的移情式理解,但却很难对抗高度理性化的算法。虽然人工智能被明确定位为辅助工具,但辅助工具在高度理性化的社会中却完全有可能喧宾夺主,成为一种异化的主宰。"[1]另外,在司法资源极为紧张的当代中国,法官在一定程度上难以拒绝人工智能法律服务产品,也难以对人工智能生成的法律结果进行精密反思,因此必然在事实上接受人工智能的法律推理,使法律的理性化程度继续增强。美国社会学家帕森斯认为,理性社会带来了更多的人类自由,而社会学家马尔库塞则认为经由人类理性发展出的高度工业化社会将带来强大的操纵力量,对人类自由形成严重威胁。[2]

经由人工智能改造的高度理性化的法律,将会把至关重要的感情因素排斥在司法过程之外。在传统司法进程中,高度重视现场对峙以发现法律事实的制度设计将难以发挥作用,其他很多在人类思维中具有较高权重的信息也可能被忽略,能够进入法律推理过程的信息往往是经过理性算法筛

---

〔1〕 李晟:《通过算法的治理——人工智能语境下的法律转型》,载《法学评论》2018 年第 1 期。
〔2〕 参见[德]施路赫特:《理性化与官僚化:对韦伯之研究与诠释》,顾忠华译,广西师范大学出版社 2004 年版,第 1 ~4 页。

选之后的内容。从古至今,人类感情等个性化因素都被认为是影响法律平等实施的重大障碍,而经过人工智能改造的法律,则在形式上彻底消除了这些因素的影响。但是,法律人工智能提供的信息采集、推理过程和产品会因算法的不同而呈现出巨大差异,相对于传统司法过程中呈现的不平等,此种因算法导致的不平等更为隐蔽。要穿透看似毫无差异的法律人工智能程序来查找算法中的隐藏的不平等,需要计算机和法律两方面的专业知识,无论是精通法律的律师、法官和法学家,还是计算机专家,都难以单独作出判断。而且,即便精通法律和计算机的专家对法律人工智能的算法的平等性提出质疑,也很难向社会公众展示。由于这种黑箱的特性,不同个体在面对法律规则时的强弱差距就更为明显地表现出来。

此外,人工智能可以从大量看似杂乱无序的信息中发现信息的相关性,从而影响法律发现过程。“由于算法形成的概率性规则基于此前积累的信息,那么那些对信息成本的承受能力较弱的法律活动参与者,就处于了相对不利的地位。弱者只能了解到自己面对的规则会以什么样的概率表现出来,但不清楚黑箱是基于自己的哪些信息形成了这种概率,信息不对称会进一步成为法律主体之间强弱分化的鸿沟。”[1]社会各主体之间获取信息和处理信息的能力存在显著差异,信息搜集处理能力强者在法律博弈中会占据明显优势。

人工智能将使法律处理产生记忆,并放大这些法律处理效果。随着数据抓取技术的发展,违法行为将会永久性记录在互联网上,对行为人的影响将是终身的,不会因法律处理的结束而终结。因此,法律人工智能对行为展开评价活动时,必然难以避免受到该主体之前法律处理结果的影响。

在传统的法律体系中,司法裁判追求同案同判,这也是法律面前人人平等的一种体现。法律人曾经寄希望于人工智能能够以比人类拥有更强的计

---

〔1〕 李晟:《通过算法的治理——人工智能语境下的法律转型》,载《法学评论》2018 年第 1 期。

算能力来更好地实现同案同判。但是,个体化规则难以比较何为同案,何为同判。既然规则都是由于此前积累的信息形成的一种针对不同个体的概率,那么由于这些长期积累的信息必然存在诸多细节的差异,就难以比较这种规则的适用是否运用于同等情形。而且,在人工智能进行机器学习时,过拟合(overfitting)是一种更为常见也更难克服的问题,由于学习能力过于强大,将训练样本中的某些细节特点当作一般规律进行学习。[1] 面对适用个体化规则的不同案件,由于信息的细节差异很容易被认知,如果要求人工智能提炼出一般规律,则更容易遭遇过拟合的困境,将某些个案中的信息放大而当成一般特征。因此,不仅立法中何谓法律面前人人平等面临重构,司法中也是如此。

法律面前人人平等原则是法治的一项基本原则,除保障个人尊严、生命健康等基本权利外,通过这一原则还能够确保社会主体都拥有较为平等的机会。个人禀赋虽然存在重大差异,法律虽然是人的有限理性的产物,但是法律规则本身也体现并顺应着人的局限性。而法律规则的设计和执行,都会把这种有限能力纳入考虑范围。实际上,人类社会所有的规则,包括游戏规则,都是有局限的人为有局限的人设计的。

实际上,由于人认识到自己的局限性,所以在设计规则的时候所考虑的都是所谓的常人标准,即以具有中等智力和体力水平的正常人作为规则可行性的判断标准。而且,为了形成稳定的社会秩序,法律往往还会设置比常人标准更低一些的安全线。从这个意义上讲,法律是一种保守的社会力量,不以满足具有创新精神和创新能力的人士追求"更快、更高、更好"的野心为目的。梁漱溟先生所说的"经济进一步,政治进一步,循环推进",也适用于法律。法律调整经济—社会关系的方式从来都是回应性的。在技术发展和社会—经济结构变化缓慢的农业社会和早期工业化社会,这种保守倾向使

[1] [美]伊恩·古德费诺、[加]约书亚·本吉奥、[加]亚伦·库维尔:《深度学习》,赵申剑等译,张志华等校,人民邮电出版社2017年版,第73~74页。

法律发挥了很好的维持社会稳定的作用。

但在人工智能时代,它却使法律滞后于技术和经济的发展,使那些把握先机的人获得了巨大的边际回报。比如,互联网金融和电子商务在中国的迅猛发展就是在相关法律缺位的情况下发生的,等到立法者开始制定规则来规范这个领域,法律所约束的只是后来者,并且自然地巩固了先占者的垄断地位。同时,先占者又利用已经积累起来的经济、技术和资源(数据)优势,开始抢占未被法律规制的新领域。如此层层递进,最终使循规蹈矩、永远在法律规定的范围内活动的人们与他们之间的差距越来越大。

(二)智能社会个人自由的法律保障

自由与平等一样,都是人们珍视的重要价值,也是法律价值的基础性内容。随着人工智能技术的深入发展和推广应用,个人自由也出现了新的威胁,法律如何保障智能社会的个人自由?

首先,人工智能对个人自由带来的第一个重大威胁是信息自由权的削弱。近年来,人工智能的重大突破源于方法论的创新,即通过海量案例数据的学习,在杂乱无章的数据中发现信息之间的相关性,然后根据相关数据来优化理论模型,提高决策效率。在此过程中,大量收集信息成为必然选择,因为离开这些海量信息,人工智能将很难发挥作用。无论是网页词条浏览、问题搜索还是网络言论发表,都成为历史记录而被纳入网络数据平台的数据库之中,成为其进行智能分析的基础性材料。尽可能全面地收集包括公民个人隐私在内的一切信息,成为数据平台挖掘用户和进行商业推广的必然选择。个人不仅在事实上几乎全部丧失了对这些信息的占有、使用、收益和处分权能,而且个人信息事实上被大量出卖,理论上的信息所有权人实际上成为自己所提供信息的受害者。典型的案例如电商平台通过个人浏览信息来进行大数据分析,并对其投放广告,银行等部门出卖个人银行存款数据等信息。企业可以通过收集个人信息,了解个人的实际收入水平、性格、生活习惯,从而推知该个人的潜在消费能力、消费偏好甚至生理情况,从而在员工聘用、保险投放等领域实行差别对待,将所谓的低收益员工和高风险投保人排除在外。

其次,随着人工智能的发展,个人自由的空间正在受到大幅压缩。迄今为止,我国各个城市配置的摄像头总数量已经超过数亿个,人脸识别几乎已经无处不在。我国立法并未对人脸识别技术的使用进行严格限制,企业、行政机关事实上都采集了大量个人图像数据、身份证等信息。受 2019 年年底持续至今的新冠肺炎疫情影响,人脸识别与公民行程识别得到进一步拓展,相关企业和政府对个人信息的掌控达到了前所未有的详细程度。这些个人信息的采集和应用,确实有助于应用人工智能技术来推动经济社会发展,更重要的是有力遏制了新冠肺炎疫情传播。然而随之而来的可能是公民信息将遭受前所未有的威胁,黑客入侵、官员腐败、企业程序失误都可能造成公民信息的大量泄露,这些信息不仅包括人脸图像,也可能包括身份证、手机号码、微信号、支付账号、家庭住址、过往行程记录等重要内容。在传统社会,个人信息的收集、存储要耗费大量的社会成本,公民信息权遭受侵害的风险相对较小。随着信息传感器、云储存等技术的成熟,个人信息的收集、存储成本大幅下降,而随着人工智能运算模型的智能化,运用人工智能技术对这些数据进行细致分析,完全可以精准挖掘个人更为深入的信息。人工智能大大提升了搜集、存储个人信息的商业利益,而滥用这些个人信息的行为则难以有效控制。

最后,个人经济自由将受到人工智能的挤压。人类文明的诞生、发展与劳动息息相关,人类社会的道德、法律往往以绝大部分人能够参与劳动作为前提。人工智能在劳动力市场基本取代绝大部分自然人之后,如果维持现有的政治法律体系,则绝大部分人将会彻底沦为“无用之人”,只享受社会配给产品,而唯有极少数拥有卓越创造力的个人才能继续为人工智能提供创造的灵感和工作目标。当此之时,个人将无法得到较为体面的工作,绝大部分个人将会丧失经济自由,而必须依赖于某种组织或个体的配给或慈善活动。

第三章

人工智能与民事纠纷解决机制研究

一、人工智能解决民事纠纷之价值阐释

(一)有利于实现社会治理能力现代化

近年来,随着科学技术的迅猛发展,“人工智能”呈现“爆炸式”发展的局面,逐渐进入法律人着重关注的纠纷解决机制的应用视角——民事诉讼法学界关于人工智能对解决民事纠纷的探索和思考逐渐进入理论的深度研究开展中,尤其是关于人工智能在解决当前民事纠纷方面,相对于传统的民事纠纷解决机制具有无可比拟的“低成本、低延时、高质量、精准化”的特点,逐步成为法院裁判过程中定分止争的重要方式,成为检察机关以技术化手段解决侦查难题、应对疑难复杂民事纠纷的重要技术配套手段,以及对公安等部门实现新兴技术侦查的实践化应用具有不可或缺的重要意义,其对维护公民人身、财产安全和国家、集体利益具有极为重要的技术应用价值。

我们即将走向人工智能的时代,也将走向高度应用人工智能的社会治理能力现代化的时代。在人工智能时代,社会治理

能力的现代化面临着社会治理理念和社会治理思维的重要变革,人工智能以其极具优势的"大数据、云计算"等特征,能够方便快捷地实现更大范围的物联网目标,从而解决大量人力不可能完成的烦琐工作量,实现社会治理机制的优化,改善传统社会治理体系中存在的问题或者不足,推动对公民的普法宣传、民事纠纷的裁判、智能仲裁系统的建设等,实现现代精细化管理的治理机制、"一体式治理"、"积极主动创新式治理"的转变。人工智能能够通过最大限度地使用高度有效的数据计算系统,以最全面的有效信息建立最有效可行的纠纷解决机制,以高度便捷的算法克服社会利益多元性、社会结构复杂性带来的弊端,从而通过政府、司法部门掌握的有效数据信息,进一步增强社会风险的防控能力、改善政务服务部门的服务品质和效能,实现社会公共服务的最优化、社会矛盾调处的便捷化、法律诉争问题的高效化。

人工智能在社会治理现代化中的体系运用,能够有效解决司法裁判的信息公开不及时问题,有利于完善公民利益表达的民主公平化机制,有效衔接司法裁判者与诉讼当事人对法律知识的信息沟通,提升简单民事纠纷案件的智能化操作应用——通过人工智能技术的应用,以人工智能机器人为简单民事案件的裁判者,节省司法官的机械化用功,这有利于提高民事纠纷的解决效率,转而将法官的法律知识投入疑难复杂的案件纠纷当中,以创造性的司法劳动解决"人—案"不成比例的现实矛盾。"社会保障的改革与发展是民生建设和社会建设的重要内容,社会保障治理能力的现代化特别有助于实现社会治理能力的现代化,通过社会保障的科学发展促进民生问题和社会问题的解决,促进社会公平正义与和谐。"〔1〕而将人工智能技术合理应用于大众生活是提高社会保障能力的关键一步,因此应以人工智能所具有的独特优势使它逐步为社会所接受,从而进一步实现社会治理体系和治

〔1〕 龙玉其:《积极推进社会保障治理能力现代化》,载《武汉科技大学学报(社会科学版)》2016年第5期。

理能力的现代化。人工智能技术在现代化社会治理体系中的应用,能够有效平衡政府、市场主体、社会组织、公民与司法裁判的内在机制关系,更好地体现社会治理的公平、民主性质,理顺政府改革决策、行政管理能力、政策执行能力、监督纠偏与法治机制的关系,有效推进法治国家、法治社会和法治政府的一体化建设,进而逐步完善现代社会法律体系的科学化、民主化,保障社会治理能力现代化的目标精准、理念先进、法律权威、纠纷解决机制多元化以及司法裁判的民主科学化;同时,其有助于统筹整合政府、社会和市场的力量,从整体上把握好社会治理中面临的各项任务,强化社会治理中的全局化、协调化和系统化,以专业的技术知识应用去实现社会治理的精细化和数据化,促进社会治理更加集约化、专业化和高效化,以法治方式规范社会行为,积极引导公民在现代化治理体系中尊法、学法、守法和用法,使良法善治成为现代社会治理下的价值准则和自觉行动,增强政府决策的科学化、风险防控的精准化、打击违法犯罪行为的有效化、司法裁判的公正化和法律服务的便捷化,从而构建法治化的社会秩序。

人工智能技术在法学领域的应用是必然的一步也是不可或缺的一步,如何将智能化技术与法律适用有效衔接,这就需要高度重视法治思维、拓宽法治视野、更新法治理念以及创新法治方式。“随着我国社会主义现代化进程逐步加快,国家的治理模式也发生了深刻转型、治理能力得到明显提升、国家治理的价值取向经历了从效率优先到公正优先的转变,国家治理的主体经历了由一元治理到多元治理的转变,国家治理的态度经历了由被动应对到主动面对的转变。”[1]推进国家治理体系现代化离不开人工智能的创造性应用和创新型契合,而人工智能技术的发展和应用则为社会治理提供了极大的信息使用、分析和汇总的便利,极大提高了大数据时代的云计算服务能力的使用性,极大便捷化了信息为社会提供大量数据的分析服务,为实现

---

〔1〕 周依苒:《社会治安治理能力现代化之路径探究》,载《赤峰学院学报(汉文哲学社会科学版)》2018年第11期。

管理方式创新和治理能力现代化提供了必要的技术手段。

为建设中国特色社会主义法治体系,需要积极培育和创新法治生态,改良现有法律体制机制的运行方式,进一步优化和提升现代治理体系下的社会治理能力,这些显然离不开人工智能技术的嵌合性应用。治理能力现代化离不开治理主体、理念、内容和方式的创新性发展,而现代社会比较鲜明的特点便是人工智能技术的广泛应用——智能机器人在司法系统的广泛应用已经掀起了新一轮的司法技术革命热潮,其对推进科学立法、柔性执法和规范司法具有极为重要的价值,有利于避免自由裁量权的滥用,实现"同案同判"、规范法律程序和有效固定证据材料等。其对健全法律服务体系、推动法律服务向基层延伸、为公民提供方便快捷的法律服务以及对提升现代治理体系下法治生态的现代化具有重要价值意义。

(二)有利于深化多元化纠纷解决机制改革

随着人工智能技术的迅猛发展,我们的法律体系也正在进入被人工智能重塑的时代。人工智能不仅极大便利了现代大数据运算,带来生产生活的巨大变革,也对律师、法官和检察官等行业带来一种新的挑战,未来难免会出现"机器人检察官"、"机器人法官"乃至"机器人律师"等现象,同时会对现行有效的法律法规的变革产生巨大的影响。可以预见的是,在不久的将来,人工智能会极大地降低法律诉讼纠纷解决问题的成本,使传统需要耗费大量人力、物力和金钱去解决的法律纠纷变得不再成为制约诉讼的基础因素。现代网络上各种法律应用软件的出现,使法律工作者的时间耗费大量减少,尤其是对建设"智慧法院""掌上检察院"等具有不可比拟的巨大优势,使当事人可以足不出户便能全程网上解决民事纠纷等——这种在非诉领域应用的"一站式"纠纷解决方式将会在线上极大地便利我们的法律生活。

从智能诉讼的角度来讲,最高人民法院早在 2015 年就提出要建设"智慧法院"系统,在随后的两年时间里,建设信息化的法院系统应用被纳入国家信息化的重要规划版图中。例如,上海法院推出的“睿法官”、重庆市高级人民法院推出的“云中心”等智能应用系统,通过广泛深度学习、智能运算大量的裁判文书,以深度“学习”类人化的思维模拟增强相关证据信息的分析判断等能力,从而提高法律诉讼裁判的效率。“人们期待依托人工智能消解案件激增状态,通过科技为法官办案、诉讼服务、司法管理等工作提供实质性帮助,促进审判体系的现代化重塑。”[1]“智慧法院”系统在应用过程中,需要严格遵循司法权运行机制的内在逻辑特点,还要学会合理运用人工智能在审判领域的思维方式,妥当处理好技术创新应用与法律规范结合的关系,这种深度学习、智能运算的类人化应用系统贯穿于诉讼的全流程——从立案、庭审、裁判到执行等过程。

随着我国多元化纠纷解决机制的发展,国内纠纷解决机制基本上已经形成了以审判为中心的司法权运作方式,现代互联网技术的发展把处于诉讼中的当事人与案件纠纷集结起来,逐渐形成一种在线平台纠纷解决机制。其中,浙江“矛盾多元化解平台”具有典型性,其具有在线咨询、评估和调解等功能,通过对大量纠纷矛盾的数据汇总分析,为行政机关、司法机关提供矛盾化解方式的大数据案例参考。此外,还有部分省试点建设的“法院在线调解平台”——将大量可调解的纠纷案件通过深入学习和智能运算,为公正有效快速调解民事纠纷提供参考方案等,形成一种便民的调解结案的纠纷解决渠道——实现法律资源快速有效且低成本的配置,深刻改变了当事人法律诉讼纠纷解决的走向与方式。

毋庸置疑的是,法院相对于其他纠纷解决主体,首当其冲面临着人少案多的现实,在有限的司法资源前提下需要解决大量的法律纠纷,在这种背景下,最高人民法院发布了《关于人民法院进一步深化多元化纠纷解决机制改革的意见》,将当前人工智能和法律实证分析技术结合,催生了一批智能化

---

〔1〕龙飞:《人工智能在纠纷解决领域的应用与发展》,载《法律科学(西北政法大学学报)》2019 年第 1 期。

系统应用。对于社会转型变革中的我们而言，如何规范高效地处理好当事人之间的矛盾纠纷显得格外重要，因为各方的利益处于巨大的分化中，而各种各样的矛盾纠纷诉求不一，需要更加多元化和高效、便捷的方式解决各种纠纷。建设规范有序、功能完善、调诉衔接、形式多样的智慧法律系统应用，能够有效引导当事人选择合适的纠纷解决方式，畅通纠纷解决渠道，发挥法律资源配置后的纠纷调处功能，实现裁判功能的深度学习，为统一裁判尺度、树立司法权威、构建规范有效的司法裁判机制提供技术支撑和智力支持。

"算法的运用产生了一系列法律和社会治理问题，有力地推动法律制度和治理体系变革。"[1]这就对构建科学、公正、包容和共治的法律体系显得格外重要，需要高度重视科学人本对法律治理效应的现代意义，需要积极运用人工智能抵御易于流变的科技赋能时代的变革，通过积极开展线上庭审，妥当平衡法律的稳定性与智能时代的千变万化之间的关系，积极主动适应智能时代的变革，创新法律纠纷解决模式，以立法方式赋予司法解释"造法"功能，积极应对社会变革中的不确定纠纷矛盾的爆发，增强法律风险的防控意识、应对意识，加强对潜在法律风险的研判和应对，建立健全人工智能应用中有关法律法规，规避人工智能应用带来的对道德伦理的冲突，进一步使其为社会良性发展服务。公正是法律的生命力的体现，人工智能在现代法治体系中的应用，能够有效规避人为因素导致的同案不同判，避免法律适用过程中的随机性和主观性判断，统一裁判尺度，有效约束法官的自由裁量权，依法保护双方当事人的合法权利和利益，确保司法权运作的公平、合理，做到一把尺子量到底，实现法律适用上的人人平等。"公平正义是我们党追求的崇高价值，全心全意为人民服务的宗旨决定了我们必须追求公平正义，保护人民权益、伸张正义。全面依法治国，必须紧紧围绕保障和促进社会公平

---

〔1〕 张文显：《构建智能社会的法律秩序》，载《东方法学》2020年第5期。

正义来进行。"[1]公平是公民的法治信仰之一,是法律内在生命力所在,两者密不可分。而人工智能时代的到来,为进一步推进社会公平正义和法律面前人人平等奠定了实现的可能性基础,同时也为法治化的社会建设提供了必要的技术基础,反之以法治精神为指引,让每一位公民在法治社会享受广泛的权利和自由,避免无罪的人受到追究、保障有罪人的合法权利,维护争讼当事人双方的利益平衡。这种对智能科技的吸收和借鉴,必将促进法律争议的进一步解决,以法治和技术的力量更好地构建智能社会的法律秩序,促进社会的有序发展,每一位公民都能享受智慧法治时代的成果,公共服务的优化配置,实现每一公民全面自由的充分发展、社会的和谐稳定和矛盾纠纷的智能有效解决,构建起共享共治和法治新篇章。

(三)有利于提升司法公信力

人工智能等智能科技广泛深入融入法治体系的方式,会空前地改变国家的治理体系、治理能力和法律体系的走向,会深刻影响司法裁判者的法治思维和决策实施机制,革新原有的法律体系运作模式,推动智能化算法司法体系的建立与完善。

人工智能融入法律体系将会极大地平民化司法裁判的逻辑构思能力,进一步深刻推动有关工作在普通公民世界的开展,尤其是对当前的共享经济、新零售产业的劳动法律关系产生新的变革,在解决传统法律治理难题和社会矛盾纠纷的同时,进一步便捷化解决司法裁判者面临的新的挑战——解决智能科技产业下的社会公正治理问题,优化法律体系,提升现代社会运用智能科技的社会治理能力,将科技的算法化应用转变为社会治理中的"法",促进法治思维和法律思维的深入融合,推进智能社会的法治建设,建立起智能、科学和包容的现代法治体系——人工智能法治。人工智能法治逐渐成为人工智能时代的法治新动向,其在司法领域的广泛深入应用,为解

---

[1] 《中共中央关于制定国民经济和社会发展第十三个五年规划的建议》,载《人民日报》2015年11月4日,第1版。

决民事纠纷体制机制的不足提供了新的途径。人工智能纠纷解决机制的在线平台机制为实现更高层次的法律治理方式提供了新的方式,使民事纠纷的双方当事人足不出户就可以“当庭辩论”,降低诉讼成本,提高司法效率。此类在线平台的出现有效实现了司法平台和非司法平台的机制衔接,实现了在线“一站式”解决纠纷,通过大量的数据整合分析,改变了传统民事纠纷的解决方式,便利了双方当事人的纠纷解决,推进了司法公平正义的及时到位——改变“迟来的正义”带来的负面影响,进一步推动深化纠纷机制的改革,这种全流程、公开、透明的方式,极大地避免了司法寻租,更加便捷有效地维护了正义的实现,以公开促进司法公示,提升司法公信力,让司法正义的阳光贯穿在线纠纷解决机制的全过程。

随着当前我国全面推行司法体制改革,员额检察官、员额法官正在成为真正的办案人——让审理者裁判,让裁判者负责。通过这种司法责任制的推行,法官、检察官在办案中的随机性、主观性变得荡然无存,反而极大地增加了办案人的理性和公正性。在人工智能的应用过程中,司法公信力得以在全流程公开透明化,以看得见的正义的方式出现在具体的案件中,极大地规避了办案人的主观随意性、主观好恶性,使办案中出现司法擅断的可能性大大降低。如何预防司法擅断成为新时代司法改革过程中面临的重要问题。民事纠纷解决智能化是防止法官司法擅断的有效方式,如精准的类案推送技术,可以为法官在裁判案件时提供较为详尽的既往类似案件裁决思路和结果,为其提供类案裁判的智识,加上对类案参照适用约束的逐渐强化,可以帮助法官摆脱地域经验局限,形成较为规范和公正的思维逻辑。[1]

人工智能科技正在改变我们的时代,也正在改变我们这个时代的纠纷解决方式。当前,无论立法机关,还是行政机关、司法机关都在广泛深入地借鉴智能科技在司法实践中的应用,从“智慧法院”到“互联网法院”,从人工

---

〔1〕 参见卢海燕:《治理能力现代化视阈下民事纠纷解决智能化研究》,载《广西社会科学》2020年第3期。

智能法律机器人到智能办案系统,实现了民事纠纷在线立案、庭审、送达、调解、仲裁等智能便捷操作。随着互联网法院、互联网法庭等平台的建立,法院的庭审程序公正性再次受到社会认可,充分说明了司法正义在公开透明的人工智能科技下的新发展,其能够通过降低诉讼成本、提高诉讼效率,疏通裁判全过程的难点问题。

科技的发展为人工智能技术提供了革命性的支撑,推动人工智能技术在司法领域的广泛深度应用,使立法、司法、执法等各领域展现出极大的便捷性、高效性。"司法权是人类文明演进的产物,在人类不同历史阶段具有不同的权力外观与文明向度。随着后工业时代的来临,尤其是互联网技术的进步与云计算能力的大幅提高,人类进入了信息化社会。大数据为司法权的运行带来了新技术的支持,也意味着国家权力的重新构造。"[1]人工智能技术对司法权的渗透与延展对传统司法权的逻辑发展走向提供了新的方向,推进司法程序的适应性调整和优化提升,实现智能审判、智能诉讼,祛除司法裁判者的主观好恶和随机性的判断,为统一司法裁判尺度提供了技术支持,实现"同案同判"。借助人工智能的智慧大脑解决社会纠纷矛盾日益多元化的问题——以大量的案件材料和裁判文书的深度学习作为参考,通过高效的数据检索提取能力方便裁判者依法裁判,最大限度地限制司法官的主观决定性的不确定带来的司法不公和司法腐败,实现裁判结果的可预期性。在这种经济理性的技术条件下,能够有效地使繁杂的案件材料凝结为具有确定性和可预期性的司法结果,体现看得见的正义和可预期的正义——在法律裁判案件过程中的三段论即有利的论证依据。

通过大数据和云计算的处理结果能得出类案判决的共性问题及相关办案规律,从而为裁判者提供精确可靠的裁量依据,合法合理的裁判结果不应当突破一般公民对法治的期待,同案同判是公民能够得到公平司法保护的

---

〔1〕 章安邦:《人工智能时代的司法权嬗变》,载《浙江工商大学学报》2020年第4期。

要求。因而,智能化司法能够有效限制司法官的自由裁量权的滥用,克制权力寻租、司法不公等现象的发生。人工智能时代,人工智能技术的应用,将会使司法权从被动式向主动式转变,尤其是在行政公益诉讼领域,需要检察机关主动作为,积极监督政府机关履职尽责,强化对政府部门依法行政的司法监督,深化检察机关的法律监督职能定位,实现现代法治时代司法权对行政权的有效监督。同时,人工智能技术的应用,将极大地有利于满足当事人对海量法律知识的分析运用需求,借助新技术的应用为当事人建构起诉讼过程的模型,为诉讼过程中的当事人提供更加精准的法律服务,帮助当事人防范法律风险,实现司法正义在诉讼过程中体现分配的正义性,促进对司法权专断的限制,进一步提升司法裁判的精准度、公平度和透明度,降低司法成本,提高司法效率,树立司法权威,凸显司法公正,体现程序正义和司法公信力。

二、人工智能解决民事纠纷之理论根基

随着人工智能技术的迅猛发展,人工智能对社会各个行业的发展和变革产生了极为深远的影响,为社会各个领域日新月异之改革提供了科学保障和技术支撑。人工智能发展亦使国家敏锐地察觉到人工智能技术将对社会发展产生深刻变革,其一再强调整个社会应当主动拥抱人工智能,社会的各个行业、领域包括纠纷解决机制应当积极地引入人工智能,应对人工智能技术带来的新机遇和挑战。民事纠纷解决机制有效地修复了受到损害的社会关系,有效地促进了社会经济的平稳高效运行,但其本身亦存在效率不高、纠纷解决结果不一致甚至相互矛盾的弊端。为了避免这些弊端相关部门和机构亦在积极寻求突破,人工智能技术的发展为民事纠纷解决机制的变革提供了新的机遇。在国家的号召下,民事纠纷解决机制涉及的有关部门和机构积极作为,以人工智能技术为突破点,在民事纠纷的公平、高效解决方面取得了新突破。任何一项新理论、新机制的出现均需要相应的理论基础为其提供支撑,人工智能作为民事纠纷解决机制的新契机,其融入民事

解决纠纷机制亦需要理论基础作为支撑。没有理论支撑的制度就是无源之水、无本之木，最终必然会自行消失，人工智能解决民事纠纷机制作为民事纠纷解决机制的重要组成部分亦是如此。具体而言，人工智能解决民事纠纷机制之理论根基包括但不限以下几个方面：满足人民群众新时代司法需求的必由之路；提升民事纠纷解决效率之内在要求；应对智能时代司法变革之顺势之举。

（一）满足人民群众新时代民事纠纷解决新需求的必由之路

习近平总书记在党的十九大报告中明确指出，社会主义发展已经进入新阶段，我国社会主要矛盾也发生质变，人们对于生活的需求不再仅限于温饱，更加要求在满足生存条件下生活的高质量化。“坚持以人民为中心，把人民对美好生活的向往作为奋斗目标”是新时代坚持和发展中国特色社会主义的基本方略之一。[1] 该基本方略为新时代社会主义之发展提供了基本遵循，更对新时代民事纠纷解决机制提出了更高的新的要求。民事纠纷同人民群众权益联系最为密切、最为紧密，民事纠纷解决是否公正、是否快捷、是否便民关系到人民群众对民事纠纷解决机制是否满意、是否信赖、是否信服。坚持以人民为中心的民事纠纷解决理念，深化依法解决纠纷实践，加大对人民群众合法权益保护力度，推进民事纠纷解决公正，不断满足人民群众多元化民事纠纷解决需求，增强人民群众在民事纠纷解决中的获得感，努力让人民群众在每一个民事纠纷解决中感受到公平正义，是新时代民事纠纷解决机制的重大职责和神圣使命。

进入新时代，社会经济发展迅速，加之城市化进程中对原经济关系的猛烈冲击，民事纠纷呈爆发式增长。新时代人民群众对民事纠纷解决机制提出了新的更高、更多的需求，但原有的民事纠纷解决机制在面对新时代人民群众对民事纠纷解决机制的新需求上显得力不从心，无法满足新时代对民

---

〔1〕 参见《中国共产党第十九次全国代表大会上的报告》，2017 年 10 月 18 日，中国共产党第十九届中央委员会会议通过。

事纠纷解决机制的新要求。人工智能技术的迅猛发展为民事纠纷解决机制满足新时代人民群众民事纠纷解决新需求提供了新的可能。人工智能技术与传统的民事纠纷解决机制的深度融合,为传统民事纠纷解决机制提“智”强能,使传统的民事纠纷机制再现蓬勃生机。以互联网法院为例,作为民事纠纷解决最后一道屏障的法院主动拥抱人工智慧技术,积极融合互联网发展大势,先后成立了杭州互联网法院、北京互联网法院和广州互联网法院。互联网法院的显著特征在于其受理的所有案件均自当事人起诉直至案件的执行完成均在互联网上完成,当事人解决民事纠纷无须舟车劳顿,在家就像在法院一样完成案件的调解、判决,民事纠纷得以高效、公平地解决。不仅节省了当事人大量的解决民事纠纷成本,还大大提升了解决民事纠纷的效率,有效回应了新时代人民群众对民事纠纷解决的新需求和新期待。

(二)提升民事纠纷解决效率之内在要求

公平和效率是民事纠纷解决机制永恒的话题,是民事纠纷解决机制孜孜追求的终极目标。民事纠纷解决机制之终极取向在于实现公平与效率之最佳结合方案。作为社会纠纷解决机制,民事纠纷解决机制在整个社会纠纷解决体系架构中,自身存在的价值要求在追求公平公正的同时,实现民事纠纷解决效率的最大化,进而修复社会经济运行中受到破坏的社会经济关系。需要注意的是,公平和效率在民事纠纷解决过程中很难兼得,势必会以损害另一方为代价。具体表现为民事纠纷公平公正得以解决和民事纠纷快速得以解决的关系,“效率”在民事纠纷解决方面主要体现为民事纠纷发生后在最短的时间内予以解决;“公正”在民事纠纷解决方面主要体现为民事纠纷发生后能够妥善地查明民事纠纷事实,使双方当事人能够认可纠纷处理结果,做到“纠纷结,事情了”。[1] 面对即将到来的人工智能时代,民事纠纷解决机制应对立足当下,着眼未来,在充分汲取人工智能时代营养的基础

〔1〕 参见张琦:《统筹兼顾效率与公平》,载《人民日报》2016 年 4 月 8 日,第 23 版。

上,正确处理民事纠纷解决公平与效率之间的关系。如何处理公平与效率的关系并非一朝一夕之功,在保证民事纠纷能够公平公正得以解决基础上不断提升民事纠纷解决之效率,是对民事纠纷解决机制实施者智慧的考量。当前随着社会经济的飞速发展,各种民事纠纷亦层出不穷,民事纠纷数量激增,而解决民事纠纷的渠道却没有随着民事纠纷数量的激增而增加,导致原本不堪重负的民事纠纷解决机制更加捉襟见肘。为了实现民事纠纷解决机制自身之目的,理应提升民事纠纷解决机制之效率,使民事纠纷能够以最快的速度解决。

民事纠纷解决效率从不同的角度看,有不同的理解。具体而言包括以下三个方面:一是经济效率即为解决民事纠纷的投入和解决民事纠纷效果之比率,比率越高投入与产出的效率就越高。二是资源配置效率即"帕累托最优",其基本内容是指民事纠纷解决资源的配置所到达的一种状态,在这种状态下民事纠纷解决资源配置经过重新调整,会使一个民事纠纷解决渠道资源增加,而不致使另一个民事纠纷解决渠道资源减少。三是民事纠纷解决机制的整体效率,即民事纠纷解决机制对提高民事纠纷解决能力,促进纠纷公正、高效解决的能力。结合上述三个方面,我们可以给民事纠纷解决机制效率作出定义:效率是民事纠纷解决机制的运行与目的之间的关系,即为解决民事纠纷而投入一定量的社会资源与所欲实现民事纠纷"纠纷结,事情了"之间的比例。人的一切活动都是为了实现某种目的,以一定的活动实现较高价值的目的就是高效率,反之就是低效率。[1]

当前随着民事纠纷数量的激增,原有的民事纠纷机制依旧依靠大量的人力、物力投入来实现民事纠纷的顺利解决。但现实情况是民事纠纷的数量增加远远超过投入民事纠纷解决机制的资源数量,致使传统的民事纠纷解决机制越来越不能满足现实需求,导致民事纠纷解决时间过长、民事纠纷双方投入解决民事纠纷的成本越来越高,导致人民群众对民事纠纷解决机

〔1〕 参见张存国、汪宗田:《公平、效率与社会保障》,载《光明日报》2015 年 12 月 11 日,第 7 版。

制的满意度越来越低。为了解决传统民事纠纷解决机制效率低下的难题，我国对民事纠纷解决机制进行了改革，大力推广非诉讼纠纷解决程序（Alternative Dispute Resolution，ADR），大力推广多元化民事纠纷解决机制，尤其是近年来司法部门极力推广的“枫桥经验”为民事纠纷的快速、高效解决发挥了积极作用，有效地修复了受到损害的社会关系，为社会经济平稳健康发展作出了积极贡献，但其距离人民群众对民事纠纷解决机制的要求仍有一定差距。随着人工智能时代的到来，民事纠纷解决机制亦引入人工智能，使人工智能与民事纠纷解决结合起来，极大地节约了解决民事纠纷机构的人工成本，节约了当事人的时间和来回奔波的费用，使民事纠纷能够在最短的时间内得以解决。以互联网法院为例，人工智能的引入使民事纠纷解决速度大大加快，立案、提交证据、庭审、宣判等一系列诉讼活动均可以在网上进行，大大节约了双方当事人解决民事纠纷的成本，大大契合了民事纠纷解决机制之制度设计初衷。民事纠纷解决机制制度设计之初就是为了及时、快速、公正地解决发生争议的民事权利义务关系，使发生争议的民事权利义务关系恢复到受损害前之状态。民事纠纷解决高效解决是民事纠纷解决机制之应有内涵和自身需求。“人工智能+”的引入契合了民事纠纷解决机制的内在需求，不仅节约了民事纠纷机制自身投入，而且极大地提升了民事纠纷解决之效率，使民事纠纷解决机制本身发生了质的变化。

（三）应对人工智能时代司法变革之顺势之举

人工智能一词是1956年在达特茅斯学术会议上由克劳德·香农等学者提出的，自此人工智能技术伴随着计算机技术的发展不断进步。随着人工智能技术的发展，人工智能逐渐分为强人工智能和弱人工智能，[1]此处我们

[1] 强人工智能观点认为有可能制造出真正能推理（reasoning）和解决问题（problem-solving）的智能机器，并且，这样的机器能将被认为是有知觉的，有自我意识的。弱人工智能观点认为不可能制造出能真正地推理和解决问题的智能机器，这些机器只不过看起来像是智能的，但是并不真正拥有智能，也不会有自主意识。

所研究之对象是弱人工智能即人工智能机器,其只有类似人类的智慧,不具有直觉和自我意识。近年来,作为人工智能基础的计算机技术飞速发展,为人工智能技术的腾飞提供了物质基础。众多人工智能技术广泛应用在社会发展的各个方面,极大地改变了人类社会生产、生活原有格局,促进了人类社会的翻天覆地之变革。在整个人类社会跑步进入人工智能时代的关键时期,党中央、国务院为了抓住人工智能发展的重大战略机遇,从顶层设计为我国人工智能的发展提供制度保障。2017 年 7 月 8 日颁布了《新一代人工智能发展规划》,为全国人工智能快速、健康发展指明了方向,标志着我国进入了人工智能快速发展的新时代。马克思说过:“在我们这个时代,每一种事物好像都包含有自己的反面,机器具有减少人类劳动和使劳动更有成效的神奇力量,然而却引起了饥饿和过度的疲劳……技术的胜利,似乎是以道德的败坏为代价换来的。随着人类愈益控制自然,个人却似乎愈益成为别人的奴隶或自身的卑劣行为的奴隶。甚至科学的纯洁光辉仿佛也只能在愚昧无知的黑暗背景上闪耀。我们的一切发现和进步,似乎结果是使物质力量具有理智生命,而人的生命则化为愚钝的物质力量。”[1]人工智能与其他事物一样,其出现不仅仅给我们带来了机遇,亦给整个社会生活带来了巨大的挑战。人工智能时代带来的巨大变化不仅限于对人的身体和智慧的延伸,更是人工智能技术与人的身体和智慧的深度融合。人工智能大势所趋,其对社会的方方面面都产生了深刻的影响,作为调节社会生活稳定器的法律亦不例外,其为法学理论和司法实践带来了诸多机遇和挑战。例如,传统庭审要求双方当事人必须同时到庭就案件事实进行辩论并当庭出示相关证据,庭审中的证人应当于庭审日期到法庭出席,并就其掌握的案件事实当庭向法庭说明并证明相关案件事实存在或不存在。但是在人工智能技术支撑下,互联网法院建设成为可能,并且司法实践者能够运用其解决民事纠纷。

---

〔1〕《马克思恩格斯全集》(第 2 卷),人民出版社 1985 年版,第 79 页。

互联网法院解决民事纠纷的庭审程序都在互联网上进行,当事人、证人只需在开庭日期利用互联网技术进行网上开庭即可,互联网法院的庭审方式在保证公平、公正的前提下,极大地降低了民事纠纷双方当事人解决民事纠纷的成本,提高了解决民事纠纷的效率。

在民事纠纷解决领域,人工智能技术在处理相关问题时具有传统民事纠纷解决机制所不具备的独特优势,它可以在极短时间内处理大量重复性、类似性的工作,极大地提升民事纠纷效率。不仅如此,人工智能技术还能依照民事纠纷双方主体提供的民事争议内容,将民事纠纷归到相关类型中来,并自动提供类似民事纠纷的处理结果,以供当事人参考,进而选择相应的民事纠纷解决策略,促进民事纠纷的自行解决。可以极大地提升民事纠纷解决效率和准确度,亦可以使诸多民事纠纷解决于萌芽状态。因此,在人工智能时代民事纠纷机制亦应当顺应时代潮流,以智能化引领民事纠纷解决的新潮流,优化民事纠纷解决机制的运行,在保证民事纠纷解决公平、公正的前提下,提升民事纠纷解决效率,顺应人工智能的时代潮流。

三、人工智能解决民事纠纷之功能替代

人工智能的出现为当前司法审判工作中难以解决的问题提供了新的出路,而这也是当前人工智能在司法系统中得到积极应用的原因。大多数人支持司法人工智能化的功能预期,是作为中立技术的人工智能可以迅速解决司法体制结构、人员素质低下和案件审判质量难以提升的难题。而在Web2.0时代的浪潮之下,数字经济领域争端在民事纠纷中占比急剧攀升,可以预见的是未来的数字合同及身份权网络化逐步占据民事法律的大部分。因此,市场环境的推动与司法改革停滞的内外混动作用下,考量民事纠纷解决人工智能化对司法体制的重塑效应至关重要。同样,也正是因为解决争端的正功能具备期待性,对正功能进行司法环节代码规范微观讨论也是不可或缺的部分工作内容,从而达到人工智能的利好最大化同时避免机

械理性达到民事纠纷解决的质效性。

(一)民事纠纷司法过程的运作机理

法律的创设植根于频繁的社会纠纷,司法权给予一类机构类似于裁判人的功能,它们运用固定时期内特有的逻辑程序对纠纷进行调节,缓和人群矛盾,起到保持社会稳定的作用。而自"十二铜表法"以来,几乎所有的制度,都是围绕法律实施公平而展开的。我国自改革开放后不间断地开展法院系统的司法流程改革也是为了更好地实现公平正义。历经40多年的体制改革可以说对司法的程序链条进行了改良补缺,但仍面临法律执行的效率低下,判决结果与现实相悖的难题,这其中有人为因素也有技术的因素。因此,随着人工智能的出现,"将法学问题形式化为可计算问题"〔1〕获得了呼声阵阵并得到决策层的认可,那么智慧法院建设是否能让公平正义成为"可视正义",〔2〕就需要切入纠纷解决流程内进行独立考量。

1. 人脑主导的纠纷解决程序运转情况

在算法介入司法前,人为因素是民事纠纷机制运转的主要作用力,从案件的立案到决策整个工序都是由司法工作人员操作,而人天然具备一种"伪中立"的立场就预见性地宣告了司法的偏离。最典型的案例便是"聂树斌案",冤假错案的产生离不开人本身,人脑对纠纷解决的主导风险程度较高,其对公平正义的破坏也具有致命性。在民事纠纷中司法权允许法官对案件有一定的自由裁量权,这是对情理的关照同时也代表着一种妥协,妥协于实践的复杂与人的本质(社会族群的培育),民事诉讼区域性阻碍、同案不同裁、判决拖延多种问题时有发生,"人情案"块状发展凸显于社会区域人情网。上述现象是司法改革中的重难点,也是群众司法感到不公的根结所在,这种民事纠纷解决状况是专家学者进行反复探讨的问题。法院的工作离不

〔1〕 邓矜婷、张建悦:《计算法学:作为一种新的法学研究方法》,载《法学》2019年第4期。

〔2〕 马长山:《司法人工智能的重塑效应及其限度》,载《法学研究》2020年第4期。法律的"接近正义"通过人工智能算法及大数据云平台使司法过程的大幅度公开达到"可视正义"标准。

开人类本身,在没有成熟的技术对人力劳动(尤以法律高专业素养要求的工作)替代的情况下,司法情感偏向是不可避免的。突出表现如社会群众表达思潮,近两年的微博热搜等对法官判案的态度都有极大影响,一旦引发声潮便会对司法审判带来极大的舆论压迫,甚至成为左右审判结果的重要因素,不可否认这是人之常情。

2. 人工智能解决纠纷的机理

人工智能在社会应用的前提是人,人类将社会已有的经验汇编成代码集合嵌入计算机黑盒内部,让机器像人一样去处理人类给予的映射问题,而拟人处理可以说是一种处理系统,其将问题输入算法流程内依照人类事先设计的"是/否"判断原理进行数据匹配辨别,最后输出结果的大数据计算方法。那么人工智能之所以被称为人工智能的原因就是其初步具备了人类脑部活动的反应行为。人工智能在司法领域效果尤为明显,这种智能算法实质上没有产生人类特有的族群情感,其处理问题秉承"耿直"的态度,在处理民事纠纷时只会机械地模拟人类,判断的结果使用的是计算机中的理论与程序,这种对事物认知的方式"似人类非人情",对法律的规定执行可靠度高于人类本身。人工智能解决纠纷更值得选择的解释便是其公正的运行机理,其运行的首尾端是人类,但中段决策区是纯洁的算法,不含有任何的情感。在中部,主要构成为 3 个支点:第一支点是智能算法模型,这种模型是人类专家根据法院要求进行设计架构,类似于电路图中的开关结构。第二支点是法律数据,这种数据来源于几千年的社会统计,将经典的、海量的解决纠纷经验进行统计存置,等待算法比对。第三支点是法律原则,又可以称之为当代法律界所秉承的诸多理念,将我国主流法律解释予以运用,来适应时代发展,避免经验教条主义。在上述 3 个支点上,民事法律文书的生成与法院司法环节的运行可以省去大量人力劳动,由基础到复杂的工作步骤都按照算法得出相应结果,可以说相对于人为操作具备很大的优点。2017 年最高人民法院发布《人民法院信息化建设五年发展(2016—2020 年)》普及法院自身的智能化运转，要求必须根据算法技术进行办案实验，中国的智慧法院建设对大数据平台以及神经网络等先进智能技术的肯定，证明民事纠纷解决能够机器智能化，加上科学技术的成熟，那么低成本高效率的“透明化”算法司法时代是法律人当今可以预见的，也许司法人工智能中“人为因素”无法彻底根除，但仍可以大量减少“人情案”的数量。

（二）运用人工智能的预期目标

将司法运行内嵌入“人工智能”可类比于汽车将自身的发动机进行更换，它意味着司法系统将由内而外的进行重新塑造。重塑的目的是对当今法治中国建设的困境进行突破，“鸡蛋”由内部破壳的现象被喻为“新生”，这是决策者所期待的结局也是真正的司法改革目的所在。在法律执行人与法律覆盖区间两者中横亘的无外乎情理与法理这一核心，这一核心使双方互相渗透与互动，其中也会出现阻碍与矛盾。随着古代中国制度的变迁与社会族群的观念不断进步，法律作为统治阶级维护自身统治的工具性不断强化。更好地保持社会平稳运行在新中国成立后一直是重要话题，而矫正社会无序现象，保证制度结构的合理性总是最难解决的时代主题。在民事庭审方式架构与民事诉讼程序的变动上，改革先驱者一直在拓路修桥，紧追社会经济模式的脚步，对法院人员的监管与法院级别管辖上也付出巨大的改革成本，但结果仍难以达到“可视正义”这一目的。依靠人力进行的改革目的难以实现，改革措施难以上下贯通，因此人工智能法院建设应运而生，冲出人主司法牢笼，建设算法时代，打造公平正义大环境成为决策层对民事纠纷解决机制运行的主要改革看法。参考学界以及法院系统正在推行的智慧法院建设的工作，笔者总结出以下司法人工智能在民事诉讼中的预期功能。

1. 司法人员的重塑效应

人工智能的推广是对法治时期“人情案”滥觞最好的突破口，其从根源上取代了司法人员对案件的影响力，将法官“伪中立”的立场转变为机器“绝对中立”。因此，人工智能司法对司法人员也起到重大的调整作用。

首先,针对专业化水平来讲,司法人员在当代中国法治进程中普遍存在法律素养及判断能力不足的现象,这也是冤假错案产生的重要原因之一。其向前追溯可以发现一大批司法工作者并没有通过法律职业资格考试,再加上当前经济的快速发展,法律条文更新换代速度也在快速进行,每天法官面临大量的案件进行处理,难以有空闲时间学习新出台的法律法规,因此,作为有限的理性人一定会对新产生的案件出现认知上的不足,自然会在民事裁判时出现审判失误,造成群众方一种公平正义缺失的错觉,但是人工智能的内嵌化则会有效解决这种问题。例如,量刑规范化智能辅助办案系统的运行,其将全国所有判决以及最新法律及司法解释进行平台化,在法官编写判决书时可以根据案件关联度将所有最新司法解释及判决浓缩到一个页面为法官提供服务。那么,民事判决辅助系统其工作原理是相同的,这种智能算法能够避免法官的专业素养不足及判断水平的缺陷,避免错判的发生。

其次,对司法人员遴选考核的质效提升。卓越的人才往往负有远大政治抱负,国家法治进程也需要这类人才,好的考核有利于刺激这类人才的进取心。在人工智能考核出现之前,往往需要人为地“考评、筛选”,这会产生人为操作空间,但机器评估传递可以有效避免这类现象,全程留痕客观评价上传迅捷的优势性显著,在此类考核系统下千里马不会被埋没,决策者能够自上而下地对法官的判决及效率进行监督,优中选优,人才不会“流血又流泪”。

再次,人工智能的“理智”有助于判决的推理,为司法人员提供逻辑推理,为判决提供合理性。法律逻辑是司法人员必备的技能,但法律具有抽象性,法官在对法律适用时往往会面对多个解释的困扰,其可以寻找到大小前提,但如何保证大小前提建构的合理性是复杂的,这也是人脑感性与理性相结合的特点所导致的结果,人工智能则可以提供一种“形式理性”。[1] 大数

---

〔1〕“形式理性”是指在大前提法律与小前提案件事实间推理得出的结果达到形式合理性。

据与智能算法在设计者的运算程序中，可以依据案件事实以及立法者的法律设计初衷进行推演，从而提供最优推理解释。这节省了法官自己去查阅有关资料的时间以及面对法律条文解释的烦冗，并达到立法者的初衷。尤其在民事诉讼中，大量的合同解释与专门法与普通法的使用顺序上更能凸显智能算法形式理性的重要性，同时在此种法律逻辑规范化的影响下，亦有利于法官专业素养的提升。

最后，重塑司法人员公众形象，有利于司法人员规避风险，人工智能提供算法得出的最优解能够为法官提供一层安全保障。众所周知，法官的判决结果往往会导致一方诉讼当事人出现生存危机或生活危机，如民事案件中的赔偿问题，而一旦一方当事人因判决结果而难以承受心理压力便会认为司法不公从而做出报复性行为，那么法官就是首要目标。而人工智能的出现，对当事人心理压力及报复目标都会产生决定性影响，法官可以拿出智能判决结果送与当事人，证明其自身的纯洁性与理性，改变当事人的态度，社会公众也会理解判决的结论。

2. 诉讼当事人的重塑效应

“司法鸿沟”在当前社会广受诟病，这在世界各国都存在此类现象。因法律学习的成本过高，往往导致法律专业人才较少，而社会弱势群体往往难以支付法律服务报酬，毕竟高昂的律师费用代表的是普通家庭近一年的收入，而这也是民事诉讼界的“马太效应”，强者恒强，资本雄厚的一方当事人所聘请的一定是高质量的律师，弱势群体往往赤膊上阵，其法律常识匮乏，证据的留存都是难题，因此优势者诉讼难输具有应然性。人工智能的出现使诉讼当事人的胜负占比将会彻底重塑，所有民事诉讼行为人都具备了积极诉讼心理，法律资源第一次出现衡平。当前我国一些律师事务所已经开始试验智能法律援助系统，其根据当事人输入的案件内容进行法律条文解释以及诉讼相应知识提醒。可以预见，在未来法律援助智能化将会得到普及，而法律服务的自主化与标准化会为普通家庭提供一份法律保障，这种法律保障对公平正义的理念推广将会起到催化作用。

3. 助力同案同判改革,提升司法公信力

同案同判原则从自然法学派提出以来便成为法律裁判的一种形式公平的表现,我国最高人民法院颁布的《关于案例指导工作的规定》第 7 条也是此原则的具体条文展现,而形式公平事实上也具备了左右公民法律认知的功能。在互联网时代之前,各国法律界在同案同判原则的实现上付出了极大的努力,但由于信息传递延迟与地区性差异等原因,这些改革都以失败而告终。例如,我国最高人民法院也在完善案例指导制度,并对下级法院要求关联性较高案件在判决上实现一致。那么,技术的进一步发展也确实为同案同判原则的实现提供了现实基础,透明化文书与程序代码化为审判提供了便捷性,而人工智能的嵌入则为审判提供了精确的同步结果,法官需要做的是依据指导案例来进行民事纠纷的事实比对,分析预判决的合理性和合法性问题。大数据时代带来的信息秒传这项福利改变了原有地区距离限制,当然绝对同等是不可取的,这时法官需要结合当地具体实际进行结果的微调,这也是对诉讼当事人权利的一种保障。

4. 程序烦冗问题的解决与案多人少实际情形的突破

据统计,2021 年最高人民法院受理案件 33,602 件,地方各级人民法院和专门人民法院受理案件 3351.6 万件。[1] 诉讼时代的来临给各级法院带来极大压力,随着复杂烦冗的案件涌入法官手里,其必须在规定时间内进行案件的结案。在效率与质量的平衡板上作出哪种选择,都是一般理性人能够予以理解的决定,而决策层为了提高办案质量,要求法官员额制改革的方案再次激化了案多人少的矛盾。追寻结案质量是决策者根本上的目的,如此产生的顶层观点与基础执行条件不足的矛盾需要对执行内在技术进行改革,不可否认的是上层质量观念是符合社会群众根本利益的,追求公平正义

---

〔1〕 参见周强:《2022 年最高人民法院工作报告》,载《人民法院报》2022 年 3 月 9 日,第 2 版。

的愿望不可能向现实进行妥协,此时人工智能能为二者不可调和的矛盾另辟蹊径。人工智能审判流程模块化,打造高效诉讼环节链条,将文书的登记与证据传输等程序性事项时间缩短,将法官的主要精力投入判决推理区块汇集,同时先进的智能算法又可以为当事人提供法律自助服务,为当事人提供最优纠纷解决机制的选择,在源头上节流,为真正需要诉讼的案件提供畅通的通道。民事诉讼并不是当事人唯一的选择,也许通过对法律的了解当事人自行和解概率也会提升,人工智能的普法化能促进法律的可得性,同时降低"司法代价",这是时代的进步也是科技的红利。

综上所述,人工智能司法化的预期功能对中国法治进程具有重塑性,对当前民事纠纷解决起到功能性的变革作用。司法改革的本意是维护公平正义,其恰好具备催化改革目的的实质作用。作为中立的技术赋能切合独立司法的法律原则,绝大部分社会群体亦是翘首以待"智慧司法时代"。

(三)法院"智慧化"的显现

"要想让算法更好地服务于人类,我们必须承认算法不是全能的"。[1]机器的绝对中立带来的弊端也正是其自身的特性,空洞僵硬如同被勒住关节的躯体充满"枯寂"。算法决策不具备道德衡量的感性功能,其依赖于编码人员对道德元素进行价值位阶的排序,但正义等价值往往在具体案例中复杂多变,"救 49 人还是救 51 人人性话题"的考量连人类都尚未处置妥帖,更何况没有情感的机器。此外,我们必须正视当前司法人工智能这种算法仍然需要设计者去编辑,这种"算法喂养"的方式需要不间断进行,既然如此,程序员一旦有了私心那么就会出现一种"算法霸权"现象,"算法霸权"出现就意味着判决结果操控在决策者手中,如何保证决策者的公心将会是未来监管的主要方向之一。

总之,人工智能的出现在民事纠纷领域具有划时代的意义。在近年的

---

〔1〕［美］凯西·奥尼尔:《算法霸权——数学杀伤性武器的威胁与不公》,马青玲译,中信出版集团 2018 年版,第 243 页。

实践中人工智能也确实对解决司法效率低、案源繁杂难解及司法腐败等问题有一定的积极作用，在分析其可能的功能替代与限度空间上，可以更好地进行司法新时代展望与预防。正是其优势受到多数人的肯定，我们才更应当步步为营，最大化地把握司法人工智能的合理功能管辖，把其工具性的内容攥得更紧。在民事纠纷领域要“理性厘定司法人工智能与司法体制改革的关系，确定其适用的限度，合理加载其担负的功能”。[1] 兴利除弊是将人工智能注入改革的本意，将公平正义这种价值理念利用技术中立性更好地弘扬发展，最终能够达到维护社会平稳运行的宗旨，但究其原因主导者仍为人类自身，人类当前以及未来都是世界的霸主，那么作为一种替代工具机器的走向与其产生的果实性质也只能由人类所把控。

四、人工智能解决民事纠纷之司法实践探索

（一）人工智能在解决民事纠纷领域的应用现状与问题

最高人民法院把运用新的科技进行信息化建设视为法院发展的重要一轮。张文显教授认为：“以市场、网络为中心的信息社会秩序，正转变为以算法为中心的智能社会法律秩序。”[2] 在这种法律秩序下，应对新型技术的挑战，法院也应该考虑在司法建设过程中如何合理运用这些新技术，以实现对人本、共治和公正等价值的追求。

整个过程中首先存在巨大争议的就是“人工智能”本身，1956 年的达特茅斯会议虽然提出了“人工智能”这一概念，但并没有清晰界定该词，其核心内涵如果从法院角度出发去界定，就是要利用机器去完成或替代人的智力所能够胜任的事项。经过 60 多年的演进，人工智能在移动互联网、大数据、超级计算、传感网、脑科学等新理论新技术方面有长足发展。但当下的人工智能还处于弱人工智能阶段，其不会具有超人的智慧与能力，面对司法实践

---

〔1〕 钱大军：《司法人工智能的中国进程：功能替代与结构强化》，载《法学评论》2018 年第 5 期。
〔2〕 张文显：《构建智能社会的法律秩序》，载《东方法学》2020 年第 3 期。

的现实或难题,如价值如何选择、法律如何解释,还不能较好解决。同时,其自身也还存在无法较好保护隐私权、算法运行不透明等问题,未来还需要经历长期发展。其次,哪些技术能够较好运用于民事司法有一定争议。当下对人工智能与司法两者联合的研究更多是将多种技术简单列举,因对这些技术应用的深入研究存在文科和理科的学科差异,所以大多数法学研究者的论述是一种隔靴搔痒的简单论述,缺乏深刻独到的见解。最后,即便确定应用于民事司法领域的人工智能相关技术,在实际应用层面仍然存在较多问题和不足。比如,大数据深度学习模式就是人工智能在民事纠纷领域的重要应用,但其存在事实认定能力较弱、对于社会信息收集不广和不符合司法能动创新的要求。[1]

相对于理论界,在国家层面,国务院于 2017 年 7 月发布了《新一代人工智能发展规划》,其中明确了法律界要加入人工智能的建设中来。在具体建设过程中,坚持以人民为中心的司法改革理念,推动"互联网 +"行动,结合司法实践的需求对诉讼模式、审判方式等进行智能技术的革新,初步建立了网络在线纠纷解决和服务的多元化机制,同时建立了网络司法裁判规则,促进了国家治理体系和治理能力的现代化。互联网司法总体呈现三个方面的典型特征:第一,平台向多元化、系统化延伸。从 2016 年起,"智慧法院"得到初步建设,其在提高法治现代化上被寄予厚望。直至 2019 年 6 月,"智慧法院"智能化体系已经基本建成,在纵向上实现了法院审判流程与智能技术的融合,极大地提高了审判效率与质量。同样,内网审判业务与外网诉讼服务体系的结合,使公民可以通过简便的移动终端完成法院的部分诉讼流程,实现了司法便民的基本要求。在横向上,智能化为不同行业部门大数据有效共享提供技术基础,克服了法院审理案件中"信息孤岛"的弊端。第二,诉讼审理方式由封闭走向开放。传统的诉讼活动更多受制于法院的审理条

---

〔1〕 参见吴旭阳:《法律与人工智能的法哲学思考——以大数据深度学习为考察重点》,载《东方法学》2018 年第 3 期。

件,在诉讼中更多突出固定式的特征,智能化的开放模式与之相比最大的特点就在于灵活性,在线处理纠纷能够实现法院与诉讼当事人之间的时空自由。运用智能技术实现诸多诉讼活动在线完成,通过庭审语言识别、电子证据展示、文字自动纠错、电子卷宗随案生产、智能辅助办案等模块化应用实现法院审理案件模式的现代化。借助大数据、云计算、区块链等技术,将人工智能司法经验集中总结,对行之有效的经验进行多方大力推广,逐步实现人工智能对法院审判各项工作任务的渗透,从而促进智慧法院的成熟化建设。第三,工作重心阶段性转变,由制度创新逐步向依法治国推进。在初期互联网司法阶段的主要工作是探索如何将科学技术与司法工作相衔接。依托互联网技术构建全面的在线审判模式,并依此设立杭州、北京和广州的互联网法院,在这个建设过程中,有一些问题也值得思考,如哪些技术能够运用和促进司法纠纷的解决,人工智能技术如何较好应用于司法实践。上述这些问题也将结合具体的建设过程加以探讨,在实现人工智能与司法稳定结合的模式后,必将推动社会秩序的有序构建和公民法治意识的提高,从而逐步实现法治国家的建立建成。

1. 智慧法院建设的现状

智慧法院建设是法院利用人工智能等现代科技来建设自身,提升其诉讼服务、司法管理与审判能力,从而实现法院全业务在线办理、全流程依法向社会公开和全面为职能服务的一种形态。其包含的内容较为广泛,既包括大数据、云计算等技术在法院的部分应用,也包括整个法院人工智能系统的建设。智慧法院是新时代我国法院顺应时代潮流进行信息化建设的概括称呼,其以高度信息化进行全业务网上办理、全方位智能化服务、全流程依法公开,进一步推动司法为民的法院建制。

(1)智慧法院建设的比较经验

在国际范围内,电子起诉与送达,运用电子书证和在线庭审早已较为成熟,成为辅助法院审判的重要工作。智慧法院在德国可以被称为司法电子化,其内容通过立法确立的范围主要就是电子化的内容。德国的相关法律规定了当事人和法院交往电子化、庭审电子化及债务人信息电子化等内容。这些内容核心是关于庭审的电子化,根据德国《电子司法法》的规定,其确立了以下内容:外部联络中电子送达与递交,内容管理中电子案卷与庭审方式的电子化,即运用视频技术来实现远程的言辞辩论与证据质证。同时,德国还颁布了《加强法院程序和检察署程序中使用视频技术的法律》以及《改革强制执行中的财产查明法》,前者是关于庭审方式的电子化的规定,后者主要是关于执行程序中债务人信息的电子化的规定。[1] 而以欧盟的电子法院技术应用为例,其包括 ASP 服务页面、案件管理应用系统、电子文书生成程序、电子登记应用程序、文书管理应用程序、内部电子法院运用程序以及外部电子法院运用程序。[2] 从上述内容可以看出,利用网络技术、视频技术等来辅助司法的建设和推广是一个成就较为明显的领域,这也是科学技术进步带来生产力发展的必然,这种应用使法官从传统烦琐、重复的(扫描和复印案卷材料、整理与归档卷宗)或者说浪费人力资源的工作(如送达文书)中解放出来,将更多的精力投入司法裁判之中。除此之外,利用现代科学技术实现智能化裁判也是国外智慧法院建设所关注的重点。其实,计算机刚刚普及的时候,美国法学界就开始探讨机器能否替代法官的问题,以消除法律的不确定性,但其可行性一直存在争论。近年来随着科学技术的发展,人工智能首先就被运用于对裁判的预测。美国学者通过数据驱动结构的机器分析美国联邦最高法院过往判决,然后依次来预测法院未来的判决,最终不仅能够发现不同大法官的裁判立场和观点,而且能够预测其投票趋势。AI 预

---

[1] 参见周翠:《德国司法的电子应用方式改革》,载《环球法律评论》2016 年第 1 期。

[2] See Francesco Contini, Giovan Francesco Lanzara, *The Circulation of Agency in E-Justice*, Springer 2014, p. 229. 转引自王福华:《电子法院:由内部到外部的构建》,载《当代法学》2016 年第 5 期。

测的美国联邦最高法院判决的准确率达到了79.46%。[1] 在其联邦法院系统,美国建立了"案件管理和电子案件档案系统"以及"法院电子记录公共访问系统"。在刑事活动中,人工智能一般运用于羁押必要性和量刑后假释的审查,也运用于犯罪发生的预测和量刑,是否会在开庭日出庭等。美国学者认为使用并不透明的算法人工智能机制来取代法官的自由裁量,存在以下问题值得担忧:一是预测暴力犯罪的准确性问题;二是量刑会依据社会经济的不利因素,从而形成压抑贫困者的体制;三是缺乏正当程序保障,因为开发者拒绝公开他们的算法所考量的因素。[2] 也因如此,在运用技术提高司法效率方面,无论是欧洲还是美国,总体上处于较为谨慎的态度,较多立足于司法辅助方面。

(2)我国智慧法院建设的理论争议

我国学者总体对智慧法院建设是采取肯定意见的,在用语上学者们早期主要使用"电子法院"加以表述,他们的主要观点是提倡利用我国先进的科学技术,尽快建设和完善相关硬件和软件设施。最高人民法院文件统一将其界定为"智慧法院",学者们也开始探讨建设智慧法院的具体问题,并对其构建提出宏观规划和微观建议。早期学者对其采纳列举式定义,认为电子法院或电子诉讼包括网上起诉与立案审查、远程取证、网上庭审、网上作证与质证、文书网络送达、庭审视频与裁判文书网络公开等形态。[3] 学者也有用电子法院的概念来界定法院的智慧化改革,将其内容区分为内部与外部电子法院的构建,并认为前者是作为后者的准备阶段。外部电子法院的重点是实现电子法律交往功能,使诉讼主体能够通过电子方式提交诉讼文书,法院能够电子送达;内部电子法院则是实现案件在线审理与管理功能,

[1] See Mohammad Raihanul Islam, K. S. M. Tozammel Hossain, Siddharth Krishnan, *What AI Can Tell Us about the U. S. Supreme Court?*. 转引自左卫民:《关于人工智能在中国运用前景的若干思考》,载《清华法学》2018年第2期。

[2] 参见李本:《美国算法实践中的人工智能:问题与挑战》,载《中国法律评论》2018年第2期。

[3] 参见刘敏:《电子时代中国民事诉讼的变更》,载《人民司法(应用)》2012年第5期。

其包括案件排期、视频庭审和在线审查证据。[1] 也有较多学者关注了智慧法院可能带来的问题与挑战,如关于人工智能运用中所涉及的信息公开和透明问题。胡凌对公众如何监管或介入人工智能算法的问题加以关注,讨论了干预某类代码化规则的系统性歧视问题。[2] 何帆法官则认为当下还未达到谈论机器人法官的时期,当下智慧法院建设的第一要务还是辅助和服务法官办案,而不是替代司法裁决、淘汰办案法官。[3] 还有学者从法理的角度反思了智慧法院的建设,他认为:"工具理性消解了司法意义、智慧管理削弱司法自主、智慧应用分化司法平等,服务外包威胁司法公信,这些都是智慧法院存在的法理困境。"[4]

(3)智慧法院建设的实践状况

为了有效推动民事电子诉讼进入实践,2017 年最高人民法院出台《关于加快建设智慧法院的意见》,确立了建设智慧法院的指导思想与具体建议。根据该意见,智慧法院的宏观目标是要推动人民法院信息体系向阳光化、网络化、智能化的方向发展,为各诉讼主体提供全方面的智能化服务,通过智能化切实为审判执行活动服务,让司法更加具有亲民的温度。各地的法院也按照实际工作情况,构建各自特色的智能系统,取得不少成果。

一是构建全方位诉讼服务智能应用。此类平台主要是提供外部法律交流功能,即通过电话、网络等技术设备构建网上起诉、立案及信息查询平台。上海法院建立了三种智能服务应用,分别是法院诉讼服务中心、"12368"诉讼服务平台和法院律师服务平台。法院诉讼服务中心能够提供自主立案和导诉分流、法律援助的功能,还可以提供网上拍卖与网上调解的服务。法院律师服务平台则侧重提供一些法律服务,包括庭审排期自动避让、关联案件

[1] 参见王福华:《电子法院:由内部到外部的构建》,载《当代法学》2016 年第 5 期。
[2] 参见胡凌:《人工智能的法律想象》,载《文化纵横》2017 年第 2 期。
[3] 参见何帆:《我们离"阿尔法法官"还有多远?》,载《浙江人大》2017 年第 5 期。
[4] 徐骏:《智慧法院的法理审思》,载《法学》2017 年第 3 期。

推送等。[1] 四川法院也建成网上诉讼服务中心，其提供网上立案、材料收受、诉讼辅导、预约咨询、信访投递、司法救助等10大类诉讼和39小类的诉讼服务。[2] 最高人民法院于2014年开通网上申诉信访平台，当事人和人民群众可以利用其在网上对人民法院生效裁判或执行行为不服提出申诉、对法院工作人员违法违纪行为进行投诉和对法院工作提出意见建议。2018年1月，最高人民法院推出两款智能系统，分别是"智慧法院导航系统"与"类案智能化推送系统"，前者依托百度地图管理平台，提供法院导航、全国法院信息查询、全流程信息查询的服务；后者构成法官日常审判的重要部分，便于法官需要依靠检索的内容来制作类案检索报告。上述智能应用或平台是较为广泛和全面的，既服务于法院内部主体，也服务于律师、当事人和其他老百姓，既提供法律信息的查询和案件信息的分析服务，也能够简化和帮助推进司法程序，这也是司法全面信息化的具体体现。

二是智慧法院在审判阶段的应用。智慧法院建设的中心在于在审判阶段减轻法院的工作负担，对此各地法院摸索并建立了不同的系统。比如，浙江法院联合阿里巴巴，借助其技术、平台，整合浙江案件大数据，实现法官审判经验共享、诉讼结果预判和审判偏离度分析预警等辅助办案服务。[3] 北京法院则建立了"睿法官"系统，该系统运用大数据、云计算等技术构建了北京三级人民法院统一的审判信息资源库。该系统首先可以自主深度学习，还可以通过对每个案件，自动梳理待审事实，聚焦案件争议点，生成庭审提纲，并推送到庭审系统中，提高办案的效率与精确性。同时也可以实现对案件的电子管理，即在审判环节生成审判提纲和比例，在结案环节生成结案文

---

〔1〕 参见严剑漪：《从"互联网+"迈入"人工智能+"新时代——上海法院加快智慧法院建设纪实》，载《人民法院报》2017年5月21日，第1版。

〔2〕 参见《四川省高级人民法院网上诉讼服务中心帮助说明》，载四川省高级人民法院网，http://118.122.95.222/webapp/area/scsfgk/index.jsp，2020年11月20日访问。

〔3〕 参见余建华、孟焕良：《浙江高院联手阿里巴巴打造"智慧法院"》，载《人民法院报》2015年11月25日，第1版。

书,实现整个案件流程化管理。[1] 最高人民法院在 2017 年推出线上人民法院司法大数据管理和服务平台,这一平台构建的主要目的是实现对法官审判的帮助,其现阶段主要具备辅助裁判的功能,但要实现其法律推理、掌握法律语言、熟悉经验性知识等功能仍然缺乏技术突破。

三是智慧法院在案件执行阶段的应用。案件的执行环节是智慧法院应用较早的阶段,因为债务人逃避债务或者隐匿财产,许多法院主动或被动运用相关技术来辅助案件执行。深圳法院的“鹰眼执行综合应用平台”是全国首创实现结合银行存款查询、冻结和划拨为一体的查控系统,它可以查控网络财产、生成相关程序文书,还可以推送节点通知、送达法律文书和管理外勤事务,从而实现执行工作全部网络化办理、全流程公开。[2] 类似的还有江苏省无锡市中级人民法院建设的“智慧执行系统”,该系统综合运用大数据、阿里飞狐人工智能等技术,使初级的分散化智能技术运用成果通过整合与升级,形成了集案件审理、诉讼指挥、诉讼监督、审判公开、智能服务五位一体的特有法院审理模式。该系统的核心功能在于大数据的数据分析技术,如通过对失信人员的消费规律与生活习惯进行剖析,然后对其诉讼履行能力进行判断,及时对可能被隐匿的财产线索进行挖掘,以保障生效判决得到及时有效的执行,最大限度保障当事人的合法权益。2014 年,最高人民法院与公安部、交通部、民政部、中国人民银行等 16 家单位和 3900 家银行业金融机构共建信息共享机制,建立了“总对总”网络查控系统,该系统可以依法查询被执行人在全国范围内的不动产、存款、金融理财产品、船舶、车辆、证券、网络资金等 16 类 25 项信息,全面覆盖被执行人主要财产形式和信息。除了

---

[1] 参见李希:《北京法院探索建设“智慧法院”、“睿法官”系统正式上线》,载首都政法综治网,http://www.bj148.org/zzgjj/zzdt/201612/t20161214_1277407.html。

[2] 参见胡志光、王芳:《智慧法院建设的思维导图——以深圳法院“鹰眼查控网”建设为案例》,载《中国应用法学》2018 年第 2 期。

查询信息,2017 年 1 月 1 日起,全国法院开始实行网络拍卖。[1] 在执行阶段,无论是财产的查控,还是对财产的处置,以往面临的最大难题就是信息不对称,通过智慧执行系统的构建,从实际上解决过去因为信息不足而搁置的执行难问题,能够实现执行的效率价值。

除上述三个方面的智慧系统建设之外,案件管理系统和量刑辅助系统也是近年来构建和应用的系统,前者是实现对司法行政工作的智能管理;后者则在量刑上为刑事案件的审理提供相关的数据信息,如“上海的刑事案件智能辅助系统”。总之,我国法院近几年在智慧法院的建设方面取得较大的成就,根据民事和刑事案件的不同建立了不同系统,同时也将智慧系统的建设覆盖于案件的全流程,且既考虑系统建设对内部法院工作人员带来的便利,也不断拓展智慧法院对当事人的便利,如给予当事人网上提供起诉、提交证据的渠道。

2. 智慧法院建设的不足与未来展望

当下智慧法院的建设已经取得了不错的成绩。智慧法院的建设并不会是一帆风顺的,其需要一个长期的过程,在建设初期,立法者或者运用者都会存在对信息技术应用的排斥或畏惧,或者是一些技术的不成熟本身可能带给其使用者的不是方便,反而增加了工作的困难。

国家对智慧法院建设的远期目标是,建立综合审判活动、人员管理、司法公开、司法监督与数据使用于一体的智能服务平台。促进证据收集、案例分析、文件阅读等各项工作的智能化,使人工智能在法院审理案件的活动中得到全面贯彻与实施,实现法院审判体系与能力的现代化。智慧法院在司法公开、立案系统方面建设的成就较大,而数据应用还不够深入,对法院电子信息的动态监控也起步较晚。2016 年最高人民法院开始在全国法院部署推广电子卷宗随案同步生成和深度应用工作,截至 2020 年 11 月 1 日,全国

〔1〕 参见中华人民共和国最高人民法院编:《中国法院的互联网司法》,人民法院出版社 2019 年版,第 20 页。

3363 个法院建成电子案卷随案生成系统，全国 73% 的案件随案生成电子卷宗并流传应用，部分地方法院已基本实现全流程无纸化办公。在这个基础上，法院才能够运用智能化手段对案件进行监督管理。这个过程也是从地方开始试点的，如河北省高级人民法院创新研发“重点案件监督管理平台”，制定统一规范的监管规则，建立案件特征识别库，并以此为基础实现大数据自动分析、系统自动标记、平台实体提示、全程在线记录等，确保审判依法有序、规范到位。类似的还有浙江省台州市中级人民法院的“台州法院清廉司法风险防控系统”和最高人民法院的“执行指挥管理平台”。[1] 然而，上述法院开发的各种系统或应用还存在条块分割、种类不一、应用效果差异等缺陷，从而难以形成一体的智慧法院数据平台。最高人民法院虽然在 2004 年 7 月就上线了大数据管理和服务平台，实时收集全国 3507 个法院的审判执行、人事政务、研究信息等数据，截至 2021 年 4 月，已汇集全国法院 2.18 亿条案件数据，但其应用的结果仍然主要是 870 余项专题分析报告。同时，人工智能在证据收集方面有初步成绩，三大互联网法院都依据区块链技术建立了自己的电子证据平台，实现在线采集证据、在线保存证据。但利用人工智能对案件加以分析，或者阅读分析法律文件的系统构建还不够完善。总体来说，在当下初级人工智能的目标大多实现了，即实现对审判的辅助，但其对个人隐私、自由尊严的影响值得反思。同时，如果实际中法官过度依赖审判辅助系统，丧失自我判断或者忽视案件中的个案因素，也会产生个别案件的审判不公开，以及审判的路径依赖。[2] 高级人工智能，即实现人工智能裁判或者说是审判能力智能化还存在不少问题和挑战，因为当下的计算机即便是具有了基本的推理能力，但其仍然不能具备法官的裁判知识、方法与价值判断，具体体现为当前的技术水平还不能使人工智能裁判走出中文房

---

〔1〕 中华人民共和国最高人民法院编：《中国法院的互联网司法》，人民法院出版社 2019 年版，第 24 页。

〔2〕 参见孙那：《人工智能的法律伦理构建》，载《江西社会科学》2019 年第 2 期。

间,在是否应当的价值问题上也没有得到公众广泛认可,其仍要等待价值认可和技术进步后才能实现。[1]

(二)互联网审判机构迅猛崛起

在智慧法院的建设过程中,有一个很重要的内容就是构建互联网审判机构,以实现对案件网络集中审判。其主要包括三个方面的内容:一是推进互联网专业化法院或法庭的硬件建设;二是完善互联网司法在线诉讼机制;三是构建互联网司法裁判规则体系。这个过程中都面临一系列的难题需要去解决。

1. 互联网法院、法庭和审判团队不断建立

审判主体是民事纠纷解决的主导者,其一般要求具有权威性、距离感,中立且公正,互联网审判在网上进行有可能对上述价值有一定贬损,但这种对时空的消解也会带来亲和性、效率等价值,且实现法官专业化经验的累积。互联网专业化审判机构是在浙江率先发展起来的。2015 年 4 月,电子商务网上法庭试点工作在浙江省高级人民法院开展,审理案件的主要类型具有网络纠纷性的突出特点。在试点取得成果的基础上,通过多方因素的考量,在中央全面深化改革领导小组第三十六次会议上审议通过《关于设立杭州互联网法院的方案》。2017 年 8 月 18 日,我国第一家互联网法院在杭州率先成立。该法院首先即明确其设立的目的:"通过利用大数据分析技术对涉及网络纠纷的案件数据进行多模块比对与分析,梳理其规律和特征,从而形成结构化、标准化的互联网司法裁判规则,为营造更安全、更干净、更具人性化的网络空间提供司法护航。"该法院不仅是首次通过网络来解决纠纷,更重要的是引入大数据技术对案件加以分析,然后构建互联网司法裁判规则。一年之后,北京和广州互联网法院相继设立,3 家互联网法院共设置 8 个专业审判庭,配备 84 名法官。互联网法院实现"网上案件网上审理"的新

---

〔1〕 参见罗维鹏:《人工智能裁判的问题归纳与前瞻》,载《国家检察官学院学报》2018 年第 5 期。

型审理模式,集中管辖所在市辖区的网络纠纷案件,如金融借款合同纠纷、网上购物合同纠纷、网络服务合同纠纷、网络侵权纠纷、网络著作权纠纷等11类互联网案件。案件的审理质量、诉讼效率与社会效果都表现出良好的态势。[1] 除专门互联网法院以外,一些地区法院还设立了专门的互联网审判庭和审判团队,这些互联网审判庭和社团团队都是根据其地域特色展开。比如,深圳市福田区人民法院设立的互联网和金融审判庭;成都市郫都区人民法院的互联网法庭通过打造区块链平台,在便利电子证据取证的同时加强电子证据司法认证的可靠性;贵州省黔南州惠水县法院成立互联网案件的专门审判团队,对其管辖区内网上数据保护、网络侵权等案件进行审理。无论是互联网法院、法庭还是专门审判团队,其目的都是更好地处理新型互联网纠纷,主动拥抱新技术,以化解传统纠纷解决周期冗长的难题。

2. 依托相关技术助推在线诉讼流程的完善

建立互联网法院的核心在于在线诉讼机制的完善,即实现案件的全流程在线审理,这个过程中需要克服技术问题,也要对传统裁判规则进行适度的调整。我国法院在技术方面紧密结合大数据、云计算和区块链等技术,来重塑诉讼流程和构建新的司法模式。

互联网法院推行的是“网上纠纷网上审理”诉讼模式,该模式强调案件的起诉、立案、调解、举证、质证、庭审、宣判和执行全部都在线完成。首先,程序流程通过技术实现在线推进。传统的程序流程包括起诉、受理立案、开庭审理和作出判决几个阶段,该程序流程是单向的不可逆转的,且要求程序的主体当事人与法院面对面参与其中,最终达到程序的结果。这些程序如何通过线上方式来实现,其要通过不同的技术解决不同环节的问题。比如,关于诉讼文书的电子送达,2018年最高人民法院开发上线全国法院统一送达平台,通过该平台可以向当事人及其诉讼代理人的电子邮箱、手机号码等

〔1〕 参见中华人民共和国最高人民法院编:《中国法院的互联网司法》,人民法院出版社2019年版,第6页。

电子地址送达诉讼材料和文书。诉讼参与人则可以通过登录中国审判流程信息公开网,获取法院送达信息或签收电子文书。同样,3 家互联网法院实现送达方式的"无纸化",如采用电话通知、邮箱文件、微信消息、短信链接等多种途径进行送达。除送达方式的革新之外,电子证据在线取证与存证也是重要环节。针对这一问题,中国法院试图探索"区块链 + 司法"的模式,以大数据、云存储和区块链技术为依托,突出通过利用区块链技术具有防伪造、防篡改的功能优势,为电子证据的可靠性与真实性提供技术支撑。截至 2019 年 10 月 31 日,我国已完成 22 家法院及国家授权中心、多远纠纷调解平台、公证处和司法鉴定中心的 27 个节点建设,完成超过 1.94 亿条数据上链存证固证,支持链上取证核验。[1] 其次,庭审也能够通过在线完成。3 家互联网法院对此也各有特点。北京互联网法院实行的是"在线同步审理"模式,要求所有当事人一起参与庭审,有 98.7% 的案件实现在线庭审,平均庭审时长 52 分钟。杭州互联网法院摸索建立了"异步审理"模式,即允许当事人不同时、不同步登录平台参与案件的审理活动,并通过异步审理的模式审结案件共达 2495 件,当事人的诉累在一定程度上也得以减轻,平均每个案件可以节省当事人在途时长约 6 小时。广州互联网法院推出"在线示范性庭审"模式,该模式针对同类型合同纠纷,先选取个别案件作为典型案件,将该案件先行开庭审理,并要求同类型案件的其他当事人在线旁听庭审,通过这种方式达到纠纷解决的示范作用,最终促使其他类案的化解处理。该院目前受邀旁听的其他案件的当事人,庭后自动履行和主动和解率达到 37%,实现了"审理一件、化解一片"的积极效果。[2] 除上述流程之外,在执行程序法院早就推行以网络查控财产作为重要的机制。因此,现有程序的主要环节基本都能够通过在线完成,今后的重心是继续补充完善一些环节的在线

〔1〕 参见中华人民共和国最高人民法院编:《中国法院的互联网司法》,人民法院出版社 2019 年版,第 18 页。

〔2〕 同上书,第 16 页。

化，然后推进这些程序应用的统一化、简便化。

3. 摸索构建互联网司法裁判规则体系

涉及互联网的纠纷相对传统纠纷具有利益多元、技术性强和复杂程度高等特点，中国法院要推动互联网司法，特别是要将案件化解在互联网上，就要思考如何构建新的网络空间交易规则、行为规范和规则适用边界，也要明确这些实体规则如何在审判中落于实处，即实体规则之外还须归纳相应的程序法规则，以实现网络空间治理的法治化。

第一，关于互联网的实体规则主要适用于网络交易，根据权利保护类型的不同，我国学者对互联网实体规则作出初步理论构建，其可按照合同、侵权、知识产权保护等加以划分。相对于一般实体规则，互联网规则更突出自己侧重领域的特殊性，根据其所概括的包含以下内容：(1) 涉及侵权规则。对于网络服务提供者的侵权责任的承担，网络服务提供者首要任务主要是为消费者与经营者之间建构接触交流服务，在促成交易上主要起着间接作用。对于消费者非恶意使用虚构事实、隐瞒真相等手段对商家服务给予的负面评价，商家应当给予必要的容忍，对于经营者提出删除评论的要求，网络服务提供者未删除或未及时删除而导致的损失，不应当承担赔偿责任。其次，信息传播的网络媒体在采取意见时应当做到客观全面，对于片面截取事实，主观恶意损害他人名誉的行为，应当构成名誉侵权。在侵权主体与侵权行为认定上，转载与首次发表应当一致，只要发表内容构成侵权，就应当承担侵权责任。(2) 涉及合同的规则。相对于实体租赁店铺，网络店铺租赁最大的特征在于虚拟性和多量性，管理规则的制定和实施更加复杂，基于各方利益考量，对于在经营过程中，未经平台同意的经营者转租行为应当认定为转租行为成立但未生效；对于违规店铺实施侵害消费者合法权益的救济措施，电子商务平台可直接扣款主动赔付消费者，违规经营者主张援引违约金制度对赔付标准进行调整的，不予支持。(3) 涉及知识产权保护的规则。抖音、快手等短视频“消费”已经成为公众喜闻乐见的娱乐方式，在给用户带来娱乐的同时短视频同样应当受到法律保护，其中创新性是其重要的评判标准之一。基于保护客体产生成本、社会价值等多方面考量，对于短视频的创新性进行判断时，只要能够表现出制作者的个性化，即可认定其具有创造性。商标侵权人未提供商品构成侵权的证据，仅以未授权为由主张销售方构成商标侵权的，有违商标权一次用尽原则，不予支持。[1] 第二，关于诉讼程序的一些规则。在 2018 年北京市、广东省广州市增设两家互联网法院后，最高人民法院为确保 3 家互联网法院公正高效地审理案件，颁布了《关于互联网法院审理案件若干问题的规定》，对互联网法院的管辖范围问题、上诉机制和诉讼平台建设有关要求作出规定，同时明确了身份认证、立案、应诉、举证、庭审、送达、签名、归档等在线诉讼规则，其主要包含四个方面的内容：一是明确案件管辖范围；二是确立在线审理机制；三是搭建在线诉讼平台；四是完善在线诉讼规则。除此之外，学者还根据已有案件大数据，总结出一些补充性的诉讼规则。例如，网络服务提供方采取必要管理措施的“被通知标准”，通知内容上应当包括权利人的基本身份信息，权利的归属凭证、侵权事实成立初步证据以及明确的被诉侵权人网络地址等材料，在权利人主张的投诉送达网络服务提供方，网络服务提供方应当及时采取必要措施。关于诉讼主体的规则，基于合同相对性原则，消费者以网络购物合同纠纷提起诉讼，将网络经营者与网络平台服务者列为共同被告，或者仅起诉网络服务平台的，在经过法院释明后仍不改正的，法院可主动裁定驳回对网络交易平台的起诉。[2] 除此之外，学者们也展开了对一些细致规则的探讨，如有学者认为应当将电子商务平台经营者界定为服务合同当事人，而非简单界定为第三人，将他与消费者之间的法律关系界定为“平台服务合同”关系，然后能够以合同法对两者关系加以规则。[3] 有学者对电商平台“二选一”行为考

---

〔1〕 参见曹士兵主编：《互联网纠纷案件裁判规则（一）》，法律出版社 2019 年版，第 1 ~ 5 页。

〔2〕 同上书，第 2 页、第 5 页。

〔3〕 参见郑佳宁：《电子商务平台经营者的私法规制》，载《现代法学》2020 年第 3 期。

虑运用不正当竞争法来规则,其还考虑到对中间平台和商户中间的立法规制。[1] 互联网实体和程序的规则都已经初具规模,且随着互联网审判的发展,笔者相信会创建更多的审判规则,最终建立起完备的互联网审判规则。

(三)人工智能实现纠纷的多元化在线解决

前面的分析已经多次提到,当下阶段利用人工智能完全代替法官实行智能裁判是不可能实现的,但是,基于一些纠纷的特殊性,或者说过去各个部门信息条块分割的局面被一体化信息建设的趋势打破,某些民事纠纷的多元化解决是能够在当下的技术背景下实现的。

1. 运用人工智能实现多元化纠纷在线解决的可行性

司法多元化是我国民事司法所追求的目标,其和社会治理现代化的目标是密切相关的,当下司法的 3 个支柱是诉讼、调解和仲裁。调解作为传统的纠纷解决方式在法律不完善时期曾起到较大作用,但基于社会经济的发展、熟人社会的瓦解,传统的基层组织调解、行政调解已经慢慢退出历史舞台,当下存在的主要是基于法院主导的诉前调解。其又可分为两种形态:一是法院介入基层组织或其他机构的纠纷,将其消灭在起诉之前。比如,在交通事故处理机构中定期派出审判人员参与纠纷处理。二是案件起诉后立案前,法院先行将案件交给法院内调解工作室加以处理,或者是以委托调解的方式将案件划入外部的人民调解组织或其他机构来加以调解,其他机构包括目前的律师调解试点。调解还存在一种诉中调解形态,以离婚纠纷为例,其起诉立案后,法院一般都要对案件先行调解。上述形态表明当下的调解和传统方式的调解有着很大的区分,即当下调解必须借助法律规范的标准以及法院的司法权威,然后才能够平息诉讼。作为三大支柱之一的仲裁,也是国内外解决民事纠纷的重要手段,仅广东省 2019 年全年受理的仲裁案件

---

〔1〕 参见王晓晔:《论电商平台“二选一”行为的法律规制》,载《现代法学》2020 年第 3 期。

就达 74,975 件,[1]且仅用 3 年时间案件数量已经翻了一倍。仲裁是诉讼的替代性纠纷解决方式,但是仲裁在我国要受到司法的监督,法院既监督仲裁中的违法行为,也可以通过判决撤销仲裁。除了纠纷解决,从预防纠纷的角度,公证制度也是司法多元化的重要一环,它是指公证机关依照自然人、法人或者其他组织的申请,依照公证法律、法规规定的法定程序对民事法律行为、有法律意义的事实和文书的真实性、合法性予以证明的活动和过程。公证活动、程序、组织等规范构成公证制度,它是国家预防纠纷、维护法治、巩固和社会秩序的一种法律手段。[2] 上述内容构成司法多元化的主要内容,近年来这些程序随着互联网技术的发展也在逐步改进,实现在线化办公。

2. 民事司法多元化纠纷在线解决的现状

和理论界对调解的质疑不同,我国实务界是一直较为青睐调解的。我国最高人民法院从 2016 年就开始在部分法院和保险、证券、期货纠纷领域尝试在线调解,这也是法院对特殊纠纷摸索多元化纠纷解决机制的一种尝试。[3] 随着智慧法院建设的进一步发展,信息资源得以整合,在一些重点领域构建了跨部门、多层次、全方位在线司法协助体系。这一体系的典型代表体现在道路交通纠纷一体化解决机制的构建上。传统的机动车纠纷因为涉及部门多、法律关系复杂和利益多元化,往往存在处置时间长、流程烦琐的问题。而通过线上信息共享和部门联动、当事人参与就可以较好解决这个问题。2013 年,浙江省杭州市余杭区人民法院率先开启对于道路交通事故类型的案件实施数据化处理,通过与公安行政部门、事后理赔保险公司、事故鉴定机构等涉案处理机构数据信息共享,形成各个部门之间的联动机制,

---

[1] 参见《仲裁统计数据(2019 年)》,载广东省司法厅政府信息公开网,http://sft.gd.gov.cn/gkmlpt/content/2/2877/post_2877350.html#1202,2022 年 1 月 9 日访问。

[2] 参见张卫平:《民事诉讼法》(第 5 版),法律出版社 2019 年版,第 523 页。

[3] 参见《关于全面推进保险纠纷诉讼与调解对接机制建设的意见》《关于在部分法院开展在线调解平台建设试点工作的通知》《关于人民法院进一步深化多元化纠纷解决机制改革的意见》《关于在全国部分地区开展证券期货纠纷多元化解机制试点工作的通知》。

引入调解资源，案件处理高效透明、快处快赔。2017 年 11 月，最高人民法院与公安部、司法部、中国银保监会联合决定在北京等 14 个省（自治区、直辖市）开展试点，推行道路交通事故纠纷“网上数据一体化处理”，实现交通事故发生后定损、定责、鉴定、调解、诉讼、理赔的“一站式”服务。仅 2021 年 1～4 月，全国道路交通事故损害赔偿一体化平台受理调解申请 32 万多件，调解成功率达 82.19%。[1] 鉴定机构主要提供在线司法鉴定服务、法院则是内外网打通，参与到调解之中来，公安分享车辆信息及事故信息，保险公司则是通过网络对损害结果一键理赔。[2] 应该说通过交通事故纠纷案件和少数其他纠纷案件的办理，会使网络诉前调解变得更为灵活和高效。而通过法院打通内外网，这些诉前调解的案件也可以通过在线司法确认的方式，获得司法的权威性及民事执行力。除了交通纠纷，消费者纠纷也适合通过网上调解的方式加以解决。欧盟 2013 年 5 月颁布针对消费者纠纷的《替代性纠纷解决机制指令》（《ADR 指令》）和《在线争议解决机制指令》（《ODR 指令》），并于 2016 年 2 月启动欧盟在线纠纷解决平台；德国以欧盟的《ADR 指令》为基础，在 2016 年 4 月制定并发布了德国《消费者纠纷解决法》和《消费者纠纷解决——信息义务行政法令》。[3]

相对于调解，在线仲裁的理论研究和实践都相对晚一些。在线仲裁相对于传统仲裁的主要区别在于通过互联网工具实现在线举证、质证和辩论，然后通过电子方式认领仲裁裁决。就世界层面而言实践并不多，国际商会 2004 年开始在仲裁中运用信息技术，主要是运用在线的案件管理工具“Net case”，世界知识产权组织仲裁与调解中心 1999 年就开始通过在线仲裁方式来解决域名争议，其在 2005 年又开发了可以提供信息存档、提交仲裁申请和

---

〔1〕 参见《道路交通事故损害赔偿纠纷或将网上一体化处理》，载人民网，http://www.cnr.cn/sd/ts/20200524/t20200524_525102492.shtml。

〔2〕 参见中华人民共和国最高人民法院编：《中国法院的互联网司法》，人民法院出版社 2019 年版，第 16 页。

〔3〕 参见周翠：《我国民事司法多元化改革的现状与未来》，载《中国法学》2018 年第 1 期。

检索案例功能的电子工具。关于庭审方面较为明确的则是《俄罗斯联邦工商会国际商事仲裁院仲裁规则》第30条允许在线参与仲裁庭审。[1] 美国则是在20世纪90年代开始推行在线争议解决机制(Online Dispute Resolution,ODR),其概括地包含了在线和解、调解和在线仲裁,其仲裁协会两步骤的在线争端解决程序(ODRM-S Protocol)、在线仲裁(net-ARB)开设了在线仲裁形式来解决纠纷。我国国内有3个机构可以实现在线仲裁,分别是中国国际经济贸易仲裁委员会网上争议解决中心、中国广州仲裁委员会网络仲裁和深圳仲裁委员会,前者主要解决因互联网络域名注册和使用所引发的争议,后两者主要解决因网络交易产生的争议。[2]

公证作为预防纠纷的方式,也要被动或主动地接受在线工作方式的发展趋势。在公证证据保全领域,公证机关要依法对与申请人权益有关的、有法律意义的证据、行为加以提取、收存、固定与描述。对网络证据保全,公证机关要实现"非形变公证保全",它是指保全措施的实施不会导致原初证据信息载体形态发生变化,具体则是指公证机关要将网络上的原始证据信息载体,通过打印、下载、拍摄等方式予以保全,以防止该资料被删除或修改。[3] 总之,民事司法多元化必须拥抱互联网、拥抱信息化建设。

3. 运用人工智能实现多元化纠纷在线解决的未来

相对于传统的法院这一审判机构,纠纷私人或民间解决机构有更大的积极性去运用新的方式以实现纠纷解决的迅捷化与保密性。但不可否认的是,技术的应用从来都是硬币的两面,特别是对人工智能这一不是很成熟的技术,我们必须要思考其在多元化纠纷解决中的发展方向和重点。首先,无论是调解还是仲裁,都面临一个核心问题,即和诉讼的对接,这是由我国权力独享性特点所决定的,也因此很多的调解机构和仲裁组织都被认为具有

---

〔1〕 参见魏沁怡:《互联网背景下在线仲裁的适用机制研究》,载《河南社会科学》2020年第1期。
〔2〕 参见陈健等:《ODR理论视域下在线仲裁模式研究》,载《北京仲裁》2019年第2期。
〔3〕 参见张卫平:《民事诉讼法》(第5版),法律出版社2019年版,第523页。

半官方的性质。在发展在线替代性纠纷解决机制的过程中，我国也必须遵循这一路径。在解决纠纷类型选择上，调解和仲裁的在线发展要以解决在线法院所面临的纠纷类型为主。它们只有以在线审判机关所解决的纠纷类型去推进替代性解决，然后才能实现案件的合理分流，将适合诉讼外解决的纠纷分解到法院外部机构去解决，而不是单独去发展或拓展自己的独特案件类型。其次，在线仲裁和调解应当推行"司法服务化"思想，即如同消费者与商家之间一般，其提供的司法服务要得到使用者的认可，而不是简单地强行推进，这也和司法责任制深度改革的目标是一致的。传统司法是裁判者居中、案件久拖不决和诉讼费用高昂。纠纷在线替代解决则要追求效率和公平的双赢。一方面，根据用户不同需求，推送司法判决和调解的大数据，为当事人提供相应咨询，同时利用智能化的手段实现对消费者心理预期的了解，提升调解成功率。另一方面，既然是采用线上方式，就要在收费方面给予最大优惠，节约相关成本，减少材料耗费，这样才能够使其发挥自己有别于法院审判机构的独特优势。最后，我国在 ODR 平台建设方面尚不完善，存在平台少、专业人员不足、对平台认同度低、群众使用少等问题。就世界范围而言，欧盟已经开始将 ODR 与 ADR 融合，发挥两者多元、权威、共存的特性，联通在线调解平台和在线法院平台，统一管理系统。美国则是由政府建立了一个以云计算为基础的在线纠纷处理平台（Modria），政府和民间机构均可以在这个平台上建立专业的解纷机制户，其每年为美国仲裁委、荷兰法援中心、各大知名企业等用户解决了几十万件风险矛盾纠纷。[1]

我国公证的电子化发展也存在很大的不足。在预防胜于治疗的政策下，德国将纠纷预防性的司法交给了公证机关，公证不仅在房地产事务、公司法、婚姻家庭和财产继承方面发挥重要的登记功能，还在很多情形下承担调解职能，这个过程中它大力推进了公证的电子化，德国在 2017 年 3 月通过

---

〔1〕 参见张伟征、项凯丽、张丹青：《当解纷机制与互联网 + 时代在诉调衔接领域发生碰撞——ODR 之路径探索》，载《人民法院报》2019 年 12 月 20 日，第 5 版。

《重新规制公证文件保存与设立电子文书档案法》对公证进行电子化改革，由德国联邦公证协会统一运行三大电子登记簿——养老照管中央登记簿、遗嘱中央登记簿和公证电子文书档案。它还负有义务设立电子公证案卷存储器、公证员电子名册和公证员专用电子邮箱。[1] 我国公证的电子化还是不够的，特别是在其登记功能方面的电子化还是较多采用传统的方式。

五、人工智能解决民事纠纷之藩篱

人工智能在解决民事纠纷方面发挥了巨大作用，在保证民事纠纷公正解决的基础上，有效提升了用民事纠纷解决机制解决民事纠纷的效率，使民事纠纷能够在较短的时间内予以解决，并真正实现了“纠纷解决，事情了结”，使受到损害的社会经济关系第一时间内得到修复，有力地促进了社会的和谐稳定和经济平稳快速发展。在司法实践中，虽然民事纠纷解决机制与人工智能技术结合越来越紧密，民事纠纷解决机制智能化越来越强化，互联网法院、互联网仲裁、智慧法院等一系列与人工智能深度融合的民事纠纷解决新模式、新方案犹如雨后春笋般不断涌现，但是在这些民事纠纷解决新方法、新模式在实际运行过程中，其实际效果如何仍然有待继续深入观察。运行过程中亦出现了诸多问题，这些实际效果及运行中出现的问题很可能在较长的时间内成为人工智能与民事纠纷解决机制深度融合的障碍、藩篱，成为民事纠纷解决机制智能化快速发展所面临的“瓶颈”，下文逐一对民事纠纷解决机制智能化所面临之藩篱进行分析解读。

(一)人工智能融合民事纠纷解决机制之顶层设计

人工智能技术进入新世纪后迅猛发展，已对社会生活的各个方面产生了深刻影响，推动人类社会生活进入人工智能时代。作为社会生活重要组成部分的民事活动和由此产生的民事纠纷解决机制亦因人工智能技术而出

---

[1] 参见周翠：《我国民事司法多元化改革的现状与未来》，载《中国法学》2018 年第 1 期。

现了人工智能时代的时代特征，打上了人工智能时代特有的时代烙印。例如，人工智能时代由网络购物引起的民事纠纷，其与传统的民事纠纷有很大区别，民事纠纷双方当事人根本不认识也素未谋面，且纠纷双方相距甚远，民事纠纷涉及的金额往往不大，但该民事纠纷发生后若处理不当会损害网络经济的发展，甚至会危害社会稳定发展。但双方当事人由于素不相识往往无法由第三方进行调解处理，其多数只能通过私下协商，协商不成后往往没有其他更好的解决该民事纠纷的办法。仲裁和诉讼对于该类民事纠纷而言成本过于高昂，往往被弃置不用。这就导致该类民事纠纷在双方当事人协商不成时往往无法得到妥当解决，而为社会平稳健康发展留下隐患。我国司法机关在察觉到人工智能时代民事纠纷解决机制存在的弊端后，迅速作出应对，先后建立了杭州互联网法院、北京互联网法院和广州互联网法院，极大地便利了民事纠纷双方当事人进行诉讼，节约了民事纠纷的解决成本，极大地提升了民事纠纷的解决效率，使很多传统司法部门无法解决的民事纠纷通过互联网法院的建立得以解决，有效地修复了受到损害的民事社会经济关系。但是作为人工智能时代民事纠纷解决机制创新代表的互联网法院，其出现对传统的民事纠纷解决机制的运行规范产生了极大的影响和冲击，甚至从根本上改变了传统民事纠纷解决机制规范的运行基础。我国现行的民事诉讼法、仲裁法、人民调解法等民事纠纷解决之相关法律规范均要求民事纠纷双方应当亲自参与到民事纠纷解决的全过程，直至该民事纠纷顺利解决。民事纠纷解决过程要求纠纷双方亲自全程参与，在相当大的程度上给人工智能时代民事纠纷解决机制的革命性发展套上了“枷锁”，如果不能对传统民事纠纷解决机制的规范进行革命性的变革，人工智能时代民事纠纷解决机制的改革只能是“戴着镣铐跳舞”，不可能实现人工智能与民事纠纷解决机制的深度完美融合。

依照马克思主义肯定与否定辩证统一的观点，任何制度的变革与发展都不是一蹴而就的，变革和发展需要处理好强化顶层设计和“摸着石头过河”之间的关系，变革和发展绝不是把原来的相关机制推倒重来，而是批判性继承、渐进式的变革与发展。民事纠纷解决机制亦不能违背事物的客观发展规律，但是为了更好地促进民事纠纷解决机制的发展，在“摸着石头过河”的同时更需要做好顶层设计。当前国务院已于2017年7月8日公布了《新一代人工智能发展规划》，最高人民法院于2019年4月10日印发了《人民法院信息化建设五年发展规划（2019—2023）》，上述文件为我国民事纠纷解决机制与人工智能的深度融合提供了纲领性文件，但其规定过于笼统，无法具体指导民事纠纷解决机制与人工智能深度融合的具体步骤，两者深度融合的顶层设计不够，不利于引领人工智能与民事纠纷解决机制的快速、健康发展。

由于民事纠纷解决机制与人工智能之融合存在其特殊性，最高人民法院应当联合相关部门，结合司法实践中进行摸索取得宝贵的经验，适时地制定引领两者进一步深度融合发展的顶层设计文件。应依托互联网法院、智慧法庭、在线仲裁及大数据发展等元素，适时制定符合人工智能与民事纠纷解决机制发展规律的具有前瞻性的高度人工智能化民事纠纷解决程序性规范。针对当前互联网法院的互联网庭审的特点，最高人民法院于2018年9月3日审议通过了《关于互联网法院审理案件若干问题的规定》，并于同年9月7日正式实施。《关于互联网法院审理案件若干问题的规定》的实施为互联网庭审的运行提供了制度性规范，但是该规定自身存在较大的局限性，其仅适用于互联网法院庭审并不具有普适性。除此之外，人工智能融合民事纠纷解决机制的远程性特征使互联网民事纠纷解决机制遭受传统民事纠纷解决机制中程序亲历性和参与性之质疑，使远程民事纠纷解决机制之合法性成为人工智能与民事纠纷融合过程中不能忽略的难题。针对类似问题，广东省高级人民法院于2019年11月专门发布了《关于规范网络借贷仲裁裁决执行的通知》，该通知中明确指出对于在线远程仲裁的裁决，倘若对仲裁双方当事人程序保障不到位、缺失的法院可以裁定该仲裁裁决不予执行，其用意在于强化线上仲裁之程序保障，确保线上仲裁裁决是在充分保障双方当事人程序权利的基础上作出的，为线上仲裁裁决之执行提供合法保障。

具体到民事纠纷解决机制而言，如何保证程序的正当性是促进人工智能与民事纠纷解决机制深度融合的关键环节。具体涉及两个方面：一是线上民事纠纷解决程序决定了纠纷解决的去亲临性和现场性。线上解决民事纠纷决定了双方当事人不用直接到达纠纷解决现场，民事纠纷双方当事人及居中解决民事纠纷之主体直接参与到民事纠纷解决程序受限，很难实现线下全体民事纠纷解决参与到纠纷解决程序之程度，居中解决民事纠纷之主体不能亲自体验双方民事纠纷，双方参与民事纠纷解决时所需要的“望闻问切”无法做到。进而由此推出，线上民事纠纷解决机制作出的民事纠纷解决方案存在程序瑕疵。二是线上民事纠纷解决程序的仪式感弱化。线上解决民事纠纷之情形下，民事纠纷双方主体由于没有同时出现在民事纠纷解决现场，在该场景下本应具有的庄严性、仪式感被无限弱化。尤其是在非同步民事纠纷解决模式下，后参与民事纠纷解决程序的一方当事人可以有足够的时间和空间对另一方当事人的请求和抗辩进行思考及回应，该情形并不利于居中民事纠纷解决者发现民事纠纷客观事实和正确适用相关规范去解决民事纠纷。人工智能与民事纠纷解决机制之深度融合的结果是民事纠纷解决机制演化为新的“竞技场”。总之，出现上述问题之根源在于指导民事纠纷解决机制人工智能化之顶层设计缺位，最高人民检察院等相关司法部门应当联合起来结合民事纠纷解决机制人工智能化之司法实践经验进行相关的顶层设计，促进民事纠纷解决机制人工智能化实现跨越式的发展。

（二）人工智能解决民事纠纷缺乏大数据基础支撑

人工智能解决民事纠纷之基础在于民事纠纷解决之基础数据，若没有大量基础数据作为支撑，犹如无源之水、无本之木，不可能构建起人工智能解决民事纠纷之大厦。大量优质的数据基础犹如人工智能民事纠纷解决机制这棵大树之根系，根系越发达这棵大树就越枝繁叶茂。当前我国的民事纠纷解决基础数据看似比较充裕,实则十分欠缺,大量无用重复之数据充斥其中,有效高质之数据却较为匮乏。具体表现为以下三个方面:

第一,民事纠纷解决基础数据匮乏。目前民事纠纷人工智能数据的基础绝大部分源自中国裁判文书网,但是以电子化形式存在于中国裁判文书网上的法律文书甚至不及我国法院现实审理民事裁判案件有关文书的1/2。且以法院判决和裁定为主,法院调解书数量极少,更多是以纸质档案的身份躺在相关机关的档案部门里。而且就已数据化的裁判文书而言,存在"一份文书,多个案号"等数据冗余的问题。因此,中国裁判文书网已公布的裁判文书数量占实际审理结案量的比例并不高,民事纠纷解决人工智能化上面临着数据缺失严重等问题。[1] 值得注意的是,中国裁判文书网数据化的裁判几乎全部由法院作出,而作为民事纠纷解决重要渠道的仲裁和调解等民间民事纠纷解决渠道之数据在中国裁判文书网上几乎没有涉及。由此可见,我国民事纠纷人工智能化解决之基础的数据容纳范围较窄,存在很大的局限性,进而出现民事纠纷数据不完整、有缺失的问题。

第二,民事纠纷人工智能化解决之基础数据真实性有待进一步提高。需要说明的是,此处所说的技术数据真实性并非说民事纠纷解决之数据本身存在虚报、谎报,而是指民事纠纷解决数据所反映的内容存在缺失或不真实。在司法实践中,不同时期、不同社会背景、不同区域,甚至不同之裁判者,对民事纠纷解决审判之内容具有不同的影响,合法基础上的合理民事纠纷裁判应当做到整治效果、法律效果、社会效果三者兼顾。但是不可否认,现存于中国裁判文书网上的民事纠纷判决文书在撰写质量上存在很大差异,法院的裁决结果应当依据当事人的举证与质证,而大多数法律文书对于当事人举证过程、质证效果、裁判目的的取舍、法官心证形成过程等关键信息只字不提,使裁判文书说理并不充分。该情形造成的直接后果就是人工

---

[1] 参见马超、于晓虹、何海波:《"大数据分析":中国司法裁判文书上网公开报告》,载《中国法律评论》2016年第4期。

智能技术无法依照数据化的民事纠纷裁判文书获取相适应的信息,进而人工智能就无法依照传统的民事纠纷解决中三段论逻辑体系,作出较为规范的、符合民事纠纷解决且具有较强说服力的民事纠纷解决裁决。除此之外需要关注的是,目前我国民事纠纷解决相关部门之间有关的民事纠纷解决之数据库缺乏共享、共用机制,造成各自为政、资源浪费,不仅不利于民事纠纷人工智能完整数据库之建构,更有可能造成民事纠纷解决效率低下,甚至出现矛盾裁判。

第三,人工智能民事纠纷解决数据结构化有待进一步提升。民事纠纷解决机制人工智能化的前提是对民事纠纷解决数据之结构化,没有民事纠纷解决数据的结构化其只能是没有章程的杂乱数据。只有对民事纠纷解决数据进行结构化统筹,人工智能方可在该统筹下对其进行法律语境下的分析。当前我国民事纠纷解决数据库中的资料基本处于杂乱无章的状态,数据结构化尚未进行,人工智能民事纠纷解决系统很难对其进行准确的识别并在实践中适当地运用。因此,实现民事纠纷解决智能化的首要任务就是对有关法律数据进行"知识抽取",通过分类处理转换成智能机器可识别的结构化的数据。[1] 另外,民事纠纷解决过程中涉及的专业名词或相关的法律术语其内涵与外延在不同的案件审理中存在不同的含义,而非专业术语的一般汉语源远流长、博大精深,其作为人类语言之一具有人类语言的一般特性即抽象性与开放性,这两类语言如何正确适用给人工智能分析民事纠纷解决数据增加了难度,让其显得捉襟见肘。例如,人工智能在分析公平、公正、正当等词汇之含义时就可能出现不同案件不同的理解。对民事纠纷数据理解的不一致,其直接后果就是影响人工智能分析案件事实的准确性,以此为基础的民事纠纷解决模型之建构必然会受到影响。

总而言之,我国现行民事纠纷解决的大数据基础尚有诸多问题亟待解

---

[1] 参见朱木易洁、鲍秉坤、徐常胜:《知识图谱发展与构建的研究进展》,载《南京信息工程大学学报(自然科学版)》2017 年第 9 期。

决,倘若不能尽快构建民事纠纷解决之数据库,人工智能技术就不能深度融合到民事纠纷解决中来,会成为我国司法体系智能化之"短板"。

(三)人工智能解决民事纠纷面临的伦理问题

人工智能技术与民事纠纷解决机制融合面临的一个重大问题就是伦理问题,这也是民事纠纷解决人工智能化必须回答和解决的难题。最早对人工智能伦理问题进行界定并解读的是美国学者,其在《走向机器伦理》一文中指出,机器伦理关注具有人工智能机器对人类使用者和其他机器带来的行为结果。[1] 换言之,随着机器的人工智能化或者说类人化,机器应当和人类类似,亦应当承担相应的社会责任,受到社会规范的约束,亦包括伦理规范的约束。2016 年 8 月,联合国科学知识与科技伦理世界委员会颁布了《机器人伦理初步报告草案》,该草案明确指出应当将特定的伦理准则编写入机器人中,使人工智能受到特定伦理规则的约束。[2] 人工智能技术融合民事纠纷解决亦不能例外,亦应当受到相应伦理规则的约束,其需要克服伦理规则的三个方面的问题。第一个方面是,我们如何对人工智能民事纠纷解决机制进行法律定位?是将人工智能民事纠纷解决机制作为现有民事纠纷制度的有益补充还是将人工智能民事纠纷解决机制作为现有民事纠纷制度的替代举措?目前对此并没有一个明确的定位,导致人工智能民事纠纷解决机制的建构缺乏明确的目标,不能做到有的放矢,致使整体改革目标不明确。第二个方面是,面临人工智能民事纠纷解决机制算法不透明之窘境。人工智能算法往往是基于相关技术性专利而产生,我们必须面对的一个问题是民事纠纷当事人无法知悉算法的具体情形,人工智能民事纠纷解决机制结论的形成过程亦无法向当事人或司法人员展示。换言之,人工智能民

---

〔1〕 See M. Anderson, S. Anderson, C. Armen, *Towards Machine Ethics: Implementing Two Action-Based Ethical Theories*, in M. Anderson, S. Anderson, C. Armen, Machine Ethics: Papers from the AAAI Fall Symposium, Technical Report FS-05-06. Menlo Park, AAAI Press, 2005, p. 1 – 7.

〔2〕 参见孙那:《人工智能的法律伦理构建》,载《江西社会科学》2019 年第 2 期。

事纠纷解决机制的司法结论并不能向当事人和司法人员阐释结论之形成规则,进而致使人工智能民事纠纷解决机制算法成为一个无法接触的“黑箱”。“黑箱”的存在严重违背了现代民事纠纷解决机制的基本原则——公开原则,即程序公开和心证公开,进而对民事纠纷解决机制的公信力产生消极影响。第三个方面是,人工智能民事纠纷解决机制遭遇算法歧视之质疑声不断。算法是人工智能民事纠纷解决机制的关键环节,是关于推导相关结果的指令。[1] 正如脸书(Facebook)创始人马克·扎克伯格(Mark Zuckerberg)所说,我们正处在算法时代,而不是法律时代,算法决定了人工智能化的方向。机器依照算法对相关数据进行分析、选取、并依照算法之规则生成结论,完成指令任务。作为算法根基的相关数据一旦选取存在偏差或者算法设计主体将个人的喜好或意图融入算法中,就会致使依据指令得出的结论存在不符合客观实际之危险。具体到人工智能民事纠纷解决机制就可能会影响纠纷解决结果的公正性,对民事纠纷解决机制之公信力造成冲击。更为严重的是算法“黑箱”的存在,会造成算法的隐形歧视。该种隐形歧视体现在民事纠纷解决机制中就是隐性的民事纠纷解决结果公正的缺失。剥夺或弱化当事人参与诉讼的机会和权利的同时,使其深受其害而不自知,又或知道其权益受到侵害,却因不了解决策形成过程,难以反驳决策而陷入无能为力的困境。[2]

(四)人工智能解决民事纠纷机制技术藩篱仍难逾越

人工智能是随着时代的发展而发展起来的,并为满足人民群众日益增长的需求提供便利。为了顺应时代发展需求,各地政府亦加大了对人工智能的投入和支持力度。体现在民事纠纷解决领域就是智慧法院、在线仲裁、

---

〔1〕 参见[美]佩德罗·多明戈斯:《终极算法:机器学习和人工智能如何重塑世界》,黄芳萍译,中信出版集团 2017 年版,第 3 页。

〔2〕 参见[美]卢克·多梅尔:《算法时代:新经济的引擎》,胡小锐、钟毅译,中信出版集团 2016 年版,第 140 页。

在线调解。民事纠纷解决机制的人力、财力、智力的大量投入,这为人工智能民事纠纷解决机制的快速发展提供了前提基础。但目前来看我国现有的人工智能解决民事纠纷机制中的人工智能仍处于“低智能化”阶段,究其根源在于现阶段关于民事纠纷解决机制的人工智能技术发展程度的“低智能化”。在现阶段的人工智能民事纠纷解决机制中,人工智能往往处于一个辅助地位,人工智能与民事纠纷主体直接缺乏有效互动,其多数处于提醒功能、推送功能等。就当前而言,人工智能技术与民事纠纷解决主体的需求之间还存在较大的鸿沟,致使人工智能技术在民事纠纷解决机制中使用的预期效果和实际效果存在差距,人工智能在民事纠纷解决机制中的运用热情亦会受到影响。另外,民事纠纷解决本身是一个集纠纷解决经验和正义观念为一体的过程,而现阶段的民事纠纷解决人工智能的“低智能化”决定了其不能对案件类似却存在实质差异的案件进行较为精准的评判,尤其是在归纳、提取民事纠纷争议焦点内容时经常会出现归纳、提取内容不全面、不准确甚至存在较大偏差的情况,这就需要民事纠纷解决主体对其进行纠正。

总之,人工智能技术在民事纠纷解决机制中的应用处于边研发边实践直至完善的阶段,人工智能技术在民事纠纷解决中仍处于“低智能化”阶段,究其根本原因在于人工智能技术的发展不成熟、不完善。若想改变人工智能民事纠纷解决“低智能化”的现状,必须针对民事纠纷解决机制特点,加大人工智能技术研发,从而使人工智能民事纠纷解决机制翻越技术藩篱,进入真正的人工智能民事纠纷解决机制的“高智能化”新时代。

六、人工智能解决民事纠纷之进化路径

习近平总书记在中央全面依法治国工作会议上深刻指出:“只有全面依法治国才能有效保障国家治理体系的系统性、规范性、协调性,才能最大限

度凝聚社会共识。”[1]这为我们在法治轨道上推进国家治理体系和治理能力现代化指明了方向和路径。民事纠纷解决机制作为解决社会矛盾的重要途径,亦应当为推进国家治理体系和治理能力现代化贡献力量。人工智能的迅猛发展为人工智能融入民事纠纷解决提供了物质基础和条件,虽然当前在人工智能与民事纠纷解决相融合的道路上存在诸多问题和不足,但通过相应机制的完善,一定能够为人工智能融合解决民事纠纷找到合适的路径,下面我们将从四个方面对人工智能解决民事纠纷之进化路径进行完善,以期能为在法治化的轨道上推进国家治理体系和治理能力现代化贡献更多力量。

（一）完善人工智能解决民事纠纷之顶层设计

凡事预则立,不预则废。人工智能时代的到来无论我们是否察觉或承认其都在对民事纠纷解决方式潜移默化地产生变革。正如我国学者指出,这必然改变传统法律行业的工作方式与竞争形态,进而引发法律思维与研究方法的革命性变革。[2] 完善人工智能解决民事纠纷机制应当敏锐地把握时机并针对事态发展趋势进行顶层设计,为人工智能解决民事纠纷发展指明方向,为人工智能解决民事纠纷发展提供机制和规范保障。具体而言包括以下几个方面:

第一,完善民事纠纷解决相关的基础性法律法规。完善人工智能解决民事纠纷机制顶层设计应当顺应事物发展规律,坚持理念先行,实践至上。因此,需要从国家层面对人工智能技术融入民事纠纷之积极价值予以认可,为全社会尤其是民事纠纷解决组织机构确立积极价值导向。在此基础上推进人工智能技术融入民事纠纷之立法,为人工智能技术融入民事纠纷解决

---

[1] 《在法治轨道上推进国家治理体系和治理能力现代化——论学习贯彻习近平总书记在中央全面依法治国工作会议上重要讲话》,载《人民日报》2020 年 11 月 22 日,第 1 版。

[2] 参见左卫民:《关于法律人工智能在中国运用前景的若干思考》,载《清华法学》2018 年第 2 期。

机制提供法律法规保障。同时，还应当及时对民事纠纷相关法律法规中不适应人工智能时代发展的法律法规予以调整，为人工智能技术融入民事纠纷解决机制提供良好的法律前提。

第二，针对人工智能解决民事纠纷机制专门制定较为完善的专门的制度规范。这些制度规范包括但不限于下列相关制度：一是在线纠纷解决规范类。例如，互联网民事审判规范、互联网仲裁规范、互联网调解规范。二是电子诉讼程序规则类。例如，督促程序电子化规范、电子证据取证存储规则、电子证据认证规定。三是民事纠纷化解智能化运用规则类。上述几类制度规范不仅能够满足已成立的互联网法院等民事纠纷解决机构的现实需要，更能为未来人工智能技术深度融入民事纠纷解决体系提供具有参考意义的宝贵经验。

第三，建构人工智能融入民事纠纷解决机制相适应的纠纷解决程序。现有的人工智能解决民事纠纷之基础是互联网技术即在线民事纠纷解决机制，该机制的显著特征在于民事纠纷解决的去现场化和去仪式化，因此，应当将建构人工智能融入民事纠纷解决机制相适应的纠纷解决程序，充分保障民事纠纷双方当事人的程序选择权和听审请求权等相关的民事程序权的充分行使。应当在人工智能解决民事纠纷的场景下，重构现场化和仪式化之核心内涵，充分保障民事纠纷双方当事人的程序参与权和程序选择权。需要特别指出的是，当前针对人工智能融入民事纠纷解决机制的变革，其对应的顶层设计需要建立在传统民事审判和纠纷解决理念基础上，绝不能与之完全脱离。[1]

（二）充分开发和共享人工智能解决民事纠纷之大数据基础

人工智能全面深入地融入民事纠纷解决机制之前提就是大数据，没有充分开发和共享的大数据库，人工智能就不能很好地融入民事纠纷解决机

---

〔1〕 参见梁坤：《信息化时代庭审方式变迁的实证研究》，清华大学出版社2018年版，第46页。

制。当前民事纠纷解决机制中的人工智能属于弱人工智能，其不具备自主学习的能力也不能主动进行推理和解决遇到的问题，不能像生物一样具有自主意识，因此，只能从现有大数据库进行比对处理。此时，充分开发和共享的大数据库就成为现阶段人工智能融入民事纠纷解决机制的前提和根基。就现有的民事纠纷大数据库而言，对其挖掘的深度、广度和共享的程度都存在较大的欠缺，尚存在大力开发和共享的潜力。当前人工智能全面融入民事纠纷解决亟须解决的问题是充分开发和共享人工智能解决民事纠纷之大数据基础，基于当前人工智能在民事纠纷解决机制中的辅助者角色定位，我们应当从宏观方面和微观方面分别对充分开发和共享人工智能解决民事纠纷之大数据基础进行完善。

就宏观方面而言，第一，完善数据库的中心架构，逐步建立优秀案例库、同案推送库、智能检索库、纠纷数据库、法律条文库、动态性裁决文书库等数据库。[1] 第二，融合法院、仲裁委员会、各类民事纠纷调解平台等大数据，建构统一大数据库。在该大数据库融入法院民事判决、当事人和解、法院调解，仲裁委员会裁决、调解、和解，各类民事纠纷调解、和解等收集或制作的相关案例并转化为大数据库内容，推动法院、仲裁委员会、各类调解机构之间的数据库充分开发和共享，打破各自为政、数据库数据来源单一的现状。第三，实现数据库内容的开放共享。对于可公开的数据库内容可以逐步探索与社区、律师事务所、法律服务所等其他民事纠纷解决机构或个人实行数据的互通和共享，打破大数据库之间的隔阂、壁垒，提升解决民事纠纷的能力，为社会治理现代化提供宝贵经验。

就微观方面而言，第一，提升解决民事纠纷大数据库基础——案件数量。强化民事纠纷案例、法院裁判、调解协议、仲裁裁决的发布责任机制，积极推动可公开的案例、法院裁判、调解协议、仲裁裁决进行公开，纳入民事纠

〔1〕 参见卢海燕：《治理能力现代化视阈下民事纠纷解决智能化研究》，载《广西社会科学》2020年第3期。

纷解决大数据库，不断扩充民事纠纷解决数据库数量，强化大数据库基础。第二，提高解决民事纠纷大数库质量——内容真实性。在扩充解决民事纠纷大数库的基础上我们应当尽可能提升大数据库内容的质量，即录入大数据库的案例、法院裁判、调解协议、仲裁裁决可以真实地体现民事纠纷解决者的真实信息。例如，民事纠纷解决者在解决民事纠纷过程中对法律、人情、习惯、习俗等因素的考量及在具体解决民事纠纷的讨论、决定及理由，进而促进大数据质量得以提升。第三，扩充解决民事纠纷大数据库内容。将民事纠纷解决机构或个人解决民事纠纷中的询问笔录、证据材料等可公布的内容转化为数据库的内容，进而使民事纠纷解决大数库的内容不局限于纠纷解决结果，使其内容更加丰富，以更好地为解决民事纠纷提供数据基础。第四，提升大数据的识别度，统一规范法律用语，使实践中大量非结构化或半结构化的法律用语转化为有价值、可运用的结构化法律大数据，推动法律大数据规范化，使其易为人工智能所识别与学习。[1]

（三）构建人工智能解决民事纠纷之伦理规范

人工智能的迅猛发展及其在社会各个领域的广泛应用，使人工智能之伦理问题引发社会的强烈关注。世界各国及相关组织、学会、企业都参与到了人工智能伦理规范的讨论与制定中来，以确保人工智能沿着"以人为本，科技向善"的轨道不断为人类社会服务。联合国的地位决定了其在人工智能伦理规范制定中的主导作用。2021 年 12 月联合国教科文组织正式发布《人工智能伦理建议书》，这是关于人工智能伦理的首份全球性规范文书。经济合作与发展组织（Organization for Economic Co-operation and Development，OECD）也十分重视人工智能伦理规范。该组织于 2019 年发布了人工智能政策指南，共有 40 多个国家或地区签署，二十国集团（G20）亦将该政策指南作为规范人工智能伦理的依据。我国政府亦高度重视人工智

[1] 参见卢海燕：《治理能力现代化视阈下民事纠纷解决智能化研究》，载《广西社会科学》2020 年第 3 期。

能伦理规范,2019 年成立国家人工智能治理委员会,发布了《新一代人工智能治理原则——发展负责任的人工智能》(2019 年 6 月 19 日),旨在将伦理道德融入人工智能全生命周期,为从事人工智能相关活动的自然人、法人和其他相关机构等提供伦理指引。并于 2021 年 9 月 25 日发布《新一代人工智能伦理规范》,旨在将伦理道德融入人工智能全生命周期,为从事人工智能相关活动的自然人、法人和其他相关机构等提供伦理指引。以负责任的人工智能来引领人工智能技术的发展,并提出了在人工智能发展中应遵循"人类根本利益原则""责任原则"。

要在民事纠纷解决领域发展人工智能,做到人工智能与民事纠纷解决的深入融合,实现弱人工智能向强人工智能的发展,人工智能伦理规范依然是不可忽视的基础性问题,因此离不开对人工智能解决民事纠纷伦理规范的建构。具体而言在我国建构人工智能解决民事纠纷之伦理规范,应当从以下几个方面入手:

第一,明确人工智能技术在民事纠纷解决中的辅助地位。人工智能解决民事纠纷之伦理规范建构必须明确,人工智能技术在解决民事纠纷中的辅助地位,这是建构人工智能解决民事纠纷伦理规范的前提和基础。通过对人工智能技术辅助地位的确立,避免出现民事纠纷解决过程中民事纠纷解决主体过度依赖于人工智能技术,进而将民事纠纷解决机制的完善和改革演变为民事纠纷解决机制的人工智能技术改革。[1]

第二,确立规范用于规制人工智能算法主体的法律、伦理规则。人工智能算法对于人类社会的发展产生了不可估量的影响,拓展并改变了人类社会的发展空间。但是人工智能算法技术本身的中立性并不能否认人工智能算法中蕴含着算法主体的价值倾向。想要解决用人工智能解决民事纠纷中的算法黑洞和算法歧视问题就不能不对人工智能算法主体进行规制。从法

〔1〕 参见王禄生:《司法大数据与人工智能技术应用的风险及伦理规制》,载《法商研究》2019 年第 2 期。

律的角度看,对人工智能算法主体进行法律规制,是法律本身价值整合阶段就应当重点考虑和解决的前提性问题。具体而言,应当从以下几个方面着手以规制人工智能解决民事纠纷算法中的黑洞和歧视问题:一是明确人工智能解决民事纠纷算法主体的技术基本行为准则。人工智能解决民事纠纷算法主体的技术行为不是法外之地,算法主体的技术行为亦应当在宪法和相关法律规范允许的范围内作出,否则就会受到法律的惩罚。由于法律的滞后性,针对宪法和法律规范没有涉及的空白地带,应当充分发挥职业伦理和“人类根本利益原则”“责任原则”以对人工智能解决民事纠纷算法主体行为发挥规制的作用,确保人工智能解决民事纠纷算法主体能够在法律和职业伦理等多重规则的规制下实现人工智能算法真正为公正、高效解决民事纠纷服务。二是明确人工智能解决民事纠纷算法主体的权利范围。人工智能解决民事纠纷算法主体在编制算法的过程中应当享有自己的权利,以更好地编写解决民事纠纷算法,在保证公平公正的前提下提升解决民事纠纷的能力,实现民事纠纷的妥善解决。由于人工智能解决民事纠纷算法本身具有偶然跨越性,使制定规范的主体很难明确人工智能解决民事纠纷算法的权利范围,我们可以考虑在法无禁止即许可的基本原则下设立“负面清单”机制,对于违反人类伦理、正义标准和平等理念等行为,通过对有关算法主体行为的否定性评价来明确人工智能解决民事纠纷算法主体行为的权利边界,进而在对算法主体赋权与限权之间寻找到法律治理的平衡。[1] 三是针对人工智能解决民事纠纷算法设立管理和追责部门。通过对人工智能解决民事纠纷算法设立管理和追责部门以有效保障实施算法的主体责任能够真正落到实处,确保法律人工智能算法主体的法律、伦理规则能够落到实处。

第三,建构人工智能解决民事纠纷算法的公开、透明、解释机制。人工

〔1〕 参见金梦:《立法伦理与算法正义——算法主体行为的法律规制》,载《政法论坛》2021 年第 1 期。

智能解决民事纠纷算法作为人工智能解决民事纠纷的重要前提和基础,为了使社会各界和民事纠纷当事人能够对人工智能解决民事纠纷充分监督、理解和接纳,有必要建构人工智能解决民事纠纷算法的公开、透明、解释机制。人工智能解决民事纠纷算法的公开、透明、解释机制也有利于解决人工智能解决民事纠纷算法的黑洞和歧视,使社会各界和民事纠纷主体能够充分了解人工智能解决民事纠纷运行原理和运行逻辑。但人工智能解决民事纠纷算法的公开、透明、解释机制应当在不违反人工智能解决民事纠纷算法专利法的前提下进行。需要注意的是,要避免不法分子利用人工智能解决民事纠纷算法的运行逻辑,对人工智能解决民事纠纷算法程序进行操控,进而破坏人工智能解决民事纠纷算法的中立性,侵害民事纠纷当事人的合法权益。

(四)推进人工智能解决民事纠纷之智能化提升

人工智能解决民事纠纷机制之基础在于人工智能技术智能化的不断优化和提升,没有人工智能技术智能化的不断进步就不会出现人工智能解决民事纠纷机制。当前世界范围内对人工智能技术及其算法的研究较为深入且日新月异,但是对解决民事纠纷的基础法律技术研究却不够深入,亟须对人工智能解决民事纠纷之智能化提档升级。当前,我国人工智能解决民事纠纷机制之模式是将民事纠纷和民事纠纷主体纳入互联网民事纠纷解决平台,进而实现民事纠纷解决资源的优化配置。目前依靠人工智能解决民事纠纷的智能化平台主要有以下几类:一是司法机关利用互联网的在线纠纷解决平台,例如,近几年相继设立杭州互联网法院、北京互联网法院、广州互联网法院。另外,还有随着智慧法院、智慧检务的发展而成立在线庭审、在线民事申诉等。二是社会调解组织利用互联网平台搭建的民事纠纷解决平台亦或称之为民事类社会矛盾解决平台。三是各类仲裁机构利用互联网搭建的在线仲裁民事纠纷解决平台。四是各类互联网销售平台利用自身优势对销售过程中的民事纠纷进行自我解决。例如,淘宝网利用“大众评审团”

化解销售过程中出现的各种民事纠纷。五是公证机构利用人工智能技术进行的在线公证及其他利用人工智能技术对相关公证事项进行电子化存贮，以达到公证之目的。由上述可知，当前人工智能解决民事纠纷基本是以互联网为依托的弱人工智能，人工智能在民事纠纷解决中所发挥的作用及与民事纠纷解决机制之融合度均有待进一步提升。就人工智能技术层面而言，我们亟须大力发展与人工智能解决民事纠纷相关的技术，实现人工智能技术由弱人工智能向强人工智能的逐步转变。同时，结合人工智能融入民事纠纷解决机制的特点，提升与民事纠纷解决机制相关的技术，具体而言包括但不限于以下几个方面：一是建立全国统一的、系统化的人工智能解决民事纠纷平台。当前各类人工智能解决民事纠纷平台各自为政，各自有各自的人工智能解决民事纠纷平台和规则，极易出现不同的平台对相同的案件重复受理，并出现不同甚至相矛盾的民事纠纷处理结果。这极大地损害了人工智能解决民事纠纷机制的公信力，不利于人工智能解决民事纠纷机制的发展，为此，当务之急就是建立一个全国统一的、系统化的人工智能解决民事纠纷平台，使各个人工智能解决民事纠纷平台形成解决民事纠纷的合力。建立一个全国统一的、系统化的人工智能解决民事纠纷平台需要将各个现有平台的数据库等资源进行整合，这离不开各个人工智能解决民事纠纷平台衔接技术的提升和开发。早在 2016 年最高人民法院在《关于人民法院进一步深化多元化纠纷解决机制改革的意见》中就明确指出将来要建立全国统一的互联网民事纠纷解决平台（ODR），为人工智能解决民事纠纷平台指明了发展方向。建立全国统一的、系统化的人工智能解决民事纠纷平台不是司法机关一家之力就可以完成，从现代化社会治理角度来看，建立该平台需要整个社会的一起努力包括司法机关在内的其他相关政府、机关、协会、机构甚至企业一起努力、久久为功方可善做善成。二是全力推进人工智能解决民事纠纷机制建构所需求的人工智能技术的升级和发展的产业化。针对当前推进人工智能解决民事纠纷机制建构中的难题，我们需要优先发展以5G为代表的人工智能技术,以确保人工智能解决民事纠纷平台能够在5G技术支撑下,实现民事纠纷主体能够超越空间、距离之限制进行“面对面”的流畅的、无阻碍的交流和沟通。成熟的5G技术能够让民事纠纷主体真正跨越空间和距离,实现虚拟、立体“面对面”地解决民事纠纷,避免现行技术下视频技术画面卡顿,现场感欠缺的弊端。民事纠纷主体能够像真实“面对面”一样感受对方的情绪、语调、心态、动作甚至细微的面部表情,使人工智能解决民事纠纷有满满的现场感,使民事纠纷的解决更具实效性和效率性。当然,5G技术仅是构建人工智能解决民事纠纷平台技术升级和产业化的一个组成部分,整个人工智能解决民事纠纷平台的组建还需要现有各个平台进行有效的衔接,与之配套的其他有关技术亦需要同步发展,如电子证据存储技术、电子签名技术、区块链技术。

第四章
人工智能犯罪的刑事基础理论

一、人工智能犯罪问题研究概述

人工智能经过60多年的发展,以工业、医疗、教育等多个技术领域为代表的第三次人工智能浪潮席卷全球。2017年7月20日,国务院发布的《关于印发新一代人工智能发展规划的通知》中明确指出"开展与人工智能应用相关的民事与刑事责任确认、隐私和产权保护、信息安全利用等法律问题研究,建立追溯和问责制度,明确人工智能法律主体以及相关权利、义务和责任等"。面对开放世界随处可遇的偶然性和不可预知性,技术应用系统的建设固然是先决条件,与之相配套的法律体系的建构亦是其健康发展的重要保障。本章通过分析人工智能犯罪的性质和特点,重新界定人工智能语境下犯罪的主观罪过特征、客观行为模式、主体人格要素、刑事归责原则和刑罚体系建构,从弱人工智能到强人工智能,再到超人工智能,对以人工智能为代表的风险社会提出前瞻性的刑法应对措施。

从国内研究的总体状况来看,根据国家对人工智能技术的发展规划，近年来，国内人工智能法学的研究蓬勃发展，在涉人工智能刑法问题方面的研究也取得了不少成果。从总体上看，国内的研究大体包括人工智能犯罪对传统刑法的挑战、面对人工智能犯罪刑法的应对策略、人工智能犯罪的刑法立法问题三个方面，其中，主要集中在前两个方面，第三个方面相对而言，研究得还不够深入。

从国内研究的具体内容来看，比较全面地研究人工智能犯罪刑法问题的是刘宪权教授。在人工智能犯罪对传统刑法理论的挑战上，刘教授分别从“质”和“量”两个方面论述了人工智能技术导致犯罪行为的社会危害性产生变化，并根据智能机器人的自主能力不同，认定其辨认能力和控制能力，进而确定其承担刑事责任的能力和范围。与此相适应，提出重构我国的刑罚体系，依据智能机器人犯罪的特点增设删除数据、修改程序、永久销毁等刑罚措施。[1] 在涉人工智能犯罪的刑法规制上，刘教授以“智能”为核心，深入分析了弱人工智能和强人工智能犯罪刑法规制的具体路径，以及涉人工智能共同犯罪的构成和认定。在人工智能时代刑罚体系的重构上，刘教授系统分析了人工智能受刑罚处罚的法理基础，分析了现行刑罚体系处罚人工智能犯罪的局限性，提出了删除数据、修改程序、永久销毁等刑罚措施，并建议在时机成熟时增设针对人工智能犯罪的财产刑和权利刑。袁彬教授分别从事实层面、政策层面、技术层面三个层面对人工智能的刑法主体地位进行了反思，并对“删除数据、修改程序、技术销毁”等技术性刑罚措施提出质疑，认为其无法深入人工智能的自我意思决定，导致行政违法与刑事犯罪不分，在一定程度上展开了人工智能刑法问题的理论争讼。吴允锋教授根据人工智能在侵财犯罪中的不同作用，对涉人工智能的盗窃罪、诈骗罪存在的问题进行了深入的分析，对人工智能时代侵财类犯罪的刑事立法分别从

---

〔1〕 参见刘宪权、朱彦：《人工智能时代对传统刑法的挑战》，载《上海政法学院学报》2018 年第 2 期。

总则和分则两方面提出了具有启发意义的见解。[1] 与上述观点不同，理论上也存在否定人工智能犯罪的观点，时方博士就认为，人工智能并不具有法律意义上的人格属性，缺乏认定为刑事主体所必需的以认识要素和意志要素为内容的意志自由，也并不具备与法人相类似的能够成为刑事主体的运作机理，从根本上否定了人工智能成为刑事主体的可能性。[2]

由于人工智能技术的发展程度不同，相对国内而言，国外发达国家涉人工智能犯罪的案例比较多，从美国的自动驾驶汽车致人死亡到日本的工业机器人伤人，再到英国的手术机器人发生医疗事故致人死亡等，不一而足。从理论研究的现状来看，国外学者对人工智能涉刑法问题的研究，大多根据人工智能技术的新特点，立足于传统的刑法理论，去分析、研究和解决人工智能犯罪所产生的新问题。例如，美国学者达菲尼·利马从传统刑法理论中的行为、因果关系、人格、归责等几个不同的范畴系统研究和分析了人工智能犯罪对传统刑法理论所带来的挑战和冲击，并根据不同的情况，分门别类地提出了追究人工智能犯罪刑事责任的选择方案。[3] 萨比娜·格雷斯和托马斯·魏根特合著的《智能代理与刑法》一书讨论了人工智能能否构成侮辱、诽谤罪的问题。赛宾·格莱斯在讨论自动驾驶汽车的刑事责任时，指出人的自我反省与自我认识的能力是人之为人的全部意义，而人工智能目前还不具有这个水平，因此，对其犯罪的刑事归责还存在很多问题。[4] 温德尔·沃拉赫和科林·艾伦认为，人工智能在本质上既区别于法人也区别于动物，道德良知和推理能力是对人工智能犯罪进行归责的前提。[5] 加布里

[1] 参见吴允锋：《人工智能时代侵财犯罪刑法适用的困境与出路》，载《法学》2018 年第 5 期。

[2] 参见时方：《人工智能刑事主体地位之否定》，载《法律科学（西北政法大学学报）》2018 年第 6 期。

[3] 参见[美]达菲尼·利马：《人工智能及对刑法的挑战》，张雯译，载上海市法学会编：《上海法学研究》集刊 2019 年第 3 卷，第 47～62 页。

[4] 参见[美]赛宾·格莱斯等：《如果机器人造成伤害，谁应该受到责备？自动驾驶汽车和刑事责任》，载《新克里姆法律评论》2016 年，第 416 页。

[5] 参见[美]达菲尼·利马：《人工智能及对刑法的挑战》，张雯译，载上海市法学会编：《上海法学研究》集刊 2019 年第 3 卷，第 56 页。

埃尔·哈利维则讨论了自动驾驶汽车的犯罪意图与实行行为之间的不匹配问题,认为可以运用可预见性和实际发生的犯罪的归责理论去确定自动驾驶汽车的刑事责任。伊利娜·马丘克运用共犯和教唆犯理论,分析了在不同情形下的人工智能犯罪中,人类和人工智能机器各自所应当承担的责任。

二、人工智能犯罪的客观行为模式

(一)弱人工智能的客观行为模式

人的行为可以分为"智能的"(如想象、推理)和"非智能的"(如听觉、视觉),二者都是为了实现目标的行为技能。[1] 人工智能就是通过计算机编程与建模、人工神经网络、深度学习等技术掌握智能行为技能,通过红外感知、电子雷达等技术掌握非智能的行为技能,最终将两者结合在一起成为人工智能体。所谓弱人工智能、强人工智能和超人工智能的划分,本质上,就是"人工智能行为技能"和"人工非智能行为技能"相结合的紧密程度。具体而言,在弱人工智能中,其实施的客观行为构成中的"智能行为技能"完全依附于人通过编程的提前程序设定,这决定了其对外面产生影响的行为无法超出人为给定的"智能设定",换言之,在弱人工智能的客观行为模式中,主导客观行为的不是机器智能本身,而是人类智能,这是问题的一方面。另一方面,受制于技术的限制,弱人工智能当中的人类智能,只是人类"智能和非智能行为技能"中的某一种,或者某一类技能,如自动驾驶、智能办案、智能医疗。在非智能的行为技能层面,弱人工智能也仅仅是对人类五官、四肢的视、听、说、外在动作等行为功能的简单功能模仿。易言之,弱人工智能的客观行为模式可以表达为:生理功能性智能行为技能+物理动作性非智能行为技能=弱人工智能行为模式。

---

〔1〕 参见[英]玛格丽特·博登:《人工智能的本质与未来》,孙诗惠译,中国人民大学出版社2017年版,第1页。

（二）强人工智能的客观行为模式

强人工智能已经具备了和人一样的智能，从而形成了类人的"机器智能"，在这里，原本作为人类独有的"智能行为技能"的想象、推理等内容，已经演变成"非属人"的智能存在，而要实现这一切，必须建立在计算机超级的计算速度和人工神经网络技术高度发达的基础上，从这个意义上说，机器已经与人并立，作为独立的智能存在。与此同时，在非智能的行为技能上，强人工智能也不再局限于对人类器官某一类特定功能的简单模仿上，而是在功能上具有全面性、复杂性，在具体应用场景上，可以在类人思考的机器智能的指挥下，随时执行不同的非智能行为技能以适应不同的场景，换言之，强人工智能在智能行为技能与非智能行为技能两个层面都可以与人类并列。强人工智能的客观行为模式可以表达为：类人思考的机器智能 + 复杂仿真非智能行为技能 = 强人工智能行为模式。

（三）超人工智能的客观行为模式

未来可能出现的超级人工智能已经具备了独立思考的能力，这种独立思考，已经不是简单地模仿人类思维，也不在于超级的计算速度，而是人工智能已经具备了独立复杂的智能认知模块，能够进行复杂的语言呈现、长期规划或者抽象思考等，建立在计算机超级计算速度、人工神经网络和深度学习等技术的无限发展空间基础之上，超级人工智能在非智能的行为技能上将全面超越人类，超越人体功能的限制，实施绝大多数人类无法实施的行为。超人工智能的客观行为模式可以表达为：独立思考的机器智能 + 超人类非智能行为技能 = 超人工智能行为模式。

从行为模式的角度来看，弱人工智能在智能行为技能（大脑）和非智能行为技能（肢体）两方面还仅仅停留在简单的功能性模仿，不仅如此，这种功能性模仿也仅仅局限在某一种功能、某一个领域内。由此可见，弱人工智能的客观行为对外部产生的影响纯粹是功能性的，由这种功能性的影响所产生的后果责任，还不能深入作为人工智能载体的机器本身，而只能追溯到设计、设定这种功能的人。就强人工智能而言,在智能行为技能上,其已经具备了与人类思考高度相似的属性,进而也就决定了它对人类非智能行为技能的模仿,不再仅仅是功能性的,而是包含了类似人的目的性的高仿真的肢体行为,因此,强人工智能所实施的客观行为所产生的后果责任,既有作为人工智能载体的机器本身的仿真目的层面的支撑,又不能完全脱离人工智能产品的制造者、设计者的原初设计目的。未来的超人工智能已经在智能性行为技能和非智能性行为技能两个方面完全独立于人类,不仅如此,在思维认知,特别是肢体功能上也将全面超越人类。换言之,超人工智能的客观行为模式,以及支配、指挥这种模式的思维实体,已经完全脱离了它的制造者和设计者,因而,由它实施的客观行为所造成的后果责任,只能诉诸作为超人工智能载体的机器本身。

三、人工智能犯罪的主观罪过特征

(一)人工智能犯罪主观罪过概述

在一般意义上,人工智能犯罪主观罪过是指人工智能犯罪主体对自己行为及其危害社会的结果所持的心理态度。广义的主观罪过包括犯罪的故意与犯罪的过失,以及犯罪的目的和动机等因素。犯罪的故意与犯罪的过失是所有人工智能犯罪都必须具备的主观罪过要素,犯罪目的与犯罪动机则不然,犯罪的目的只是某些人工智能犯罪成立的主观要件,犯罪动机则一般不影响人工智能犯罪主体的定罪,其影响更多体现在量刑方面。

故意与过失是人工智能犯罪刑事责任的主观罪过根据。我国刑法明文规定成立犯罪刑事主体在主观上必须具备故意或过失。若在不具备故意或过失的场合下依然造成了损害结果则应归属于意外事件,不成立犯罪。据此,从罪刑法定的角度来说人工智能犯罪之成立其主观上必须具有故意或过失,换言之,故意或过失是人工智能犯罪主体承担刑事责任的主观罪过根据。传统刑法理论以道义责任论中的自由意志为逻辑起点假设每一个人都具备自由意志,在自由意志之下人们可以自由地选择实施合法行为和非法行为,在明知其行为是非法行为而依然予以实施时就应当对其所实施的行为负责,承担相应的刑事责任,但在人工智能犯罪中这一论证逻辑已然受到了挑战。在人工智能犯罪形态下,人工智能犯罪主观罪过只有与人工智能客观行为相结合才能发挥其在定罪方面的作用。主客观相一致原则一直是我国在认定犯罪时的基本原则,在认定人工智能犯罪时既要摒弃“主观归罪”,更要对“客观归罪”保持警惕,只有同时具备人工智能犯罪的主观和客观方面才能对相关主体的刑事责任予以追究,二者缺一不可。同时,对二者之间的有机联系要予以准确把握。人工智能所实施的危害社会的客观行为,是否是在其自由意志的支配下实施、是否是其自由意志的外在表现、人工智能特别是超人工智能的自由意志是否能够支配其外在的客观行为等,都是在主客观统一的刑法基本原理下,对人工智能这一特殊的犯罪主体所提出的挑战。人工智能犯罪中罪过的不同形态体现了不同程度的社会危害性。故意与过失直接反映了主观上恶性程度的不同,并可以间接体现其社会危害性。一般来说,在同种类型的犯罪中故意犯罪的法定刑往往要高于过失犯罪的法定刑。

(二)人工智能犯罪主观罪过的理论争议

人工智能犯罪的主观方面在刑法理论上究竟是否存在,或是说是否具有讨论的意义,目前在刑法理论中还存在一定的争议,在强人工智能与弱人工智能分类的前提下,弱人工智能犯罪中主观方面并不存在争议,以制造者、使用者的主观为准即可。人工智能犯罪主观方面的理论争议主要集中于强人工智能是否存在主观方面,并据此是否成立可归责之主体,存在较大的分歧,主要有肯定说与否定说。

肯定说主张在人工智能犯罪中强人工智能机器人存在主观方面,其属于“可归责的主体”。有的学者笼统地对人工智能机器人主观所具有的辨识与控制能力予以承认,[1]有的学者则具体指出,当强人工智能在程序设计和编程范围外实施严重危害社会的行为时,强人工智能具有辨认与控制能力。[2] 还有的学者转换思路,在人工智能主观方面的证成中另辟蹊径,通过借鉴刑法中法人人格的拟制制度,以求建立人工智能主体拟制,并在此基础上确定人工智能机器人特殊的"主观方面"。[3] 可以看出上述观点都具有一定的合理性,但是都还处于一个探索的阶段,其理论略显稚嫩和单薄,但学者们为此所作出的努力应当得到肯定。

否定说主张在人工智能犯罪中强人工智能机器人不存在主观方面,其不属于"可归责的主体"。有学者主张强人工智能在主观方面不存在故意这一形态,只存在过失并以修正的过失犯理论为依据将强人工智能因自身原因所引发的危害后果作为"可容许的风险",在设计者、利用者和贩卖者之间分配过失责任。[4] 此种观点可视为部分否定。也有学者从社会综合的角度出发,认为目前人工智能技术并不成熟,社会整体价值观对人工智能机器人的接受程度有限,同时在强、弱人工智能机器人的认定标准方面尚缺乏具体的标准,在目前不适宜承认强人工智能机器人具有主观方面,进而承认其刑事责任主体地位。[5] 如上所述,人工智能机器人主观方面存在与否的争议应当限定于强人工智能机器人是否具备犯罪成立的主观方面。

(三)人工智能犯罪主观罪过肯定说面临的挑战

一方面,人工智能技术的发展远超相关立法完善的速度。人工智能技术发展日新月异,从大数据到区块链,从普通智能机器人到弱人工智能机器人,其更新换代的速度让人应接不暇,从"围棋大师"AlphaGo 到人类公民机

---

[1] 参见皮勇:《人工智能刑事法治的基本问题》,载《比较法研究》2018 年第 5 期。

[2] 参见刘宪权:《人工智能时代刑事责任与刑罚体系的重构》,载《政治与法律》2018 年第 3 期。

[3] 参见王肃之:《人工智能犯罪的理论与立法问题初探》,载《大连理工大学学报(社会科学版)》2018 年第 4 期。

[4] 同上。

[5] 参见赵秉志、詹奇玮:《现实挑战与未来展望:关于人工智能的刑法学思考》,载《暨南学报(社会科学版)》2019 年第 1 期。

器人索菲亚,飞速发展的人工智能不仅为我们的生活带来了更多的便利,同时也带来了对刑法的挑战。神经网络技术的发展使人工智能机器人自我认知能力与自我控制能力逐渐接近人类甚至超过了人类,这使人工智能机器人与人类之间在“意志”方面的差异逐渐被抹平。现实中人工智能犯罪的数量呈现上升趋势,但目前刑法层面还未能对人工智能犯罪作出合理规制,使刑法一直在追赶人工智能技术,如此一来,刑法的规制效果将大打折扣。

另一方面,与传统刑法主观理论难以融合。传统刑法理论中的刑事主体包括自然人和法人,其中自然人刑事责任承担的理论基础在于自由意志,法人刑事责任承担的理论基础在于集体意志。一般来说,人工智能技术作为一种辅助手段其不具备成为刑事主体的资格,但现今人工智能单项技术已经表现出了像人工智能“机器人”转化的趋势,也即某些人工智能单项技术不具备“机器人”的外形,但具备“智能机器人”的实质,即自主学习能力。但此种人工智能机器人在目前刑法中并无其合理位置。若要想将其作为刑事主体予以规制,那么必然涉及对传统刑法主观理论的解释或创新。

(四)人工智能主观罪过的类型化分析

1. 弱人工智能犯罪的主观罪过

(1)弱人工智能主观罪过之否定

弱人工智能一般是指该人工智能只在编制的程序区域具有较强的技术能力和操作能力,具有一定的自主学习能力。弱人工智能虽然具有一定的自主学习能力,但其自主学习能力仅限于其编程范围内的特殊领域,“围棋大师”AlphaGo 就属于弱人工智能机器人,其虽然在围棋方面的造诣已然超过人类,对围棋的学习能力也非人类可比,但其自主学习能力仅限于围棋,在其他领域不具备自主学习能力。当弱人工智能机器人实施犯罪行为时弱人工智能机器人本身是否存在主观方面这一问题,刑法理论界已经形成了较为统一的认知,即弱人工智能机器人不存在主观方面,其主要理由如下:

一方面,弱人工智能缺乏对外界的认知能力,弱人工智能对外界的认知往往局限于编程范围内的某一领域，且编程数据具有一定的客观性，是人类基于主观意识而写成的客观程序，并非如同人类主观一样是对于客观的反应，只可说弱人工智能对客观事物具有认知，而不能说弱人工智能对客观事物具有认知能力。且对于弱人工智能编程范围外的客观事物其也缺乏认知，认知能力更是无从谈起，若肯定弱人工智能犯罪中承认其存在主观方面，当弱人工智能机器人实施了其编程范围以外的行为造成了危害结果时就不存在刑法评价之余地。

另一方面，弱人工智能辨认和控制自己行为的能力并无社会意义。不可否认，弱人工智能的确存在一定程度的自我学习能力，对自身行为存在一定的辨认和控制能力，但存在辨认和控制能力并不意味着其就存在刑法意义上的主观方面。如我国刑法明文规定将不满 14 周岁的未成年人规定为无刑事责任能力人，14 周岁未成年人实施犯罪时的主观方面在刑法上被视为无意义的。刑法是否将某一主体的主观方面赋予刑法意义在于该主体辨认和控制自己行为的能力是否具有社会意义。大猩猩与人类的基因相似度高达 99%，也具备辨认和控制自己行为的能力，但其认知能力和辨认能力依然弱于人类，难以参与到社会生活之中。弱人工智能与此相似，其在某一方面的认知、控制能力高于人类，但其整体上的认知、辨认能力是弱于人类的，依靠其所谓的认知和辨认能力难以参与到社会生活之中，承认其主观方面并无社会意义和刑法意义。

(2)坚持传统的刑法主观理论

弱人工智能技术的发展并未对传统的刑法理论造成较大冲击，弱人工智能犯罪中并不需要弱人工智能这一主体的主观方面予以承认。但在现实生活中确实存在一些弱人工智能犯罪的现象，刑法作为社会的保障法理应对这一犯罪现象作出回应，对其回应应当坚持传统的刑法主观理论，从传统的刑法主观理论中汲取营养。

对于故意型犯罪要在遵守罪刑法定原则的前提下在刑法现有的框架内

定罪处罚。首先,当弱人工智能的设计者、制造者、使用者将弱人工智能作为其犯罪工具时,按照“犯罪工具论”的一般原则处理即可,即此“工具”并不具有任何主观方面。其次,在共同犯罪中,当共犯的行为对最终危害结果造成难以划分具体责任时,按照“部分实行,全部责任”原则进行处理即可,对于弱人工智能主观内容无须探求。最后,重视单位的刑事主体地位。法人作为与自然人并列的刑事责任主体,在弱人工智能犯罪中其“意识”更多地体现为法人的“集体意识”。弱人工智能的设计与制作往往需要投入大量的资金,因此设计者与制作者往往并非个人,其主体往往是法人。对法人“集体意识”的探求就足以评价弱人工智能的故意犯罪,弱人工智能自身的主观方面并无探求之必要。

对于过失型犯罪要以社会相当性理论为视角合理认定与处罚。与故意型人工智能犯罪相比,过失型人工智能犯罪发生的频率更高,刑法对其规制的复杂程度也略高于故意犯罪。过失型人工智能犯罪往往是设计者、制作者、使用者由于违反了某种注意义务而导致了危害后果。乍一看其类似于传统的不作为犯,但由于人工智能技术正处于高速发展阶段,某种人工智能所蕴含的风险现阶段往往难以全面地认识,这也导致对于弱人工智能的设计者、制作者、使用者义务的来源与义务的内容认定存在较大的困难。面对弱人工智能技术的飞速发展,我们应当以社会相当性理论为视角,使刑法成为人工智能技术健康发展的保护伞,而不是成为阻碍弱人工智能技术发展的绊脚石,在保护新兴技术与惩罚犯罪之间合理厘定义务来源和义务内容。

(3)弱人工智能犯罪主体主观罪过分析

首先,当弱人工智能的设计者、制造者、使用者将弱人工智能作为其犯罪工具或设计、制造、使用弱人工智能就是为了犯罪,其主观自然是属于直接故意。其对危害后果具有足够的认识,且积极地追求危害结果的发生,其主观形式为直接故意是不存在争议的。若各个主体之间存在犯意联络则可径直认定为共同犯罪。

其次，弱人工智能的设计者、制造者、使用者之间并无犯意联络，当出现危害结果后，对不同主体的主观方面要分别进行评价。若是使用者造成的危害后果且与设计者和制造者之间并无意思联络时，使用者主观方面为直接故意并不存在问题，但也要考虑设计者和制造者应当承担刑事责任。当使用者是按照弱人工智能的使用途径实施危害行为时，就要考虑设计者和制造者对这一现象是否存在预见可能性，若有预见可能性但二者没有采取任何防治措施则其主观方面可能构成间接故意或过于自信过失。反之，不具有预见可能性时则不需要承担任何刑事责任。当使用者不是按照弱人工智能使用时也造成了危害后果，这种情况作为设计者和制造者难以控制且难以预见，并不需要对此种行为承担刑事责任。

最后，由于弱人工智能也具有一定的自主学习能力，当是人工智能自身导致的危害后果时，就要考虑该人工智能研发过程中手续是否完全合规合法，符合国家法律规定、所在行业的同行标准、公司自身研发标准，若均符合则不存在过失的生存空间，反之则可能成立过失。使用者在使用过程中除非存在重大过失，否则使用者也不应当承担刑事责任。若最终设计者、制造者、使用者均不承担刑事责任则应当认定为意外事件。

2. 强人工智能犯罪主观罪过的赞否两论

在犯罪主观方面不同于弱人工智能已经形成较为统一的观点，强人工智能犯罪是否存在主观方面仍具有较大争议。不同于上述笼统的肯定说和否定说，对强人工智能犯罪是否存在主观方面这一问题更需要从法律层面、哲学层面、生物学层面以及神经科学方面予以深入探讨。

否定强人工智能犯罪具有主观罪过的观点认为，强人工智能难以具有自主意识，其实施危害行为时并非基于自由意志，而是基于算法。其主要理由如下：首先，人类意识过于复杂，仅仅依靠数学运算难以完全模拟出与人类相同的“意识”。不可否认，强人工智能具有较强的自主学习能力，对自身行为具有一定的辨认和控制能力，但在人类情感中还有计算机所无法模拟的情感,如本能、欲望和直觉等。正如波兰尼所言,人的直觉与判断的运用不可能通过任何一种机械论来表征,人的心灵也不可能用器械来表征。其次,目前并未出现严格意义上的强人工智能,谈论该问题并不具有实际意义。由于人工智能目前仍主要处于弱人工智能的发展阶段,在强人工智能研发的过程中存在众多的关键技术难以解决,如人类神经系统的模拟。目前所发生的人工智能犯罪也都仅限于弱人工智能犯罪,并未出现强人工智能犯罪,因此就目前来看强人工智能的发展还有很长的一段路要走,谈论强人工智能犯罪是否存在主观方面不具有任何现实意义。最后,从刑罚必要性的角度来说,无论是对强人工智能采取销毁还是更改程序等措施,都难以对其产生特殊预防的效果。特殊预防的目的在于改造犯罪主体的"思想",但目前所提出的对强人工智能的处罚措施均无法达到这一效果,在无相关配套处罚制度的前提下贸然承认强人工智能犯罪存在主观方面并不合适。

赞成强人工智能犯罪具有主观罪过的观点则认为,强人工智能具有自主意识,当其基于自主意识实施危害行为时自然存在其犯罪的主观方面。这类观点认为强人工智能犯罪存在主观方面,具有哲学基础、法律基础以及生物学基础。首先,在哲学基础方面"意识"这一概念在哲学层面尚且存在争议,不加详细考证就贸然根据直观感受认为强人工智能不具有"意识"是草率的。事实上近30年来随着神经科学的发展,意识理论日新月异,如里贝特的时空理论、埃尔德曼的动态核心理论、托诺尼的信息整合理论、汉弗莱的感觉演化理论。[1] 这些理论对于意识的本质都有着不同的认识,在意识本质尚存在争议的情况下贸然去谈论其他主体是否存在意识是不妥当的。或许正如哲学家所说的那样,人也只不过是一台有灵魂的机器而已。为什么我们人可以有智能而普通机器人就不能有呢?数据转换机器是可能有思维和意识的。[2] 其次,以没有实际意义为由否定强人工智能犯罪存在主观

---

〔1〕 参见李恒威、张静:《当代意识的理论研究》,载《科学中国人》2015年第5期。
〔2〕 参见丁世飞:《高级人工智能》,中国矿业大学出版社2015年版,第232页。

方面更是无稽之谈。强人工智能犯罪是否存在主观方面是客观存在的,其并不会因人类的看法而转移,以没有必要认识而否定其客观存在性是一种逃避行为,不是正确的研究态度。最后,神经科学的飞速发展使强人工智能存在主观意识在未来是可预见的。柯尔莫戈罗夫意识理论就试图通过算法信息理论将复杂的意识过程简单化,达到解剖意识形成机理的效果。在该理论的指导下人工智能对人脑意识是完全可以模仿的。

3. 笔者的立场

通过上述分析可见就强人工智能犯罪是否存在主观方面的肯定说和否定说均存在一定的合理性,在强人工智能尚处于研发阶段的今天还不能对其是否存在作出一个明确的判断,强人工智能犯罪究竟是否存在主观方面还有待进行更为深入的理论研究。在研究过程中我们要明确自身的研究态度,首先,彻底摒弃人类傲慢主义。认为人类设计制造强人工智能就是让其从事某一种生产生活活动,便认定其本身具有"附属性"不存在独立地位的观点应当摒弃。目前一些弱人工智能在进行代替人类从事某项工作时就已经呈现摆脱其工具角色的趋势,如在深度学习、大数据分析、相应神经网络技术的支持下的弱人工智能所创作出的文学作品已经具备了作品独创性的特征。2017 年欧盟议会法律事务委员会已经考虑在未来立法中赋予强人工智能机器人以电子人的法律地位,使其可以对自己行为所导致的损害后果负责。面对强人工智能的崛起作为人类社会的主体我们一定要以一种平等的视角看待这一新兴事物,在这一立场下对其进行研究,万不可先入为主使自己的研究角度变得狭窄。其次,加强与其他学科的合作。强人工智能犯罪主观方面的研究不仅涉及法律与哲学还涉及生物学和神经学。法学研究者往往在哲学和生物学方面的知识有所匮乏,且生物学、神经学知识门槛较高很难通过自主学习对其进行研究。因此,作为理论研究者一定要加强和其他学科工作人员的合作,唯有如此才有可能触及该问题的本质,否则只是援引几句对自己观点有利的句子是无法触及该问题的本质的。最后,善于转变思路多角度思考。对强人工智能犯罪是否存在主观方面这一问题的解决不仅可以从刑法传统理论中寻找解决途径,而且可以借鉴法人的拟制制度。正如法人成为刑事责任承担主体时也是经历了上百年的理论争论,最终依靠对传统刑法理论的突破反而又完善了刑法理论。因此,对待该问题切不可故步自封于传统刑法理论,转变思路多角度思考是我们对该问题进行研究的基本方式。

四、人工智能犯罪的主体人格要素

"无行为则无犯罪",这句法谚表明行为是产生犯罪的前提,而犯罪则是刑法评价的对象,因此,将哪些行为纳入刑法评价,或者说刑法意义上的行为概念就成为认定犯罪的核心问题。当然,有学者提出,在现代的犯罪论体系中,行为概念已不具有重要意义,因为无论是在理论上,还是在实践中,在认定犯罪时,单纯就是否是行为的问题进行论证的,几乎是不存在的,大部分情况是讨论构成要件符合性的问题。[1] 确实,在传统的自然人犯罪的领域,通过刑事责任年龄和刑事责任能力的规定,以辨认能力和控制能力为标准,将不能实现刑罚目的的行为排除在刑法评价之外,即便是单位犯罪,其实际实施犯罪行为的仍然是以辨认和控制能力为核心的自然人,在这种情况下,理论上再去讨论什么是行为,似乎已没有多大的意义。但是,源自1956年达特茅斯会议的人工智能的出现及其后的飞速发展,[2]改变了我们对传统犯罪行为的认知模式,从自然生理基础到目的人格表达,人工智能犯罪行为对传统的行为理论提出了前所未有的挑战。而所谓的"人工智能",其本质上就是模拟、具备甚至超越人类智慧能力的人造智能产品,是"有可能超越人类设计和编制的程序在独立的意识和意志支配下实施的行为",[3]

---

〔1〕 参见张明楷:《外国刑法纲要》(第2版),清华大学出版社2007年版,第66页。

〔2〕 参见[美]尼克:《人工智能简史》,人民邮电出版社2017年版,第1页。

〔3〕 刘宪权:《人工智能时代刑事责任与刑罚体系的重构》,载《政治与法律》2018年第3期。

其在自然生理上,虽不具有人的生物肉体存在,但在行为发展上具备了人的行为智能过程,由此带来的问题是,具备智能因素的行为过程最终缺乏生物肉体的承载,这样的行为样态能否以及怎样成为刑法评价的对象?通过梳理传统行为理论脉络,我们会发现,从最早的因果行为论到近晚的社会行为论、人格行为论,整个行为理论的发展,是沿着行为的自然生理基础向行为的社会意义的路向迈进的,在这个过程中,无论哪种行为理论,都或多或少地包含了一定的人格要素在其中,对这些人格要素进行归纳和总结,并将其置于不同类型的人工智能犯罪中去解读和分析,对于不具备人之实但具备了人之能的人工智能犯罪模式,具有重要的启发意义。

(一)传统行为理论中的人格要素解读

1. 因果行为论:基础人格要素

肇始于19世纪德国刑法学的因果行为论,以人的生理构造为基础,遵循行为对外界产生作用的物理因果过程,在此基础上考虑刑法评价的意义与价值,最后过滤出符合刑法评价对象的行为概念。其中的身体动作说,完全排除了行为概念的人格要素,将行为概念中体现行为人人格的基础要素——意识单独摘出来,放置于行为概念之上的更宏大的犯罪论体系的坐标中去把握,将其直接定位于责任要素;相比较而言,有意行为说则将意识要素从犯罪论体系中的责任坐标中拉回到行为概念之中,使其回归行为的人格化意蕴范畴,但是,这种意识的回归,并没有体现出行为人格化的实质内容,而仅仅是从对行为对外界发生影响的生理结构的客观过程进行把握的,因而,其所描述的所谓的有意性,仅仅是一种客观生理现象的描述,而没有具体的实质内容。

总体上看,因果行为论受到了贝林早期刑法思想的影响,他指出"'行为'不同于事件,是有意的身体举止",[1]从构成要件的角度来看,无论是身

---

[1] [德]恩施特·贝林:《构成要件理论》,王安异译,中国人民公安大学出版社2006年版,第65页。

体动作说还是有意行为说,均未能超出贝林所主张的行为构成要件说的构成要件理论框架。但是,从行为中的人格要素的角度考察,身体动作说虽然完全排除行为的意识要素,显得过于“原始”,但其毕竟在原初意义上肯定了行为的生物载体。相比较而言,有意行为说比身体动作说往前迈进了一步,尽管在其主张的有意行为概念中,还没有能实质体现人格化要素的部分,但是,毕竟其已经在行为概念中引入了“人的意识”这一人格的基础要素,明确提出行为是“一般受意志支配的自然人的举止行为”。[1]

2. 目的行为论:中介人格要素

从以犯罪构成理论为代表所体现出的近代刑法理论演进脉络来看,主观要素对客观要素的渗透是一个基本的趋势,在这个背景下,20 世纪 30 年代德国学者威尔兹尔的目的行为论应运而生,他提出“行为是人对目的的实现”。[2] 如果说,有意行为说仅仅是行为人格化要素的形式表达,那么目的行为论则赋予了行为概念以人格化的实质内容,在意识是支配人的行为,这一生理现象框架中,填充进去了人的目的这一实质内容。在目的行为论看来,人的意识不仅仅是被动地支配身体的活动,而且具有主动指引身体活动方向的功能,这种指引是以行为人在因果关系认识的基础上,预见到自己的身体活动会产生一定结果为基础的,在这个基础上,行为人为自己标注一个目标,意识就指引身体活动朝这个目标方向前进,这个标注和指引的过程,就是实现行为人目的的过程。

在目的行为论中,作为人格化基础要素的意识,在行为的主观化方面走得更远,但是还不是行为人格化的全部内容。从目的行为论的结构来看,“行为人在意识指引下向目标迈进”就是目的行为的整个过程,在这个过程中,意识的指引是行为的起点,目标的实现是行为的终点,而没有继续往前

---

〔1〕[德]克劳斯·罗克辛:《德国刑法学总论》(第 1 卷),王世洲译,法律出版社 2005 年版,第 150 页。

〔2〕李海东:《刑法原理入门(犯罪论基础)》,法律出版社 1998 年版,第 27 页。

推进去考察行为人目的实现背后所体现的社会价值以及所反映的人格态度。在目的行为论看来,能够成为刑法评价对象的,就是建立在目的性上的存在于主体和结果之间的目的关联。[1] 可以认为,目的要素赋予了行为人格化要素以实质内容,是意识这一行为人格的基础要素,在因果关系认识的推动下,迈向社会人格的行为中介人格要素,但是还没有达到完整意义上的行为人格化。这也是其不能解释过失的症结所在。

3. 社会行为论:社会人格要素观念

事实证明,无论是从客观作用过程的角度,还是从主观目的指引的角度,只要没有脱离自然、生理的行为框架,这种逻辑就注定是失败的。正是在这个意义上,社会行为说现在成为德国最有力的学说,该说摆脱了传统的行为理论模式,跳出了自然意义的行为框架。在社会行为论看来,既然讨论刑法中的犯罪行为概念,就不能脱离刑法功能本身。其基本逻辑是,犯罪行为是被刑法规制的,而刑法规制犯罪行为的目的是实现刑法的功能,刑法功能在本质上体现为管理社会的一种统制手段。因此,基于社会意义,可以从主观和客观两个角度去理解行为:其一,行为是具有社会意义的人的态度;其二,受意识支配的,具有社会意义的任意举动。而行为是否具有这种社会意义"是根据社会成员的一般认识亦即常识的判断来进行判断并予以确定的"[2]是以"一般人能够容易达到的事实性认识、理解"为标准的,[3]易言之,行为是"社会性人类形态"。[4]

人作为自然存在和社会存在的双重存在物,其本质归根结底还是社会存在,马克思在《关于费尔巴哈的提纲》中指出:"人的本质不是单个人所固有的抽象物,在其现实性上,它是一切社会关系的总和。"[5]社会行为论将社

[1] 参见许玉秀:《当代刑法思潮》,中国民主法制出版社2005年版,第75页。
[2] [日]野村稔:《刑法总论》,全理其、何力译,法律出版社2001年版,第122页。
[3] 参见[日]大冢仁:《犯罪论的基本问题》,冯军译,中国政法大学出版社1993年版,第34页。
[4] 参见[韩]李在祥:《韩国刑法总论》,韩相敦译,中国人民大学出版社2005年版,第76页。
[5] 李爱华主编:《马克思主义经典著作导读》,北京师范大学出版社2008年版,第8页。

会意义作为行为概念的理论基础是正确的,人作为社会存在物,其人格的形成也是社会赋予和塑造的结果,因此,可以认为,社会行为论在行为人格化的道路上是具有本体化意义的,从某种意义上说,本体化也就意味着空洞化,正因为社会行为论从社会意义的形而上的本体意义去理解行为,也就导致了其具体意义模糊不清,何为"社会意义"? 是其难以回答的问题,从这个角度讲,与其说社会行为论是一种行为理论,不如说其是一种行为观念更为恰当,这种观念将人格归于塑造其的社会,从本体意义上体现出行为人格化的思想,但是,社会行为论没有对行为人格化要素进行具体化的描述,更多是一种社会人格的观念阐释,"把行为理解为价值关系的概念"。〔1〕虽然虚置的价值理念能够很好地包容作为和不作为两种行为模式,但是,因缺乏具体的人格要素而缺乏可操作性是其最大的"短板",正因如此,意大利学者杜里奥·帕多瓦尼指出"失之太泛,是这一理论的根本缺陷"。〔2〕

4. 人格行为论:社会人格要素内容

人格行为论第一次明确提出以犯罪人人格作为行为的核心。作为行为外在表现的身体动静,在人格行为论看来,不过是行为人人格的表征,是行为人主体人格的现实化,其首倡者团藤重光指出:"刑法中所认为的行为,必须被看作行为人人格的主体的现实化。"〔3〕如此一来,行为人的行为就具有了人格化的意义。易言之,身体动静是行为人人格的外在表现,行为人人格则是身体动静的内在依据,"脱离行为的人格是没有的,脱离人格的行为也是没有的",〔4〕二者是表里关系。

较之前的行为理论而言,人格行为论在论证行为是受到主体支配和操纵的观念上,对主体支配的论证更加科学、合理。在人格行为论看来,主体

〔1〕[日]大冢仁:《刑法概说》(总论),冯军译,中国人民大学出版社2003年版,第97页。
〔2〕[意]杜里奥·帕多瓦尼:《意大利刑法学原理》,陈忠林译,法律出版社1998年版,第106页。
〔3〕马克昌:《比较刑法学原理》,武汉大学出版社2002年版,第170页。
〔4〕[日]团藤重光「死刑废止论」,(有斐阁,1991)156頁。

在操纵行为过程中,意识操纵性仅仅是行为发生的心理学、生物学过程,这个过程只是从自然、生理的层面描述了行为的样态,但是,要纳入作为社会统制手段的刑法评价,还要进一步从上述生理过程所反映的社会性来考察,而行为的社会性不是一个空洞的观念表达,其实质内容是基于人的先天素质和后天的社会环境相结合所共同塑造的个体人格特征,只有在意识操纵下的生理过程体现出行为人的人格特征时,才是刑法意义上的行为。另外,从刑罚的目的来说,刑罚是通过对犯罪人的教育、改造,从而最终实现矫正其犯罪人格的目的,从这个意义上说,人格行为概念与刑罚目的是相契合的,体现了现代刑罚的教育、矫正理念。

对于人格行为论,有学者指出,有些犯罪行为是受到“一时意志”的影响而呈现“偶然性”,因此,很难说“人格”与“行为”之间存在一一对等的关系。[1] 在笔者看来,理由并不充分。从哲学偶然与必然的辩证关系原理来看,任何偶然现象背后都可以找到必然的因素,即便是所谓的偶发性犯罪,支配其行为发生的“一时意志”,仍然可以从行为人的个人性格、成长经历和生活环境所共同塑造的人格特征,发现支配其“一时意志”的背后的人格依据。刑事社会学派认为行为人本身的性格是造成犯罪的原因,那么这种性格是怎样形成的呢?在它形成以后又怎样演变为外在的犯罪行为的呢?英国哲学家休谟在其名著《人性论》中提出了“习惯动机观”。[2] 一个人从一出生、懂事一直到走向成熟,思维方式、行为方式都在变化,但在这其中,有一样东西是不变的,那就是习惯,什么是习惯呢?按照休谟的说法,“习惯就是不经过任何推理或者结论而由对过去的重复而产生的事情”。而我们的信念正是来自这一次次不经推理的重复的习惯之中,一种信念形成后会改变我们每一个原有的观念结构,不同的观念塑造截然不同的性格,性格是产生动机的最“深层次的”、最“隐蔽”的因素,犯罪学上所谓“无明显动机”的

[1] 刘士心:《刑法中的行为理论研究》,人民出版社2012年版,第27页。
[2] [英]大卫·休谟:《人类理解研究》,关文运译,商务印书馆2010年版,第52页。

“随意性”犯罪,其实如果深层次考察的话,其动机就存在于性格之中。以盗窃为例,为什么会有多次盗窃犯的出现呢？当一个人一次又一次盗窃得手,就形成了习惯,看到别人的东西就想去偷,这就是我们所说的犯罪成癖。而当一个人从盗窃中获得了想得到的巨大利益,并且没有被发现时,这种重复的习惯,就产生了一种信念,即“盗窃能获得利益且不受惩罚”。这种信念改变了其构想观念的方式,其不再像社会大多数人那样,认为盗窃是可耻的、违法甚至是犯罪的,反而认为这就是其自己生存的方式。于是,不劳而获、好逸恶劳的性格就此形成了,即使其受到处罚,只要条件具备,其还会在这种性格的决定下去盗窃。或许有人会认为,“习惯动机”并不适用于那些偶发性或者临时起意的犯罪行为,但是考察其家庭背景、状况以及幼年时的经历等,同样可以得出其实施犯罪行为的长期的“习惯性”行为心理模式。根据上述习惯动机观所阐述的动机形成模式,就可以将其归入犯罪动机的成因,而在科学心理学中,所谓“性格”,就是一个人对现实的稳定度以及与之相适应的习惯化了的行为方式。综上,在休谟的习惯动机观看来,从内在到外在的人的行为过程应当描述为:习惯—信念—观念—性格—动机—行为。在这一系列的环节中,由最初的习惯所形成的性格和动机(信念和观念只是中间环节)结合在一起就构成了行为人的人格,它不仅体现行为人的个性,而且包含了对不同人格的价值评价,也正是在这个意义上说,笔者认为,任何外在的行为都是在人的性格和动机支配下实施的,因此,也都是行为人人格的体现,人格行为论应当受到支持。新派理论把行为人的性格也作为决定犯罪的一个因素,是很有道理的。在刑事侦查学中侦破犯罪除客观的证据、行为人本人的供述之外,还有一个很重要的必须得到合理解释的问题,就是犯罪的动机,而形成犯罪动机的最深层次的根源只能从行为人的性格中去寻找,即使那些看上去好像没有任何动机的随机且没有原因的犯罪,也能从分析行为人的人格入手,最终找到其所谓随意犯罪的动机。

5. 否定行为论:推理人格要素

由德国学者卡尔斯和雅各布斯提出的否定行为论,从归责的视角,以"避免结果的发生"为核心,认为只要存在避免结果发生的可能性和避免结果发生的法定义务这两个前提,最终行为人没有避免结果发生,就应当将该结果归责于行为人。

显然,从否定行为论思考的路径来看,其主要是基于不作为的构造展开的,但是,其提出的"避免结果的发生",在行为概念上走得太远了,已经不是在讨论行为问题,而是论述归责原则,依此理论,我们可以确定某种行为所造成的结果应当归责于谁,但无法搞清造成这种结果的行为概念本身,其缺乏将行为概念特定化的基础。如果否定行为论在一定程度上也体现行为人人格,那么,显然其不是正向地从行为本身去探求行为背后所体现的人格,而是从结果归责的角度反向推理行为人的人格态度,这种推理人格显然是不准确的,因为,在很多情况下,仅对结果负责,并不能反映行为人的社会人格。

(二)行为理论中的人格要素提取

行为是人的行为,作为刑法评价对象的行为必须是具有社会意义的行为,而人作为社会存在物的体现就是人格,因此,人格要素是行为概念的核心。纵观上述行为理论的模式表达,行为概念中的人格要素可以分为3个层次:第一,行为基础人格要素——意识要素;第二,行为中介人格要素——目的要素;第三,行为完整人格要素——社会人格要素。其中,意识要素是行为人格要素的自然生理基础;目的要素是在意识要素推动下,以因果关系为基础,实现行为人社会人格的目的中介,通过目的这个中介体现出背后行为人的社会人格,是社会人格的征表;行为人先天素质和环境共同决定的社会人格,则是行为人格要素的完整内容,也是刑法所要评价的行为概念的实质的内容。行为人格要素之间的关系用图1表示如下:

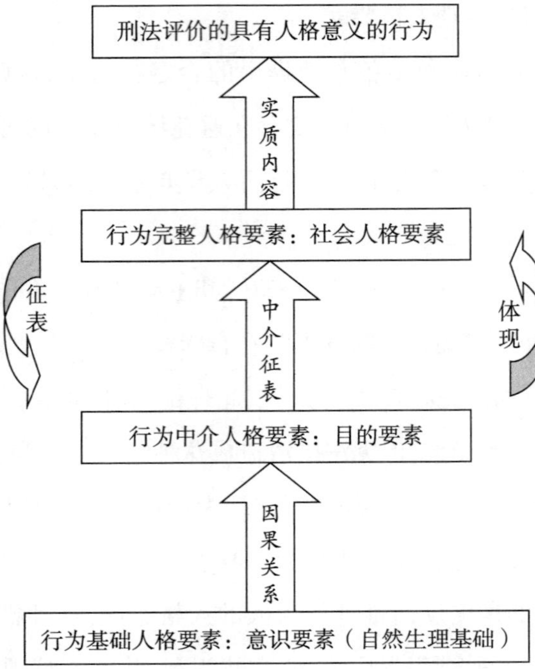

图1　行为人格要素关系

(三)人工智能犯罪行为中的人格要素解析

如前所述,人工智能就是通过计算机编程与建模、人工神经网络、深度学习等技术掌握智能行为技能,通过红外感知、电子雷达等技术掌握非智能的行为技能,最终将两者结合在一起成为人工智能体,以独立的自主意识实施行为。显然,在人工智能所实施的犯罪行为中,作为行为基础人格要素的意识要素是存在的,这种独立于人类意识之外的“物化”意识,支配了人工智能的行为发展过程。那么,在人工智能的犯罪行为中,是否存在作为行为中介人格要素的目的要素呢?目的要素之所以是行为的中介人格要素,就在于它是行为人基于行为的身体动静与可能导致的结果之间因果关系的认识为基础的人格要素,在此因果关系的认识基础上,行为人才为行为设定目标,进而选择达到目的的手段。如果作为自然生理基础的意识是发动行为的起点,行为背后的社会人格是行为评价的最终归宿,那么,行为目的就是连接意识起点和评价归宿的中介环节。易言之,目的是体现行为人人格的中介要素,而目的人格要素则又是以因果关系的中介形式为基础体现的。人工智能既然已经具有了独立的自主意识,那么对表现行为与结果之间的因果过程就具有一定的认识,尽管这种认识是建立在拟人化的编程和算法的基础上的,但其基于因果认识设置目标的行为过程是一个客观化的存在过程,从这个意义上说,人工智能犯罪行为中是存在目的人格要素的。

如前所述,作为刑法评价对象的行为所反映出的人格要素,只能是完整的人格要素,即行为人的社会人格。那么,人工智能是否具有完整的社会人格呢?人是双重的存在,具有双重的属性,即自然属性和社会属性。只有社会属性才能体现人的本质,而人的社会属性是其所处的社会关系所赋予的,这些社会关系既包括人与人的关系,也包括人与环境、教育、经历等各方面的关系的总和。如果将人看作一个原点,那么对人产生影响的所有关系就像无数条射线集中到"人"这个原点上,共同塑造了这个"人"的社会人格。从某种意义上说,行为背后所体现的行为人的社会人格的形成,已经脱离了行为本身,是整个社会关系的"塑造物"。显然,作为本质上还是"人造物"的人工智能,无论其在生物学上的智能水平多么接近人类,甚至在某些方面的能力超过人类,有一点是可以肯定的,其永远不可能具有人类所独有的社会性,作为"人造物",从其诞生的那一天开始,就注定只是自然存在物。也正因为如此,我们可以认为,人工智能犯罪行为背后并不存在作为人的社会人格的因素。综上,从行为的人格要素来考察,人工智能犯罪行为具有行为人格的基础意思要素和行为人格的中介目的要素,但是不具备行为人格的完整社会人格要素。

五、人工智能犯罪的类型化归责

(一)人工智能犯罪归责的路径选择

在不同的犯罪论体系中,责任的内容和意义是有区别的。必须承认的是,在我国传统四要件的犯罪论体系中,刑事责任只是具有理论的抽象化意义,而并不具有实质的内容,与此相对,德日的三阶层犯罪论体系则将故意、过失、违法性意识、期待可能性等内容归入责任范畴,使责任这一犯罪构成要件更加充实。“违法是客观的、责任是主观的”,责任要件从特征上说,都是能够说明行为人实施犯罪时的主观恶性的一系列主观要素,以表明行为人非难可能性的有无和大小,因此,责任能力是承担责任、接受刑罚处罚的前提,而有无责任能力则应当以行为人具有通常的意思决定能力为标准,具体而言,包括两个方面:其一,是否具有一般人所具有的认识行为的社会价值的能力;其二,是否有基于这种认识而决定其意思的能力。[1] 对于一个精神、智力发育完全正常的自然人,我们无法从其大脑的生理结构和意识产生过程去判断其实施犯罪行为时的主观心态,进而非常精准地区分把握其主观恶性。实践中的判断逻辑是,对于一个各方面完全正常的自然人我们默认其能够认识其行为的社会意义,在此基础上,从其实施行为的一系列客观外在情况和表现,去推断其犯罪时主观恶性的大小,这就是所谓的“客观印证主观”。但是,对于人工智能犯罪而言,情况则正好相反,通过人工智能主体所实施的外在客观行为,我们无法推断其主观的罪过情况,相反,由于充当人工智能体“大脑”指挥功能的是一个人造的“系统”,所以,“人工智能大脑系统”的运作过程是可以直接进行分析把握的。易言之,人工智能犯罪归责的特殊之处在于,在归责的逻辑上,不是从传统的客观入手,沿着客观—主观的路径去判断,归责的事实基础也不是客观事实,而是相反,沿着主观(模拟的智能行为技能)—客观的路径,以计算机程序运作、算法执行等“主观”事实为基础。造成上述人工智能犯罪归责路径反转的根本原因如前文所述,在人工智能犯罪行为中,并不具备完整的社会人格要素,也就无法从其实施的犯罪行为中推断其实施行为时的潜在社会人格表达,进而分析其

---

〔1〕 参见张明楷:《外国刑法纲要》,法律出版社2020年版,第171页。

实施犯罪行为时的主观恶性程度。

(二)人工智能犯罪的类型化归责

根据前文所述,人工智能犯罪行为中的人格要素,以及不同人工智能体的客观行为模式,以传统刑法理论的主客观相统一的理论,针对不同类型的人工智能体所实施的犯罪行为可以进行如下类型化的归责。

1. 弱人工智能犯罪的归责

弱人工智能犯罪行为,根据犯罪产生的原因,大体可以分为三种不同的类型:

第一,自然人故意操控、利用人工智能产品实施犯罪行为。在这种情况下,人工智能产品只是作为被利用的工具,与自然人利用手中的刀具、枪支等工具并没有任何实质的区别,作为非难可能性的归责标准,主观恶性所指向的当然只能是使用工具的自然人。当然,也许有人会说,既然如此,那么这种犯罪就不应当归入人工智能犯罪的类型,直接跟普通的持刀故意杀人、持枪抢劫等犯罪一样予以归责即可。但是,笔者认为,对于操纵型的人工智能犯罪而言,其虽然从行为的实行过程、主观目的的实现、客观外在影响的整个过程来看,整体上与上述利用工具实施的普通自然人犯罪无异,但是从工具性质的角度看,二者有实质意义上的差别。普通工具是在自然人肢体的直接操纵下,作为增强自然人肢体力量和犯罪行为暴力性的手段存在的。而人工智能工具,一方面,已经在物理上脱离了自然人的肢体操纵;另一方面,即便是弱人工智能,如前文所分析的,也存在模仿人类“智能和非智能行为技能”中的某一种,或者某一类技能,如自动驾驶、智能办案、智能医疗。从这个意义上说,在这一类智能和非智能行为技能中,或者说,自然人在利用具备这一类智能和非智能行为技能的人工智能产品实施犯罪时,作为其利用的“工具”而存在的人工智能体,至少在功能上具有独立的意义,不能完全类比利用工具的普通自然人犯罪。而符合这一特征的正是传统刑法理论中的“间接正犯”理论。一方面,间接正犯中作为利用者的正犯是实行行为目的的主导者;另一方面,作为被利用者,是不具有主观罪过或者刑事责任能力的,但是,对于影响外界行为的发生又具有一定的功能性支配作用。这两点完全符合操纵支配型的弱人工智能的行为构成模式,因此,此类犯罪理所当然应当视为自然人本身实施的犯罪,可以通过“间接正犯”,按照传统的行为理论予以解读。事实上,这种类型的犯罪,并非严格意义上的人工智能犯罪,在这种情况下,人工智能只是作为自然人实现自己目的的犯罪工具而已。

第二,由于人工智能的设计、制造和编程缺陷而引发的犯罪行为,在人工智能产品完成之初就已经埋下了产生犯罪行为的“种子”,这类人工智能的犯罪行为背后所体现的行为的社会人格因素,应当属于人工智能产品的设计者、研发者和制造者的社会人格反映。如果这些人员是故意设计、制造可能引发犯罪行为的程序漏洞和控制措施,或者应当预见而没有预见到相关产品的缺陷从而引发犯罪,那么,可以认为,人工智能产品在实际运行过程中实施的犯罪行为,就体现这些人员故意蔑视或者过失忽视刑法规范的社会人格,可以将人工智能产品的设计者、研发者和制造者纳入刑法评价中来,从而追究其刑事责任。

第三,人工智能产品在设计制造之初没有引发犯罪行为可能的技术缺陷,只是在运行的过程中,超人工智能通过自主学习能力获得了新的技能,从而实施了犯罪行为。在笔者看来,这种人工智能犯罪行为,由于不能体现完整的行为人格要素即社会人格要素,因此不宜纳入刑法的犯罪行为评价中。基本理由有二:首先,与刑法理论上的行为理论不符,不具备刑法评价的社会人格基础。刑法之所以要惩罚犯罪行为,是因为人具有基于自由意志的行为选择性,在很多特定的犯罪场景下,这种选择从表面上看是偶然的,但事实上,其要受到人所处的社会环境、成长经历等社会因素共同塑造的性格特征的制约。因此,从这个意义上说,“偶然性”的选择也并不是“盲目的”选择。但是,我们在超人工智能对犯罪行为的“选择性”上,看不到制约这种选择的社会性格特征。换言之，即便经过自主学习的超人工智能具备了一定的自由意志，因而具有选择能力，这种选择也是盲目的，不具有刑事责任能力的基础，更没有刑罚适应能力。其次，倘若将人工智能的自主行为也纳入刑法中评价，那么没有达到刑事责任年龄的人实施的犯罪行为也应当同样如此，因为，从行为的模式来说，二者都是基于模仿和学习而实施犯罪行为的。也许有人会说，对没有达到刑事责任年龄的人不给予刑事处罚，是因为他们不具备实现刑罚目的的刑罚适应能力，刑罚的目的是教育、改造犯罪人，从而预防犯罪。倘若如此，那么，不具有人的属性的人工智能体，岂不更不具有刑罚适应能力？对其进行刑罚处罚岂不更不能实现刑罚的目的？

2. 强人工智能犯罪的归责

如前所述，强人工智能已经具备了与人并列的主体地位，其已经可以独立自主地实施影响社会的行为。尽管此时的强人工智能体与人类之间，以及它们相互之间还没有类人的情感和社会交流（或许只存在功能性的机器沟通和人机沟通），尚不具备完整的社会人格，但是，其发挥社会影响的作用，在主观上已经不限于仅仅机械地执行人类事先输入的指令，而是具有了自主学习和辨别能力。在客观上，其非智能的行为技能，也已经不局限于某一种、某一类或者某一领域的功能，而是具备了人类所拥有的影响客观世界的复杂肢体功能。换言之，强人工智能已经能够通过自主学习，在具有辨别和控制能力的智能性行为技能的主导下，执行和人类一样的影响客观世界的非智能的行为。因此，无论是从主观还是客观两个方面考察，对强人工智能的犯罪行为，都应当纳入刑法评价，并且直接归责于强人工智能体本身。对于此类犯罪，如后所述，可以在刑罚体系中针对强人工智能体本身的特点，设置新的刑罚处罚措施。

3. 超人工智能犯罪的归责

马克思、恩格斯在《德意志意识形态》中，从批判德国旧哲学唯心主义出发,结合社会分工的历史,揭示了人的意识形态与现实的物质活动的关系,提出了经济基础决定上层建筑的历史唯物主义基本原理。“法、法律等等只不过是其他关系(它们是国家权力的基础)的一种征兆,一种表现”,[1]法律并不提供任何东西,而只是对现存关系的认可与表述,这个现存关系是什么呢?就是现存的社会经济关系,它根源于人们的物质生产关系,随着社会分工的出现,整个社会的分工都是按照一定的规则来进行的,这些规则源于人们的物质生活条件,最后上升为法律。随着经济关系的改变,法律规则的内容也必然会发生变化。刑法作为上层建筑的一部分,同国家一样,没有自身独立的历史,它只能是从事物质生产活动的现实的人的法律,是对人们现实物质生活的记录。因此,刑法的制定、解释和执行,也必须从人们现实的物质生活条件出发,依据物质生活条件的改变而不断调整、修订,并随着整个人类物质生活条件的进步而发展。上述思想表明,刑法同所有其他上层建筑一样,深深植根于社会的经济基础中,刑法也同其他所有的法律一样,不可能超越它本身所处的时代,法律是没有自身的独立性的,将“法和法律看作某种独立自在的一般意志的统治”不过是法学家的幻想。如果弱人工智能在我们这个时代已经得到了很大的发展和很广泛的应用,随着技术的进步,强人工智能也已经有了模糊的未来应用图景,那么,一个不得不承认的事实是,一个在智能和非智能的行为技能上全面超越人类,并且能够进行机器交流和人机沟通,打破人类最后的“社会人格”独有标识,具备了完整的社会人格要素的超人工智能,不是我们目前的科技发展水平和社会发展阶段所能够想象,甚至预测的。由此,我们得出一个基本结论,虽然我们根据现有技术可以想象和展望未来超人工智能犯罪的行为样态,但是,以现有的刑法理论为基础,构建未来的超人工智能犯罪的归责原则和体系,在理论上是不可行的,事实上也根本做不到,只有随着技术和社会的发展,由与之相适

[1] 《马克思恩格斯全集》(第3卷),人民出版社1960年版,第377页。

应的全新的法律规则体系去确定全新的归责体系，才符合法律科学的基本精神。

六、人工智能犯罪的刑罚体系建构

（一）传统刑罚理论的思考

从我国的刑法理论研究上看，目前刑法研究的理论前沿已从过去的"犯罪论"转向"刑罚论"，而在当今世界刑罚轻缓化、非监禁化的大背景下，如何针对不同的犯罪人、不同的犯罪类型、不同的人身危险性来实现"刑罚的个别化"成为刑罚论的重点课题。众所周知，现代的犯罪论体系基本为旧派所建构，但是在刑罚论领域，旧派理论因为其主张的自由意志、行为主义，导致其基本落脚点在于人的客观危害行为，较少关注犯罪人本身的性格和犯罪的原因，也不注重犯罪人人身危险性的研究。因此，旧派在刑罚论领域除提出一些基础性的刑罚理论外（如道义的责任、报应刑、一般预防），对于上述的基于犯罪人人性本身的刑罚处罚措施几乎没有涉及。而恰恰是在这方面，新派理论有其自身的优势。以实证哲学的创始人孔德的实证主义哲学思想为基础，新派理论实现了刑法研究的方法论转折——从思辨的方法到实证的方法。这种方法论的转变，在刑罚论领域的影响是巨大的，针对行为人不同的人身危险性实现刑罚的个别化，是其在刑罚理论中的最重大的突破，也是当今刑法学尤其是刑罚论的潮流。探其理论根基，在于实现了从犯罪行为到犯罪人的转变，主张行为人主义、重视行为人的性格，而哲学就是人学，要更好地进一步发展新派理论对于构筑人性化刑罚制度的意义，就必须深入探讨其理论的哲学基础，这样才能为未来到底应该构筑什么样的刑罚论体系找到方向。

以德国学者李斯特为代表的实证学派主张将刑法学研究从狭窄的法律概念中解放出来。在此基础上，李斯特提出了建立包括刑事政策学、犯罪学、刑罚学和行刑学在内的"全体刑法学"设想，亦被称为"整体刑法学"的体系。在我国,首先倡导刑事一体化的是储槐植教授“在刑法之中、刑法之外和刑法之上研究刑法”的主张。有的学者据此主张建立“一体化刑法学”,在一体化刑法学中,狭义刑法学应处于核心地位,其次是刑事政策学、犯罪学、行刑学和刑事诉讼法学。在方法论上重谈李斯特的老调是没有意义的,刑事一体化是先见之明,但对此应理解为刑法学者要立足于实体法而关照程序法,刑诉法学者要立足于程序法而关照实体法,如此等等,而不能理解为将各相关学科整合在一起,使之成为没有重心的大杂烩。立足各个学科,通盘考虑刑罚的惩罚、教育、改造、宣示、价值引导等综合功能,以此为切入点,深层次把握对犯罪人的理解,才能真正实现以“人”为中心的“刑事一体化”。

(二)人工智能犯罪刑罚体系的建构

刑法是规定犯罪与刑罚的,在行为已经被认定为犯罪的情况下,具体的刑罚处罚措施,就成为刑法彰显其区别于其他法律严厉性的显性特征之一。笔者认为,对于人工智能犯罪这一新的犯罪形态而言,无论责任承担的主体是谁,其最终的刑罚处罚方式、刑罚承受主体才是问题的关键。一方面,人工智能体不具有自然人的肉体存在,其本身并不能感受到传统刑罚处罚措施所带来的肉体痛苦和人格冲击。另一方面,不论哪种类型的人工智能犯罪,其具体对外界直接产生物理接触和影响的毕竟是人工智能机器,即便是在人的完全操控下,也不得不考虑机器功能的作用具体样态和操作中的实务以及意外因素这些超出行为人主观意图的,而由机器功能所造成的损害,因此,这里也存在由责任分担而带来的刑罚承受主体的不同。

在人工智能犯罪的刑罚体系建构上,刘宪权教授主张,根据人工智能犯罪的特点,以刑罚目的为导向,分层次地设置阶梯形的刑罚体系。[1] 具体而言,第一阶梯的刑罚处罚措施是“删除数据”。主要目的是在不改变人工智能基础程序的前提下,分离出可能导致犯罪的基础数据,将这部分数据以刑

〔1〕 参见刘宪权:《人工智能时代刑事责任与刑罚体系的重构》,载《政治与法律》2018 年第 3 期。

罚处罚的手段予以删除，而保留其他正常的数据，是对人工智能犯罪主体的部分刑罚处罚手段。第二阶梯的刑罚处罚措施是“修改程序”。即在修改犯罪数据的部分处罚达不到目的的情况下，对其自主学习、获取外界数据能力的基础程序进行修改，从根本上限制其智能水平的发展，以遏制其犯罪。第三阶梯的刑罚处罚措施是“永久销毁”，即在前两种刑罚处罚措施均不能实现刑罚目的、遏制犯罪的情况下，直接从物理上永久销毁人工智能机器本身，彻底断绝其实施犯罪的物理基础。上述阶梯式的刑罚处罚措施，从刑罚的目的和效果上看，相较于传统的以自然人为核心的刑罚体系而言，第一种刑罚措施类似于有期徒刑，第二种刑罚措施类似于无期徒刑，第三种刑罚措施类似于死刑。应该说，上述刑罚体系的设置，充分考虑了人工智能犯罪的特征，同时兼顾了刑罚目的，由低到高、由轻到重的刑罚体系也符合刑罚设计的基本原理，但是，其不足之处也是明显的。首先，上述刑罚设计只是从整体上着眼于预防人工智能体再次实施犯罪构筑刑罚体系，而没有具体细分不同类型的人工智能犯罪类型，采取细化的刑罚对策；其次，人工智能体，特别是操纵性型的弱人工智能体更多是以“产品”的形态存在，上述刑罚处罚措施没有考虑到与产品相关的行政法律法规所设置的行政处罚措施和刑罚处罚措施之间的协调与衔接的问题；最后，从刑罚评价功能的角度，对于人工智能犯罪的主观恶性和所造成的客观危害没有体现刑罚评价功能。

基于上述分析，如前所述，我们认为，对于操纵型的弱人工智能犯罪，因为在归责原则上，按照间接正犯理论处理即可，因此，刑罚的承受主体自然是人工智能体背后进行操纵的自然人，自然具体的刑罚处罚措施也限于传统的针对自然人的刑罚措施。那么对于其中作为犯罪“工具”而存在的弱人工智能体该如何处理呢？笔者认为，这里的“工具”其实就是一种“产品”，如果将其直接作为犯罪主体处理，不得不考虑行刑交叉、民刑交叉的问题，此其一。其二，如果将人工智能产品直接作为犯罪主体，那么，在实施了删除数据、永久销毁等刑罚措施后，也就意味着犯罪主体被消灭，随之而来的问题就是,对被害人的赔偿如何解决?在笔者看来,这些所谓的“刑罚措施”,完全可以在现有的诸如《产品质量法》等行政法规的框架下予以解决,可以将实施了危害行为的人工智能产品认定为假冒伪劣产品,由相关行政管理机关予以销毁即可。此种做法一方面与人工智能本身的产品性质相符,更重要的是,在此基础上,可以通过行政处罚措施有效地解决对被害人赔偿的问题。上述刑罚处罚措施存在意义在于具有独立自主意识的强人工智能犯罪。笔者认为,可以在上述刑罚处罚措施的基础上,综合考虑主观恶性和客观危害,对于犯罪情节轻、危险性不大、造成的后果尚不严重的强人工智能体,可以设置修改数据、删减功能、降低智能等级等刑罚处罚措施。对于危险性极大、造成了极其严重后果的强人工智能体,可以采取一次性销毁犯罪的人工智能体、销毁现有系列人工智能体、永久禁止系列人工智能体,直至永久销毁人工智能体设计、制造数据、资料。换言之,与前述的刑罚措施相比,笔者在此提出的人工智能刑罚处罚措施,从着眼于刑罚的犯罪预防功能转向着眼于刑罚的犯罪评价功能,同时兼顾了犯罪预防功能。这种刑罚体系设置的理念转变,其根据在于预防犯罪并不是仅仅靠刑罚的处罚就能够实现的,而是一个涉及教育、改造、再社会化的社会系统工程,仅仅着眼于预防很难真正实现刑罚的目的,人工智能犯罪与自然人犯罪的相同点在于客观危害的层面,其不同点在于主观恶性的层面,不仅如此,基于人工智能犯罪的独特性质,其主观恶性在司法实践中也很难把握,甚至有时候根本就无法把握,因此,刑罚设计应当更多地以二者的共同点——客观危害程度为基点出发,同时兼顾主观恶性程度较为妥当。

随着人工智能的飞速发展,未来人与机器之间除肉体的差别以外,二者将基本没有区别。然而传统的行为理论,无论在人的意识参与度的认识上有何不同,其外在表现都是以人的肉体存在为核心的,显然,以身体的动与静为基础所建构的传统的行为理论,已经无法将人工智能囊括进来,从而对其行为的性质也难以界定。如同思想并不构成犯罪一样,作为惩罚犯罪手段的刑罚毕竟是直接作用于人的肉体的。现有的刑罚手段都是通过对犯罪人肉体施加一定的痛苦为内容的，即使是罚金刑，也是通过金钱打击犯罪人的人格和生存条件，人工智能体不具有自然人的生命体，也就不具有通过作用于肉体而感知刑罚痛苦的能力。因此，有必要根据人工智能的技术特点、作用模式、影响结果创立具有可行性和可操作性的刑罚处罚措施。

七、区块链智能环境下犯罪的刑事司法规制

区块链是一个去中心化的分布式数据库，该数据库由一串使用密码学方法产生的数据区块有序链接而成，区块中包含有一定时间内产生的无法被篡改的数据记录信息。[1] 一般来说，其具有如下特点：一是去中心化，无须中介参与，每个人都记账；二是开放高效，过程高效透明且成本低，不是一台电脑控制；三是数据高度安全，没有中央大账，无法摧毁，也不可篡改。[2] 区块链技术的去中心化以及数据的不可篡改性对于目前以信用为基础的社会构造具有极大的变革意义。如果把互联网、物联网、云计算、大数据比作人类社会进入数字空间的船，那么区块链就是那船上之帆。[3] 正如习近平总书记在 2019 年 10 月 24 日中共中央政治局就区块链技术发展现状及趋势进行的第十八次集体学习中所强调的："区块链技术的集成应用在新的技术革命和产业变革中起着重要作用。我们要把区块链作为核心技术自主创新的重要突破口，明确主攻方向，加大投入力度，着力攻克一批关键核心技术，加快推动区块链技术和产业创新发展。"作为比特币底层技术的区块链随着比特币在全球范围内日益增长的声势而进入了公众的视野之中，随着对区块链技术了解的逐渐深入，越来越多的人意识到区块链技术对于未来社会

---

〔1〕 参见长铗、韩峰：《区块链：从数字货币到信用社会》，中信出版集团股份有限公司 2016 年版，第 128 页。

〔2〕 参见张庆立：《区块链应用的不法风险与刑事法应对》，载《东方法学》2019 年第 3 期。

〔3〕 参见赵刚：《区块链：价值互联网的基石》，电子工业出版社 2016 年版，第 5 页。

发展具有举足轻重的作用。自 2019 年 2 月 15 日国家网信办发布《区块链信息服务管理规定》开始,截至 2022 年 3 月 4 日已经公布 37 批,共 1705 个区块链信息服务名称及备案编号,其应用已经延伸至数字金融、物联网、智能制造、供应链管理、数字资产交易等领域,可以说区块链所带来的并不仅仅是一次技术革新,而是一次生活模式的革新。虽然区块链技术还尚未成熟,对其法律定位也存在一定的模糊,但是现实生活中却已经出现了一些涉及区块链技术的犯罪,如以比特币、智能合约为对象的犯罪,同时也出现了一些刑法传统理论难以解决的问题,如利用智能合约犯罪中共犯的认定问题。作为社会治理最后一道防线的刑法,面对此类新型犯罪,从维护社会秩序稳定的目的出发必须予以及时的回应。

(一)区块链技术对我国犯罪类型产生的影响

区块链技术伴随国家层面的大力提倡在我国具有极大的发展潜力,但相应的区块链技术作为一种新型技术对我国刑事犯罪类型也会产生长久且深远的影响。其所带来的虚拟货币狂热,与国家政务服务体系的结合,以及在网络层面所带来的信息互联到价值互联都对相应的犯罪类型产生了深刻的影响。

1. 对以财物为保护法益的犯罪类型的影响

随着区块链技术的蓬勃发展,可以预见的是区块链技术未来将与众多行业进一步融合,尤其是目前区块链应用最为成熟的虚拟货币应用将会更加受到重视。同时,大量线下资产通过相应途径转化为链上资产,如以代码的形式转化为链上资产。这些情况都会对我国目前以财物为保护法益犯罪类型产生如下影响:其一,比特币等虚拟货币的刑法保护界限模糊。作为比特币底层技术的区块链自诞生之日起其发展就与虚拟货币的发展息息相关,虚拟货币的发展推动了区块链技术的发展。德国已经在 2013 年 8 月承认比特币的合法地位,将比特币纳入国家监管体系之中,承认比特币作为货币单位使用,但是从全球范围来看承认比特币货币地位的国家依然还是少数,美国、韩国、荷兰等国对于比特币的货币地位都是不予承认的。[1] 我国目前对基于区块链技术的虚拟货币也是持打击、否认的态度。2019 年 11 月 15 日上海互金整治办牵头、市金融稳定联席办和中国人民银行上海总部联合印发《关于开展虚拟货币交易场所排摸整顿的通知》,开展对辖区内虚拟货币交易所排摸整顿,将比特币、以太坊等虚拟货币列入整治范围。国家基于金融稳定、货币稳定而对基于区块链技术的虚拟货币采取上述态度是无可非议的,毕竟哈耶克为了解决通货膨胀所主张的货币发行自由理论过于超前,金融、货币的稳定必然离不开国家这个中心,但随之而来的是虚拟货币的定位问题,即比特币等虚拟货币既然不是货币,那么其自身能否被认定为财物,能否成为刑法中盗窃罪、诈骗罪等财产类犯罪的客体,得到刑法的保护。其二,造成对区块链链上财产的保护空白。区块链链上的每一个节点都是一个用户,每一个用户都拥有自己的账户用以储存自己的链上资产,账户的安全性主要依靠私钥来进行维护。私钥是区块链技术中数据加密签名机制的核心,是证明个人所有权的关键,虽然私钥是用以保证区块链中的数据安全的,但私钥本身却并不是没有漏洞的完美存在,私钥本身依然存在被黑客攻击窃取的风险,对于私钥的窃取可以分为两种情形:一是运用计算机技术直接对私钥进行更改,使私钥的原所有权人失去其对于私钥的控制,进而失去对于个人区块链账户中资产的实际控制。二是通过计算机技术将私钥进行复制,使复制者获取他人链上账户的控制权,但此时账户实际所有权人也并未丧失对于自身账户的实际控制权,对于该种情况如果行为人并未对财产进行进一步的转移,那么仅仅根据此种危险状态认定行为人实行了盗窃行为的着手存在一定的困难。同时,复制私钥的行为也难以以犯罪行为进行论处,据此,由于区块链的技术性因素会使刑法对链上资产形成保护上的空白。

---

[1] 参见徐明星、刘勇:《区块链:重塑经济与世界》,中信出版集团股份有限公司 2016 年版,第 141 ~ 145 页。

2. 对以国家监管制度为保护法益的犯罪类型的影响

区块链技术与政府政务服务、监管的融合已经是大势所趋，习近平总书记在中共中央政治局就区块链技术发展现状和趋势进行第十八次集体学习时指出："要探索利用区块链数据共享模式，实现政务数据跨部门、跨区域共同维护和利用，促进业务协同办理，深化'最多跑一次'改革，为人民群众带来更好的政务服务体验。"[1]区块链技术与政府监管的深度融合将创新监管形式，使政府"事后"的监管变得"按需即时"。这一新型的监管形式将对我国《刑法》分则第三章的以国家监管制度为保护法益的犯罪类型产生影响，具体而言，将使以国家监管制度为保护法益的犯罪类型犯罪的犯罪率下降。以生产销售假冒伪劣商品这一类罪为例，以往国家监管制度往往受制于监管成本而采取抽样、随机监管的形式来进行相应的监管工作，使一些假冒伪劣商品有极大的可能性流入市场，并且往往在发生了严重后果时才由刑法这一利器介入来对相关行为人予以制裁。区块链与国家监管的融合将产品各方主体纳入区块链之中，以区块为单位的链式数据结构来验证与储存产品数据，利用分布式节点共识算法来生成和更新数据，利用密码学方式保证数据传输和访问安全，最终利用自动化脚本代码组成的智能合约来编程和操作数据。这种多方协同的模式将提高监管效率，降低监管成本，同时区块链内容的不可篡改性将有效地规避利益相关主体对产品数据的更改，监管的实时性将使相关问题的爆发时间点前移，使刑法介入的空间萎缩，犯罪率下降。

3. 对以网络为手段、对象的犯罪类型的影响

区块链技术归根结底还是要以互联网为依托，其本质也是一种信息网络技术的创新。区块链技术的出现就如打开潘多拉魔盒一般，使网络这一平台诞生出新的"邪恶"，其"恶"具体如下：其一，为传统犯罪转移到网络这

---

[1] 习近平：《把区块链作为核心技术自主创新重要突破口 加快推动区块链技术和产业创新发展》，载《人民日报》2019年10月26日，第1版。

一平台提供了便利。虽然如今网络诈骗、网络盗窃的案件并不少，但是区块链技术的出现将在现今的基础之上进一步刺激传统犯罪利用区块链进行犯罪。区块链一般具有两种类型，其分别是公有链以及联盟链，公有链与联盟链相比最大的区别在于公有链中网络接入不受限制且用户匿名。根据当今政策精神，区块链中联盟链在我国落地可能性较大，公有链由于监管以及安全等一系列原因在我国落地可能性不大。即使得不到官方层面承认，也不影响公有链在我国民间的应用与发展。正如上所言，公有链中匿名性、进入的无门槛性以及缺乏监管者的特征都将极大地刺激行为人通过区块链进行传统犯罪，尤其是智能合约与区块链相结合之后将更加使区块链成为滋生传统犯罪的沃土。以买凶杀人为例，若买凶者设计了一个买凶杀人的智能合约：若杀死某某，则支付 1 万元，并提前设置好能够证明将人杀死的条件。根据公有链的特征该智能合约将发布至链上的每一个节点，而买凶者也不知道谁最终将人杀死，杀人者也不知道雇佣者是谁，且合约的执行完全是自动的，一经发布则不再可以对其进行更改。可见，公有链的存在将为行为人实施故意杀人罪、诈骗罪等传统犯罪提供极大的便利。其二，对区块链下共犯的认定带来了难题。如上所述，在链上通过智能合约来进行犯罪时，犯意提出者与最终实行者之间二者并没有直接的犯意联络，犯意提出者并不知道是否会有人去实施犯罪行为，也不知道他人什么时间去实施犯罪行为。犯罪实施者也不知道是否还有其他人与其共同实施，在这些问题之下能否认定犯意提出者与犯罪实行者之间具有犯意联络，进而认定共犯成立还是存在的一定的问题。其三，区块链技术平台责任模糊。利用区块链技术在区块链平台之上进行犯罪行为时平台应当承担什么责任也是值得探讨的问题，由于区块链的技术特征之一就是去中心化，按照传统网络平台运营模式平台往往就是一个最大的中心。以淘宝为例，用户在进行交易时其钱款并不是直接交给商户，而是以淘宝这个平台的信用为基础进行背书，钱款暂时存放在平台，可见平台本身就是交易的中心，其相应地就需要承担更多的责任。在区块链之中没有绝对的中心,其技术中立特征更加明显,当出现犯罪行为时平台是否应当承担责任,应当承担何种程度的责任,这些问题都需要在进一步了解区块链的基础上进行合理的解答。

(二)区块链技术中刑事犯罪的行为分析

与区块链相关联的犯罪目前呈现复杂化、多样化、技术性的特征,其中有些犯罪只是披着区块链技术这层透明外衣,其本质与传统犯罪并无区别。有些犯罪则的确在区块链技术的加入下使犯罪关系进一步复杂化,犯罪法益的保护变得模糊,存在如何正确适用刑法的问题。因此,有必要将与区块链有关的犯罪以其侵犯客体、侵犯手段为标准,将其犯罪行为抽离出来进行类型化分析,以期正确地认识犯罪,为刑法正确的适用提供条件。

1. 以区块链技术为基础的比特币等虚拟货币为犯罪对象的行为类型

该行为类型可以分为两部分进行讨论,第一部分为以比特币等虚拟货币为犯罪对象的行为类型。比特币等虚拟货币在刑法上如何定位,即应当将其列入货币范围还是列入财物,甚至应不应当将其纳入刑法保护范围,该问题对合理解决比特币等虚拟货币为犯罪对象的犯罪行为至关重要。2013年12月中国人民银行等五部委出台的《关于防范比特币风险的通知》中指出:“从性质上看,比特币应当是一种特定的虚拟商品,不具有与货币等同的法律地位,不能且不应作为货币在市场上流通使用。”据此,国家层面在对比特币能否作为一种货币这一问题上是持否定态度的,但从该通知中可以看出国家层面还是承认比特币具有商品属性的,而这也从侧面说明比特币本身是具有一定价值的。据此,将比特币作为刑法意义上的财物予以保护应当是不存在任何问题的,对于盗窃比特币、诈骗比特币等以比特币为犯罪对象的犯罪行为按照盗窃普通财物的基本思路就可以予以解决。但是,由于比特币的价值并不完全等于其实际价值,其现实价值往往存在市场炒作因素,对于盗窃比特币、诈骗比特币中具体数额如何确定还有待于进一步研究。除比特币以外的其他虚拟货币能否也作为财物得到刑法保护的问题,应当把握住虚拟货币的本质进行判断,正如将比特币认定为商品是因为其自身具有价值,并且根据区块链的运行机制比特币的价值相对较高,那么对于其他虚拟货币能否成为刑法保护的财物的判断标准就在于是否具有价值。比特币通过矿工挖矿的激励机制,比特币限定总额等多种方式赋予比特币自身价值,如果其他所谓的虚拟货币自身不存在任何可以赋予价值的机制,那么其本质就是所谓的"空气币",自身就不具有价值,就不能得到刑法的保护。相反,如果其是以区块链为基础的虚拟货币,并且具有赋予货币价值的机制,那么其就可以作为财物得到刑法的保护。第二部分就是以区块链技术为基础的比特币等虚拟货币为幌子而进行的犯罪行为。近年来,非法集资活动的场域由现实世界逐渐向网络世界转移。[1] 该种行为多出现于诈骗类、非法集资类犯罪之中,比特币在投资市场的火爆使虚拟货币这一概念进入了大众的视野之中,这一概念也被不法分子盯上,行为人往往并不具有区块链技术而谎称其所持有的虚拟货币是比特币,或者是与比特币具有类似价值的虚拟货币,具有极高的升值空间,其往往所持的虚拟货币就是"空气币",所谓的升值与贬值完全是其一面之词并没有相应的技术基础与事实依据,该种行为类型的本质就是披着区块链技术外衣,实施诈骗、非法经营、传销之实。

2. 以区块链技术为基础的比特币等虚拟货币为犯罪手段的行为类型

2017 年 9 月,中国人民银行、中央网信办、工业和信息化部、国家工商总局、银监会、证监会、保监会发布了《关于防范代币发行融资的公告》,将虚拟货币发行融资的行为界定为"一种未经批准非法公开融资的行为",并要求任何组织和个人都不得非法从事代币发行融资活动,任何交易平台都不得从事兑换业务、不得买卖虚拟货币、不得提供服务,任何金融机构和非银行支付机构不得开展与代币发行融资交易相关的业务。上述规定的出台就意

---

〔1〕 参见徐彰:《互联网时代非法集资犯罪治理模式之修正》,载《南通大学学报(社会科学版)》2018 年第 3 期。

味着在我国国内比特币等虚拟货币并不能在场内进行交易,但是上述规定没有禁止个人与个人之间的比特币交易,并且由于比特币以及部分虚拟货币如以太币等虚拟货币在部分国家,甚至地下网络是可以作为货币兑换单位进行使用的,这样一来就使比特币等虚拟货币有可能成为行为人进行犯罪活动的犯罪手段。该种犯罪类型主要集中于逃汇罪、洗钱罪以及隐瞒犯罪所得、犯罪所得收益罪,其往往有两种行为方式:其一,用人单位使用人民币或者其他外币通过区块链购买比特币或者其他虚拟货币,然后通过区块链技术将比特币等虚拟货币转移至承认比特币或其他虚拟货币作为兑换单位的国家,最后将比特币等虚拟货币兑换为等值外币。其二,行为人将犯罪所得在国内兑换为比特币等虚拟货币,用以隐瞒其犯罪所得的行为。若该犯罪所得及其产生的收益属于毒品犯罪、黑社会性质的组织犯罪、恐怖活动犯罪、走私犯罪、贪污贿赂犯罪、破坏金融监管秩序犯罪、金融诈骗犯罪的情况下,则可能涉嫌洗钱罪。例如,2015 年 5 月 29 日,暗网黑市“丝绸之路”的网站站长罗斯·乌尔布里奇被判处不可保释的终身监禁,该网站从事贩毒和洗钱,便是以比特币为支付手段。[1]

3. 以智能合约为犯罪手段、对象的行为类型

智能合约自身并不是随着区块链技术而出现的,但智能合约是区块链不可或缺的重要技术。智能合约与区块链结合使智能合约成为区块链上的一段代码,在指定时间、事件触发下自动执行,使智能合约成为永久运行并具有实时性的一段代码。区块链之上的智能合约一方面具有节约成本、省时高效的优势,但另一方面也易于成为滋生犯罪的沃土。以智能合约为犯罪手段、对象的行为类型可以具体分为以下两种:其一,以智能合约为犯罪手段的行为类型。互联网和信息技术彻底改变了我们的生活,以至于网络空间中人们的行为结构也开始发生改变。[2] 智能合约与区块链的结合最大

---

〔1〕 参见郑戈:《区块链与未来法治》,载《东方法学》2018 年第 3 期。
〔2〕 参见黄京平:《新型网络犯罪认定中的规则判断》,载《中国刑事法杂志》2017 年第 6 期。

的贡献就是解决了智能合约中的信任问题,加密算法机制使合约签订方彼此之间不需要一个共同信任的“中心”,签订各方之间可以互相信任彼此,这就使智能合约具备了匿名性、隐蔽性与难以追踪性等特征,极易成为不法行为人犯罪的手段。将智能合约作为犯罪手段主要是指在区块链上通过智能合约的形式发布犯罪招募信息,寻求共同犯罪人,最终达成犯罪目的。因此该类犯罪行为主要出现于公有链运用场景之中,联盟链由于具有准入门槛且具有一定程度的监管,该种犯罪行为不太可能出现于联盟链之上。上述买凶杀人的行为模式可以类推至许多犯罪之中,招募许多犯罪的共犯,如洗钱、抢劫、绑架犯罪。这些恶性共同犯罪在现实生活中不易大规模爆发的原因就在于难以找到互相信任的共犯,但智能合约与区块链的结合使这一现实问题得到了有效解决,又由于智能合约的匿名保护、域名的频繁变更和最小化的交互使非法活动更难被执法部门监控,即使案发也很难被侦破,所以其社会危害性的范围会更加广泛,危害会更深。[1] 其二,以智能合约为犯罪对象的行为类型。该行为类型指的是通过计算机手段对智能合约进行攻击,从而使智能合约不能按照原先既定的要件进行执行,最终使行为人获利的类型。区块链的一大创新是可编程的状态转移函数,但再完备的代码也不可避免地存在漏洞。2016 年 6 月 17 日,全球最大的智能合约平台以太坊就遭到了黑客的攻击,黑客利用私募基金合约 THE DAO[2]的代码漏洞,将价值超过 5000 万美元的以太币转移至个人账户之中。在该案例中黑客宣称其行为完全符合代码逻辑,然而该黑客的行为是否符合代码逻辑还需要技术人员进行认定,倘若该黑客的行为真的符合该智能合约的代码逻辑,其行

[1] 参见赵志华:《区块链技术驱动下智能合约犯罪研究》,载《中国刑事法杂志》2019 年第 4 期。

[2] THE DAO 是一种基于区块链技术的一种分布式的自治组织,是通过智能合约运行的实体。其金融交易和规则被编码在区块链上,有效地消除了对中心化的需求,因此,对它的描述为“分布式”和“自主的”。分布式的自治组织,致力于成为像风险投资基金那样来运作加密和去中心化项目,没有了集中的权力约束,降低了成本,并在理论上为投资者提供了更多的自我控制和入场机会。

为是否还具有违法性是我们在智能合约时代不得不解决的一个重要问题。

（三）区块链下智能合约共同犯罪的认定

针对涉区块链行为犯罪与否的问题，刑法应当表明基本的立场，即在推动技术进步和强调风险防控中寻求平衡，而不可偏废。[1] 区块链技术给我国刑事法规制带来了巨大的挑战，区块链之上的资产如何在刑法意义上进行定位，区块链之上运用智能合约进行犯罪，相关行为人能否认定为共犯，以及区块链运行平台是否存在监管义务，当行为人利用区块链运行平台时平台是否应当承担刑事责任，对这些问题的解决是区块链技术之下价值互联时代所不能回避的。

1. 区块链资产的刑法定位

区块链上的资产不同于现实社会中的资产易于分辨，也不同于传统虚拟世界之中单一的虚拟财产，其具有多样性，要把握住各类资产的使用价值、交换价值并把握住该类资产的本质，进而为其在刑法体系之中寻找恰当的位置。区块链资产可以分为以下两类：一是虚拟货币。该种类型的代表是比特币、以太币，有些学者认为在盗窃比特币等情形下，可以适用非法获取计算机信息系统数据罪定罪处罚。[2] 对窃取网络虚拟财产情节严重的行为，定为非法获取计算机信息系统数据罪，可能是最佳选择。[3] 但非法获取计算机信息系统数据罪归属为扰乱公共秩序罪，盗窃虚拟财产没有扰乱公共秩序，其侵犯的多为个人法益，因此这种说法比较勉强。[4] 我国刑法中的财物是一个包括了有体物、无体物和财产性利益的最为广义的概念，因此完全能够涵盖虚拟财产，对于具有财产价值的虚拟财产应当按照财物予以刑

---

〔1〕 参见储陈城：《人工智能时代刑法的立场和功能》，载《中国刑事法杂志》2018 年第 6 期。
〔2〕 参见肖飒、张超：《比特币的法律属性及刑法保护》，载《证券时报》2016 年 4 月 30 日，第 4 版。
〔3〕 参见刘明祥：《窃取网络虚拟财产行为定性研究》，载《法学》2016 年第 1 期。
〔4〕 参见邓建鹏：《ICO 非法集资问题的法学思考》，载《暨南学报（哲学社会科学版）》2018 年第 8 期。

事保护。[1] 基于区块链技术而形成的虚拟货币,由于存在真实的发行成本,且区块链之中的算法及挖矿机制确保了其自身具有使用价值及交换价值,在《关于防范比特币风险的通知》已经明确将比特币定义为一种“虚拟商品”的情况下,在我国将比特币作为一种商品来对待是没有任何障碍的,其应当属于我国刑法意义上的财物。二是储存在区块链之上的个人信息。区块链技术的去中心化特征使个人信息价值发生了质的变化,在以往个人信息往往存储于一个中心化的机构之中,如学校、淘宝、银行,个人与中心之间对于个人信息提供的机制属于单向的,不具有平等性。这个中心如何运用个人信息是不会对当事人进行告知的,而当事人也没有途径去了解个人信息最终被用于何处。但是在去中心化的区块链之上每个节点的用户对于个人的个人信息拥有绝对的所有权与控制权,并不存在一个绝对的中心,当其他节点需要收集其他节点的个人信息时,双方所处的地位是平等的,且区块链具有的可追溯特征使提供个人信息的节点用户可以完全掌握个人信息的用途。在区块链之上节点用户的个人信息已经不仅仅属于一种人身权利了,个人信息的财产属性在区块链之上将更加凸显,个人信息的价值将不断增加。仅仅以非法获取公民个人信息罪来对个人信息进行保护已经不能适应价值网络时代对公民个人信息的价值定位,将区块链之上的个人信息列为财产类犯罪保护对象已经是大势所趋,但是对于公民个人信息的数额、数量的认定还有待进一步研究。

2. 区块链下智能合约共同犯罪的认定

区块链下的智能合约去除了共同犯罪中所有的中间信任环节,智能合约本身就是可以被直接信任的,这就意味着智能合约在为商业活动提供信任基础的同时,也成为犯罪团伙实施犯罪的便利工具。如上所述,将利用智能合约实施违法犯罪行为认定为共同犯罪的难题在于意思联络的确定,即

[1] 参见陈兴良:《虚拟财产的刑法属性及其保护路径》,载《中国法学》2017 年第 2 期。

能否认定犯罪实施者与犯意提出者在互不确定彼此真实身份，以及难以确定共同犯意形成时间的情况下认定为共同犯罪。对于该问题的解决应当把握住心理的因果性这一标准进行判断。概言之，通过智能合约进行招募犯罪人的行为其本质就是鼓动他人进行违法犯罪，因此只要能够确定犯意提出者对最终犯罪实施者实施犯罪行为具有心理的因果性，就可以认定二者之间具有意思联络，进而认定构成共犯。驱动"人"的心理上的因果性对于行为人来说，如同通过手指之力扣动扳机使子弹发射一样，是一种与违法性相关的外部现象。[1] 其与实行行为是具有内在的关联性与一致性的，通过对该问题的解决进而认定共犯的成立是不具有理论上的矛盾的。虽然公有链之上的用户都是匿名的，但是由于时间戳具有时间的先后顺序，这也就意味着在区块链之上追溯犯意提出者与犯罪实施者在技术上是具有可操作性的，虽然目前可能存在投入成本过高的问题，但是相信随着技术的不断进步，这一问题一定可以迎刃而解。

（四）区块链中平台义务与责任承担

区块链技术的广泛运用将使网络高度聚合性特征进一步显现，如果不能在技术创新与法律规制之间找到平衡点，那么网络刑事风险将持续在高位运行。区块链中平台义务与责任承担问题的解决是制约区块链技术能否在我国持续健康发展的关键问题。对于该问题应当一分为二进行看待，结合公有链与联盟链的不同特征，以及我国目前对于二者的不同态度将公有链与联盟链分开进行讨论。首先，对于公有链来说由于公有链本身的进入是不设门槛的，且公有链的维护是通过所有节点用户共同进行维护的，因此公有链上的各个核心客户端同时又是服务器，而这也就是公有链的去中心化。易言之，在公有链之上并不存在一个像淘宝、微信中所谓的中心化的平台管理者，在公有链之上仅仅存在的是平台维护者，但这些平台维护者对于

---

〔1〕 参见［日］前田雅英：《刑法总论讲义》，曾文科译，北京大学出版社2017年版，第305页。

区块链的运营并不存在管理权限,公有链平台往往只提供数据的链接服务而不提供任何内容服务,因此在公有链上并不存在传统意义上的“平台”。据此,在公有链之上也就不存在所谓的平台义务与责任承担的问题,对于利用公有链实施犯罪行为的行为人只能追究行为人个人的责任而不能要求“平台”承担刑事责任。其次,对于联盟链来说由于区块链相对封闭,具有一定的准入门槛且用户并不匿名,从我国政策来看区块链中落地可能性更大的是联盟链,因此对其平台责任的探究则更具有现实意义。我国目前对于区块链项目采取的是登记备案制度,换言之,必然存在一个法人从事联盟链的搭建与维护。联盟链的去中心化特征与公有链相比相对弱化,其可以称之为“弱中心化”。据此,在联盟链中存在一个相对弱化的中心,而这个中心往往就是该联盟链平台的管理与维护者,虽然其管理权限较少但是不可否认其对于该平台的信息存储、交易及社交承担着一定的监管权限,据此联盟链存在传统意义上的网络平台,该平台负有安全保障、资格审查、接受监管及信息保护等法定义务。在其不履行接受监管义务时成立拒不履行信息网络安全管理义务罪,在其成为他人犯罪工具时则有可能成立不作为的相应犯罪。

第五章
人工智能规范体系的建构

一、确立人工智能立法规范对象的基本思路

人工智能显然属于一种新兴科技,类比于互联网诞生之初人们将其法律规制纳入科技法范畴一样,人工智能的法律治理亦可归入科技法的范畴。然而,人工智能与互联网诞生初期的科技法治理思路显然存在重大差异,甚至具有根本性的不同。科技法确实能够在一定程度上起到调整作用,但是明显难以满足需求。因而,必须对人工智能立法进行较为系统全面的梳理,确立人工智能法的规范对象和调整方法,力图建构更符合人工智能发展规律和更具体系化的规范体系。龙卫球教授指出,人工智能法属于科技法范畴,具体包括人工智能市场法、风险治理法及政策法三大板块,尤其是要重视人工智能技术的社会思维,提前防控风险。[1] “人工智能科技基于自身属性及其实现要

---

〔1〕 参见龙卫球:《科技法迭代视角下的人工智能立法》,载《中南政法学院学报(法商研究)》2020年第1期;龙卫球:《人工智能立法的“科技-社会+经济”范式——基于引领法律与科技新型关系的视角》,载《武汉大学学报(哲学社会科学版)》2020年第1期。

求,其开发和应用等活动形成了相当复杂的合理需求和利益风险关系,特别是出现了迥然不同的活动划分以及伴随而来的极其复杂的赋能应用场景问题,使以往科技法关于规范对象及相关规范策略的认识,不宜简单套用,而需要做出合理调整和发展。"[1]

无论是现行立法,还是法学理论上的法律部门划分,特定法律的规范对象和调整方法都是应当首先明确的内容。同样,在人工智能立法进程中,也应当首先理清其规范对象。明确人工智能立法的规范对象,是开展科学立法和指导该法律正确适用的前提。任何立法的规范对象都应该说是指向特定社会活动,根据既有的立法经验,科技本身不会成为规范对象,需要规范的是科技活动及其产生的社会问题。长期以来,人类社会的立法几乎一直依赖于人对实际社会生活的理性建构,社会生活被人类想象出来的系列法律概念加以剖析重组,形成了笼罩在真实社会生活之上并力图建构人们生活世界和意义世界的规范网络。德国哲学家康德提出的12对范畴,成为人类理性解剖真实社会的手术刀。以"法律行为""权利""所有权""自由心证"等法律术语建构起来的规范体系,对生活世界进行了二次加工,使复杂的社会生活得到高度凝练,使原本显得较为散漫无序的人类社会变得条理井然。理性建构式立法将复杂无序的生活简单化,大大提升了人类行为的可预测性,降低了人类活动的社会风险。虽然理性建构式立法在一定程度上摧毁了田园牧歌式的生活想象,但其带来的经济效率的提升却是显而易见的,并因此而长盛不衰。然而,时至今日,这种过于简化的立法模式显然已经难以满足人工智能发展的需求。

一方面,人工智能技术的发展使少部分人拥有了利用抽象法律规则漏洞彻底碾压他人的竞争优势。精密的法律概念欲简化社会生活,其所凝练出的系列法律概念虽然可以涵盖绝大部分内容,但是总有少量例外无法避

〔1〕 龙卫球:《人工智能立法规范对象与规范策略》,载《上海政法学院学报(政法论丛)》2020年第3期。

免。在人类社会早期,这些漏洞的发现极为缓慢,社会上的各个主体能够在一个相对公平的环境下开展竞争。然而,随着人工智能的发展,人工智能能够利用其掌握的强大算力来迅速发现规则的漏洞,并以此牟利,彻底堵死公平竞争的出口。

另一方面,现有法律体系对社会事实的认定最终寄希望于简化的法律论证模型,而现有法律论证模型则将大量非标准化信息排除在论证过程之外,难以有效发现事实,从而导致法律认知与人工智能认知之间差距的扩大,并最终在与人工智能的竞争过程中出现危机。互联网诞生之前,人类收集、存储、传递和处理信息的能力十分弱小,法律决定的作出事实上必须依赖一定量的信息,为了"定分止争",高效地作出满足社会需要的法律决策,就必须对法律决策所依据的信息进行必要限制,防止久拖不决。然而在当今时代,人类社会收集、存储、传递和处理信息的能力正在呈现指数级形态提升,那些在以往看来难以获取的信息,现在却能够以极为低廉的成本获取。同时,在看似杂乱无章的信息中,人们应用人工智能技术可以发现被广泛忽略的相关关系。在法律人看来,法律事实不同于生活事实,在法律事实与生活事实不一致时,应当选择依据法律事实来作出权威决断。应当明确的是,法律事实高于生活事实的合理性主要在于,人类根据当时的技术水平无法在可承受成本范围内发现生活事实,而必须根据已经能够确定的信息作出最优判断。在人工智能高度发展的当代社会,人类发现事实的能力得到迅速提升,而尤其是从不相关信息中发掘行为相关性等方面,人工智能显示了极大优势。

基于此,人工智能立法不能仅仅从以互联网法类似的传统科技法的范畴来确立规范对象,而必须充分考虑到人工智能自身具有的特殊性,既要防止过于拘泥于细节问题导致价值崩溃、功能紊乱和知识碎片化问题,又要防止为追求体系精密而导致的过于简化问题。

首先,要充分认识人工智能立法规范对象的不确定性。人工智能科技相关活动作为一项基础设施,不仅会深度嵌入各个经济生产部门中,而且会深入社会生活中,甚至重塑人类的自我认知。此过程面临着很多风险,一些风险已经为人所知,但更多风险只能初窥门径,人工智能活动的方向及其后果都面临着很大的不确定性。当然,索罗斯等人也指出人类经济活动本身就并非理性产物,本身就存在很大的不确定性。但是,这种不确定性大多只会带来周期性经济波动,并不会出现类似人工智能发展的不可预知后果。因此,在确立人工智能立法的规范对象时,应充分考虑其不确定性,及时跟进人工智能的新型应用场景。

其次,正确认识人工智能立法规范对象的社会技术属性。人工智能社会活动与互联网等科技活动存在显著差异,互联网本质上只是改变了信息收集、存储、传输模式,并未涉及人类认知方式和价值体系的根本性变革。迄今为止,人类认知世界的主要方式是通过感性材料来获取初步认识,并在此基础上进行推理获取知识。受制于人类个体的信息收集能力,人们不可能接收到足够数量的信息,而只能根据既有经验的积累来根据少量感性材料包含的简单信息作出推理。例如,人类的听觉系统、视觉系统,事实上都是以大量既有经验模型为基础的,其他的知识技能亦是如此。而随着人工智能技术的发展,除个人的注意力之外,获取信息的成本将会无限接近于零,在此情形下个人在很大程度上必须依赖人工智能技术来处理海量的信息,以便作出最优决策。同时,大量低成本的传感器、摄像机等器材能够迅速记录个人学习历程,并指导个人按照最优的方式开展知识技能的学习。除改变现有人类认知模式之外,人工智能技术还将对现有价值体系形成冲击,典型的如智能机器人伴侣、人机融合,以及人工智能对劳动力市场的冲击带来的激励失效问题等。

二、人工智能规范的体系架构

合理的体系架构是科学开展人工智能立法的关键,而如何确立人工智能立法的内部体系,至今仍然未有定论。在科技法领域,如果仅仅根据类似权利类型化的方式来进行体系建构显然是难以开展的,因为科技活动本身具有较强的不确定性,其所影响的权利内容也存在较大的不确定性,既可能创制新型权利,亦可能带来现有某种权利实现方式的革命性变革。根据法律规范所欲调控行为的类型差异以及行为的内部结构,能够建立较为有效的法律规范体系,既能涵盖科技活动本身带来的不确定性影响,也能够维持规范体系自身的稳定性。从人工智能活动的具体行为看,其内容可划分为人工智能科技开发活动、人工智能科技赋能活动;从人工智能活动的内部结构上看,其核心流程主要包括信息收集、信息存储、信息传输与信息处理。相应地,从体系结构上看,人工智能规范体系的建构思路也就十分明确,即涵盖人工智能科技开发规范与人工智能科技赋能规范两大部分;从规范的具体内容上看,人工智能法律体系的规范包括信息收集规范、信息存储规范、信息传输规范与信息处理规范。

(一)科技开发规范与科技赋能规范:人工智能法律规范的体系结构

科技活动不仅带来了科技创新与产业应用,还直接参与了对人类社会的改造。“以往科技法规范对象指向的通常是专业科技为实现自身固有科技价值的开发和应用的科技活动;但现在人工智能立法规范对象指向的科技活动,基于其双重性特点,除了需要为实现自身专业科技属性而开展的开发和应用活动(可称专业科技活动)之外,同时还包括为了实现其巨大赋能功能而做出开发和应用活动(可称赋能科技活动)。”[1] 在机器学习等人工智能技术诞生之前,科技赋能虽然也存在,但是其赋能范围相对较小,其带来的社会影响大多呈现渐进式变迁,而非迅猛突变。印刷术、火药等技术,实际上经历数百年才带来人类社会的革命性改变。互联网技术的诞生,则大大加快了科技赋能的进程。而建立在互联网等技术之上的人工智能,其

---

〔1〕 龙卫球:《人工智能立法规范对象与规范策略》,载《上海政法学院学报(政法论丛)》2020 年第 3 期。

赋能深度、广度与速度都将远超互联网科技。因此,如果仅仅像互联网科技立法一样,仅仅关注科技开发规范,则很显然难敷其用。故人工智能立法既需要关注专业性科技开发,亦应重视科技赋能。

1. 人工智能开发规范

人工智能的技术研发与产业应用,虽然与其他科技类型的科技活动存在部分差异,但是其在性质上也具有较多的相通性,可以援用部分科技法的部分内容。当然,传统的科技法受制于资本增殖的逻辑,将科技创新作为打造新的生产要素的重要手段,其逻辑始终是利用新型科技形成竞争优势以获取超额利润。科技被作为一种生产要素来进行规范,鼓励科技创新、保护科技成果交易安全成为科技法的根本使命,科技成果的公益利用则相对居于次要地位。当抽象的知识产权等被纳入资本主义生产时就需要资本主义作出大量投资。这种投资又必然催生法律对知识产品更加严格的保护。[1]虽然知识产权法的这种调整必然会侵害原有的科学精神。当知识财产规范开始调整科学性劳动的时候,科技劳动者的规范性活动开始发生变化,传统的科学精神,包括共享主义、非私利性以及有条理的怀疑主义,逐渐遭遇篡改,因为这些观念不利于知识的独占主张。[2] 美国法学家罗伯特·P. 莫杰思也指出,功利主义无法解释知识产权的正当性,知识产权的合理性源于“重叠共识”意义上的“公共空间”。个体的科技创造应当得到奖励,而个体的科技创造行为却绝非个人的全部努力之结果,而是源于社会合力,故社会

---

〔1〕 按照经济学中的理性人假设,如果某项投资没有足够的吸引力,人们一般就不会投资某个领域,而会将资金转移到其他回报较高的领域。同样,如果法律不能较好地保护自己的投资利益,投资者也自然会设法转移。因此,知识产品方面的投资增加本来就说明了法律对知识产权的保护程度在增强。

〔2〕 参见[澳]彼得·德霍斯:《知识财产法哲学》,周林译,商务印书馆 2008 年版,第 125 页。布雷弗曼等学者也认为:“现代科学管理重要原则就是劳动过程和工人技术相分离、概念和执行的分离以及利用知识垄断控制劳动过程……科学本来应该保持中立,却被垄断资本收编。”参见[美]哈里·弗雷德曼:《劳动与垄断资本:二十世纪中劳动的退化》,方生译,商务印书馆 1974 年版,第 103~112 页、第 380 页。转引自闻翔、周潇:《西方劳动过程理论与中国经验:一个批判性的评述》,载《中国社会科学》2007 年第 3 期。

公众也享有次于科技创造者的收益权。[1] “以往科技法仅在偶尔的时候才会兼顾技术安全和风险:早期主要是工业应用领域,当时在劳工保护运动推动下逐渐关注了工厂事故;后来在化工领域,特别是核科技的应用领域,基于人类安全威胁意识逐渐关注特殊科技安全问题,逐渐发展出科技安全和风险法。”[2] 20 世纪末,科技竞争在国家之间的经济竞争集中占据了越来越重要的地位,相应的科技创新奖励及相应法律法规也得到了蓬勃发展。毫无疑问,这些知识产权规范在很大程度上都能够应用于人工智能的科技开发。为更好适应人工智能的发展特点,在这些知识产权规范的基础上,有必要对其中的部分规范进行适当调整。

2. 人工智能科技赋能规范

从严格意义上说,包括人工智能在内所有科技创新都在为人类赋能。文字的诞生使人类能够更多、更快、更为准确地记录、传递信息,车辆的发明使人类有了更强的运输能力,指南针的发明使人类拥有了海上远航辨识方向的能力,电报、电话的发明使人们拥有了远程信息传输能力。这些重大科技创新赋能人类社会发展,带来了经济社会的巨大变革。人工智能的特殊性何在?人工智能技术赋能人类社会带来的改变与互联网等科技创新大不相同,互联网等科技创新虽然对人类社会的组织形态和治理体系有所改变,但并未从根本上改变自然人具有的各项智力、体力竞争格局。人工智能与互联网等科技创新赋能人类社会发展的最大差异可能在于,控制人工智能入口的人掌握了远超他人的信息,形成了绝对的信息优势,从而在各项经济社会生活中稳居不败之地。

人工智能赋能具有极为多样化的应用场景,而随着人工智能基础设施

---

〔1〕 参见[美]罗伯特·P. 莫杰思:《知识产权正当性解释》,金海军、史兆欢、寇海侠译,商务印书馆 2019 年版,第 20 页、第 25 页、第 26 页、第 42 页、第 43 页。

〔2〕 龙卫球:《科技法迭代视角下的人工智能立法》,载《中南政法学院学报(法商研究)》2020 年第 1 期。

的继续完善,其应用场景亦随之不断拓展,人工智能赋能带来了各方强弱关系的剧烈变化,需要全新的利益分配规则、风险防控规则等治理规范。人工智能赋能带来的系列问题,传统的科技法并未引起重视,无法继续用传统的科技法来进行治理。“人工智能赋权科技活动的规范策略,应当建立在对赋能科技活动自身特点及其存在规律的准确分析基础上,合理规范策略就隐藏在这种赋能活动的事理之中。”[1]在多项人工智能的应用场景中,如果沿用传统的科技法治理规则,必然会导致严重的社会问题。例如,在人工智能的金融市场应用中,政府监管机构、证券公司、保险公司、交易员、投资机构等都可以利用人工智能获取远胜于常规操作的优势。监管部门可以利用人工智能技术开展分析,发现大量的运用常规手段无法察觉的干扰金融市场行为,但是其带来的后果却是更为广泛的用户信息收集与更加严密地监控。证券公司能够利用人工智能技术更加方便快捷地进行结算,提高资金使用效率。保险公司可以利用人工智能识别出高风险投保客户,并通过提高保险费或拒绝投保等方式,来排除这些被精准识别出的高风险客户。交易员可以利用人工智能技术来寻找出更具潜力的股票等投资标的,甚至可以利用人工智能技术打造智能化套利系统,投资机构也可以利用人工智能技术来更加高效地在金融市场猎杀散户。此外,在人工智能技术的交通服务运用领域,也存在类似问题。美国航空公司在20世纪90年代就已经开始差异化定价策略,在高峰期适当提价;同样,Uber公司也一直实施动态定价策略,在用车高峰期,Uber打车的费用可达到常规时间段的5倍以上。Uber公司通过大量收集用户数据信息,从而发现潜在的高度依赖客户,在必要时也可以培养用户习惯,并在用户黏性大幅提升的同时采取适时加价策略,并通过人工智能技术对不同用户实施差异化赋价方式。美国学者米特尼克指出,Uber公司实际上已经打破了传统交通服务领域客户拥有的匿名性,公司可

---

〔1〕 龙卫球:《人工智能立法规范对象与规范策略》,载《上海政法学院学报(政法论丛)》2020年第3期。

以全程追踪用户行程,拥有了强大的监控权力。[1]

为建立更好的利益分配体系和风险防控体系,人工智能立法应强化两方面的内容。首先,要科学设置人工智能技术赋能的法律边界。很显然,人工智能的应用应当受到合理限制,而非无限制拓展。典型的如保险公司利用人工智能技术识别被保险人风险级别的情形,以及淘宝、京东等网上购物平台实施的"大数据杀熟"等,都应当是被禁止的。人们不可能提前预知所有类型的人工智能技术滥用的情形,立法也不可能完全对此进行穷举。因此,更合理的方法是确立一个简便而精确的判断原则,来判断人工智能的应用是否合理。德国著名哲学家黑格尔曾经指出,凡是合乎理性的东西都是现实的,凡是现实的东西都是合乎理性的。[2] 很多以直觉观察感到不合理的制度,在特定时空领域看来却是完全合理的。而其之所以是合理的,在很大程度上是因为该制度是既有资源约束条件下的最优选择。在人工智能的各应用场景中,除危害性巨大并已经被社会公众认为应当进行明确限制的情形外,还应设置相对较为灵活的判断标准,来对权衡人工智能技术应用的利弊。其次,要建立人工智能应用的风险防控规则。人工智能应用场景的拓展,将带来大范围失业、社会激励体系失效等问题,应当提前制定风险防控规则。关于失业问题,世界各国已经制定了大量相关的社会保障法,基本上能够满足需求。但是对于社会激励体系失效的问题,至今仍然缺乏合理的治理手段,这是未来法学界亟须解决的难题。除失业等问题外,人工智能还会引发现有社会风险分担方式的变革,如自动驾驶、智能医疗。关于自动

---

〔1〕 参见[美]凯文·米特尼克、罗伯特·瓦摩西:《捍卫隐私》,吴攀译,浙江人民出版社2019年版,第185页。

〔2〕 参见[德]黑格尔:《法哲学原理》,范扬、张企泰译,商务印书馆2017年版,"序言"第12页。

驾驶,目前多国已经开展相应立法,我国也已经进行相关尝试。[1] 而人工智能的医疗过失如何认定?责任应当如何分配?这些至今仍然是有待解决的问题。

(二)信息收集、存储、传输与处理规范:人工智能核心流程的法律规制

有研究者将人工智能立法的核心限定于算法,笔者认为此种观点值得商榷。其原因在于,算法本质上只是计算机程序,太过笼统,无法全面涵括人工智能运用的全部环节。另外,立法者缺乏深入了解算法的知识储备,且现有法律语言难以精确描述算法。人工智能立法应当对人工智能技术的核心流程开展规制,其核心包括 4 个关键环节,需要对信息收集、信息存储、信息传输、信息处理进行系统性规制。从现行主要的人工智能技术的实施过程看,其核心是在收集海量数据信息的基础上按照一定算法来获取相应知识并作出决断,对其流程进行概括,就会发现人工智能技术应用场景虽然十分复杂,但是核心内容无外乎信息收集、信息存储、信息传输、信息处理四个方面。人工智能技术介入人类社会的基础性方式包括两个方面:一是收集有关人类个体的数据信息;二是运用算法来参与社会生活。其中,收集人类有关的数据信息是手段,而直接影响人类的社会生活是实际后果。这两方

---

[1] 美国内华达州于 2011 年 6 月颁行法律授权自动驾驶汽车上道路行驶。其后多个州开始效仿。2013 年 5 月 30 日,美国国家公路交通安全委员会(National Transportation Safety Board, NHTSA)就已经发布了指导性文件《关于自动驾驶汽车法规的意见》,提出了自动驾驶汽车立法的建议。2017 年美国出台《自动驾驶法案》(Self Drive Act)。日本警察厅于 2016 年 5 月颁布《自动驾驶汽车道路测试指南》,允许自动驾驶汽车上道路测试试验。2016 年 4 月,《联合国道路交通公约》关于自动驾驶汽车的修正案正式生效。在中国国内,2017 年 12 月 18 日,北京市交通委正式印发《北京市关于加快推进自动驾驶车辆道路测试有关工作的指导意见(试行)》和《北京市自动驾驶车辆道路测试管理实施细则(试行)》。2018 年 4 月 11 日,工信部、公安部、交通部印发《智能网联汽车道路测试管理规范(试行)》(工信部联装〔2018〕66 号)。该规章自 2018 年 5 月 1 日起施行,明确了测试主体、测试驾驶人及测试车辆应具备的条件,以及测试申请及审核、测试管理、交通违法和事故处理等内容。截至 2021 年 2 月,我国已累计开放智能网联汽车测试道路超过 2000 公里,发放测试牌照 400 余张,道路测试总里程超过 200 万公里。2021 年 1 月 19 日工信部又联合两部门对该规章进行了大幅修订,出台了《智能网联汽车道路测试与示范应用管理规范(试行)》。将原规章的 29 条拓展至 38 条,尤其是强调了示范应用、高速公路测试、测试互认等推动自动驾驶产业应用的规范。

面的内容,本质上都可以被涵盖在信息收集、信息存储、信息传输和信息处理四个流程中。

事实上,无论是人工智能的科技开发还是人工智能的赋能应用,都可以被归纳到信息收集、信息存储、信息传输和信息处理四个流程中。以芯片为核心的信息传感性能的提升,提高了人类的信息收集能力;计算机硬件性能的提升,带来了信息存储能力的指数级提升;互联网软件处理系统的诞生,带来了信息传输能力的飞越;大数据分析方法机器学习的普及应用,带来了人类信息处理能力的极大提升。人工智能介入人类社会生活离不开信息媒介,其介入社会的具体行为方式就是信息收集、信息存储、信息传输和信息处理。以智能医疗为例,我们能够十分清楚地了解这一点。在智能医疗中,智能机器人大量搜集相关医疗案例,阅读医学论文,从而获得了相关的医疗诊断技能。这一过程,无外乎就是搜集信息(案例、学术论文等)—存储信息(将案例、论文等存储下来)—信息处理(建立医疗诊断的模型)。在自动驾驶等人工智能的应用场景中,也基本上会出现类似的情形。无论是智能医疗还是自动驾驶等,实际上相应的机构都会大量收集用户信息,这些信息也会难以避免地被商业化应用,如根据智能医疗中的信息向特定病人推送相关药品广告,根据自动驾驶服务使用者的行程记录等信息来推送餐饮服务等。

人工智能立法,应当分别针对信息收集、信息存储、信息传输和信息处理四大核心流程设置规范。对于信息收集,核心要点是保障用户隐私权,明确信息收集的边界范围,明确哪些信息是禁止收集的及哪些信息是可以合理收集的,禁止侵害用户权益的捆绑销售,防范个人信息被不合理地收集。同时,要明确信息收集的程序,将信息授权的程序明确化,在法律上对信息授权行为的举证责任进行合理分配。对于信息存储,要点是防范信息被不当泄露,要求信息存储机构应当制定合理的信息安全行业标准,并应对突发事件做好预案。对于信息传输,其要点是防止垃圾广告等不合理的信息传输行为。对于信息处理,应当防范明显具有歧视性的算法设计,诸如禁止大数据杀熟、禁止保险公司利用人工智能技术实行歧视性对待。

三、人工智能立法的价值导向与实现机制

近年来,依托计算机信息和互联网技术的迅猛发展,人工智能科学取得了突飞猛进的进步。在互联网与人工智能的背景下,一些工作可能被人工智能替代,因此必须加大互联网、人工智能和依法治国的融合,推动科学立法。[1] 人工智能的发展有着极大的空间和潜力,由此带来的变革还需要我们进一步地观察和了解。此外,在立法方面仍然存在一些问题需要我们进一步研究与完善。[2] 也就是说,现阶段人工智能尚处于起步阶段,系统的立法条件尚不成熟。目前,世界上大多数国家对于人工智能方面的立法也只是停留在政策层面,并没有形成系统的人工智能法律体系,[3] 构建人工智能法律体系显得尤为重要。近些年,越来越多的学者投入到人工智能立法体系的研究中来,各国学者对于人工智能立法体系的研究也越来越深入,但是,需要注意的是对于此项立法体系的构建需要制订详细的计划并有序地去进行,而不是盲目地开展。

(一)世界各国面临人口智能难题

当前,世界上的各个国家都面临着人工智能立法这一难题。近年来,人工智能立法亦受到了我国的关注和重视,被提上议程,但是,其作为一种新事物,目前尚处于摸索阶段。

首先,传统意义上犯罪人的主观罪过(故意还是过失)是权衡一个人是否构成刑事责任的重要因素,其前提是人类具有独立意识。[4] 人工智能在

---

〔1〕 参见江必新、郑礼华:《互联网、大数据、人工智能与科学立法》,载《法学杂志》2018 年第 5 期。
〔2〕 参见郑戈:《人工智能与法律的未来》,载《探索与争鸣》2017 年第 10 期。
〔3〕 参见倪楠:《人工智能发展过程中的法律规制问题研究》,载《人文杂志》2018 年第 4 期。
〔4〕 参见黎宏:《罪刑法定原则下犯罪的概念及其特征》,载《法学评论》2002 年第 4 期。

发展的过程中,通过自身的学习逐渐获得了一些技能,这使它们的行为越来越难预测,因此,对于他们是否具有主观认识也就有了不同的看法。举例来讲,有的人工智能产品对人造成了损害结果,对于人工智能产品的这种行为,其主观罪过该如何认定就成为一个难题。学术界认为,人工智能存在高级人工智能和低级人工智能。支持高级人工智能的学者认为,未来制造出的人工智能产品机,能够具有像人一样的独立推理与分析问题能力,是具有主观认识的;支持低级人工智能者则认为,人工智能不会像人一样具有独立意识,都是人研发出来的。这两种观点大相径庭,具体到人工智能司法审判领域,司法人工智能有初级和高级司法人工智能,其中,初级的司法人工智能只是司法辅助工具而已。[1]

其次,立法必须明确相关主体的法律地位,但是,人工智能的法律地位这个关键内容存在难题,众说纷纭,有肯定说、否定说和有限人格说。[2] 究其原因,主要是因为人工智能技术发展迅速,有时甚至可以代替人类来做一些事情。虽然人工智能是受人类设计开发的程序所控制,但是,其本身同时具有我们不能否认的独立性。比如,就发表不当言论这件事而言,如果发表不当言论的主体是人,很有可能就构成了犯罪,但是,如果是"人工智能"发表的不当言论或者是人教唆人工智能实施的不当言论这一行为,应当怎样处理却会令人困惑。从传统的观念来看,人是法律主体,人工智能产品只有获得法律的认可才可以成为和人一样的主体,人工智能产品也应当遵守法律和道德。就当前的情况来看,为了避免出现法律行为认定障碍与不易处理等问题,并不能将人工智能视为和人一样的法律主体。[3]

此外,人工智能衍生物的客观行为。从客观行为来看会涉及两种情形:

---

〔1〕 参见童碧君:《裁判人工智能化的定位,阻碍与前瞻》,载《黑河学刊》2020 年第 1 期。

〔2〕 参见郭剑平:《制度变迁史视域下人工智能法律主体地位的法理诠释》,载《北方法学》2020 年第 6 期。

〔3〕 参见孙伟平、戴益斌:《关于人工智能主体地位的哲学思考》,载《社会科学战线》2018 年第 7 期。

一种是人工智能衍生物本身用途没有害处，但是应用到社会实践中时却造成了损害。另一种是有些人故意借助人工智能产品从事犯罪活动，比如，利用人工智能衍生物非法获取公民信息，继而进行犯罪。从传统来看，法律行为的主体是人，一个人的行为之所以被认定为犯罪，需要人的行为违法。而人工智能衍生物的行为主体并非人，设计者将人工智能衍生物设计完成后，其就开始独立工作，有时候他甚至无须按照人的指令即可自行工作。随着人工智能的快速发展，一些人工智能衍生物甚至超越人类。[1] 但是，不可否认的是，人工智能衍生物所作出的行为和人的行为又具有一定的相连性，因为人工智能衍生物运用人类的指令是不可避免的。那么问题就在于，到底认定为人工智能衍生物的行为还是人类的行为。

（二）人工智能立法在我国的现状与发展

传统法学寻找一部法律研究对象的方法主要有两种：第一种是从本质来看，例如，柏拉图研究出的理念论；第二种是从非本质的角度来看，从哲学的思维角度出发，这里比较有代表性的是海德格尔提出的存在论，以及马克思主义提出的实践论。立法的前提是找到这部法律所调整和规范的对象，同时，要研究一项立法，首当其冲的是研究它所规范的对象，否则，对这部法律的研究将毫无意义。但是，找出人工智能立法调整对象的难点在于人工智能目前是全世界研究的较为先进的前沿科学和技术，人们对其研究还需要深入。

我国尚未出台系统的人工智能立法。国务院于 2017 年颁布了《新一代人工智能发展规划》，[2] 该规划将我国的人工智能发展阶段分为三步，蕴含着人工智能立法和构建人工智能法律体系的相关理论。首先，要初步建立部分人工智能伦理规范和政策法规，这一步计划 2020 年完成。其次，在第一步的基础上进行完善，预计到 2025 年进一步建立人工智能法律法规，形成人

---

〔1〕 参见孙伟平：《人工智能与人类命运的哲学思考》，载《江海学刊》2019 年第 4 期。
〔2〕 参见唐杰：《浅谈人工智能的下一个十年》，载《智能系统学报》2020 年第 1 期。

工智能安全评估和监管体系。最后,在前两步的基础上,建成更加完善的人工智能法律法规、伦理规范和政策体系。对于人工智能的立法问题,一些学者认为应该明确人工智能主体,赋予其有限的法律主体地位,完善登记注册与专门管理制度。[1]

试验性立法具有在稳定中实现科学立法的重要意义,先是针对人工智能领域制定一套相对正确完善的法律法规,继而根据该法规在实践中的应用来进一步地修改,最后完善修改后的法律制度,这种特殊的立法制度叫作试验性人工智能立法。[2] 试验性立法不仅表明我国在立法上的谨慎,而且是法治国家建设、法治社会的一种表现,只有这样,才可以脚踏实地地推进我国法治建设稳步向前。我国在改革开放时期开始启动试验性立法,因其具有双重功能而被广泛应用,同样,试验性立法对构建人工智能法律体系有至关重要的作用。对于人工智能的相关立法并不能等到时机成熟再进行,尽快推动全国范围内的人工智能立法,推动第三步目标的实现是全体立法者的重要任务,要保持开放的姿态以更好地解决人工智能法律问题。[3]

人工智能的出现及其发展给我们的生活带来了很大的改变,带动了产业的升级,人民的生活更加方便快捷,但我们在享受这些益处的时候,也经历着人工智能带来的风险,失业人员增多等问题都会影响社会稳定,还会出现伦理规范问题。2020 年 5 月 28 日,我国《民法典》正式在第十三届全国人民代表大会第三次会议上通过。因为人工智能的特殊性,我国《民法典》的条款中虽然没有直接出现人工智能的具体字眼,但是,在多个条款中隐含了

---

〔1〕 参见唐辰明:《人工智能法律人格问题的思考》,载《云南社会科学》2019 年第 6 期。
〔2〕 参见李丹阳:《试验性立法的中国实践》,载《学习与探索》2016 年第 2 期。
〔3〕 参见陈光:《论人工智能时代立法者的危机与生机》,载《河北法学》2020 年第 8 期。

它的相关内容。[1]

(三)域外人工智能立法实践

无论是在科学与技术还是在制度层面,人工智能都在影响着我们。立法者应该积极回应人工智能带来的挑战。任何事物的出现都具有两面性,人工智能技术也不例外。一方面,人工智能技术极大地提高了效率,给人们的生活带来了巨大的变化;另一方面,机器人工智能技术的运用存在非常大的不确定性和风险性,极易引发一些法律性问题甚至道德伦理问题。因此,这个时代亟须解决的一个重大课题便是如何正确适用人工智能技术。

早在2015年1月,欧盟就决定成立一个专门负责研究人工智能法律的机构,该机构由其所属的法律事务委员会来组建。欧盟法律事务委员会于2016年5月31日提交了一项动议,要求欧盟委员会把自动化机器人的身份定位为电子人,并赋予其依法享有著作权、劳动权等权利与义务。[2] 同年10月欧盟出台了《欧盟机器人民事法律规则》,欧盟法律事务委员会制定了一些关于人工智能的法律规则将人类伦理价值渗透于整个研究过程中,以实现其服务于人类社会的最终目的。其建议的具体内容如下。

欧盟对以下问题进行了研究:人工智能衍生物是否具有权利主体资格问题是人工智能法律问题的核心所在,赋予人工智能法律地位是进行人工智能立法工作首先应当考虑的问题。[3] 人工智能的法律地位究竟应该如何界定呢?第一个应当考虑的问题便是人工智能衍生物到底应该属于哪种主体形式?是属于自然人、法人、非法人组织、动物植物还是其他呢?第二个问题则是是否应当为人工智能设置一个新的主体形式,对其权利和义务进

---

〔1〕 其中有一些具体的规定:第127条涉及虚拟财产和数据对人工智能的深远影响;第1019条第1款涉及禁止利用人工智能手段来侵犯别人的肖像权;第1029条、第1030条涉及民事主体信用问题的规定;第1034条涉及公民个人信息行踪的规定,第1194条、第1195条、第1196条、第1197条涉及了互联网侵权的责任认定问题;而且对最新的一些研究项目,如生物特征识别,深度伪造等也进行了规定。

〔2〕 参见胡裕岭:《欧盟率先提出人工智能立法动议》,载《检察风云》2016年第18期。

〔3〕 参见周详:《智能机器人"权利主体论"之提倡》,载《法学》2019年第10期。

行明确规定,以便于更好地实现为人类服务的最终目的,对人工智能的设计、研发和应用进行有效的监管。[1] 人工智能本身具有极大的特点,人工智能可以自主分析与互相学习。而且,还应当将人工智能进行相应的分级,并对高级人工智能进行登记,以便于对其状态进行有效跟踪。

此外,要确立人工智能伦理规范,坚持以人为本的价值原则,无论是制造生产机器人,还是其他人工智能的研发过程,始终存在一个无形的伦理规则框架。[2] 这种约束可以保障研发过程合法而高效的运行,避免出现一些违反伦理的大问题。例如,在出现紧急情况急需关闭机器人时,可以顺利关闭以避免出现更大的麻烦。此外,为了约束人工智能科研人员和该委员会下属的机构,确立人工智能技术研发伦理规范,欧盟法律委员会提出了"机器人宪章"。该宪章规定研究人员在研究开发机器人等人工智能技术时应当切实解决好相关问题,包括技术本身是否有风险,是否会危害人类社会,以及它的权利义务等问题。此外,建议伦理审查委员会应当充分审查机器人在设计时是否符合人类伦理规范,并设立专门的伦理准则。

而且,对人工智能产品配备强制保险业务。智能产品如果脱离人的控制,极有可能造成损害。因此,在高级的智能产品衍生物,如自动汽车等智能产品脱离控制时,可以要求开发人按照无过错责任原则承担责任。[3] 为了解决上述问题,委员会给出了两条建议:一是为了严格地分配责任,可以给人工智能产品配备由开发者支付的强制保险;二是对机器人造成的不在保险范围内的损害,可以由国家进行相应的赔偿。而且,明确人工智能产品的知识产权问题。

2017 年美国提出了"人工智能未来法案",该法案旨在确定与人工智能

---

〔1〕 参见孙伟平:《人工智能与人类命运的哲学思考》,载《江海学刊》2019 年第 4 期。

〔2〕 参见孙伟平:《人工智能与人类命运的哲学思考》,载《江海学刊》2019 年第 4 期。

〔3〕 参见魏益华、于艾思:《法经济学视阈下人工智能产品责任归责原则》,载《吉林大学(社会科学学报)》2020 年第 2 期。

有关的权利义务。他们认为,要在深刻掌握“人工智能未来法案”的基础上,给美国经济发展提供重要动力要大力发展人工智能。美国设立了联邦人工智能发展与应用咨询委员会对人工智能发展提出一些立法建议。他们认为,要提高人工智能技术的社会使用率,为了让美国的人工智能技术领先全球,要有一个稳定的发展环境是人工智能发展所必需的外部环境,将个人隐私作为重点保护对象,将人工智能利用到劳动力发展中,优化资源配置。

世界各国对于人工智能立法的态度并非完全相同,美国采用的是实用主义的态度,他们认为对人工智能进行立法是迫在眉睫的,只有通过立法进行规制,才可以将人工智能有效地融合到国家建设中来,成为经济发展与社会稳定的新动力。德国持消极态度,德国的机器人协会指出政治家所担心的那些结果都是科幻片看多了,现实根本不可能出现那种情况,人工智能给人类带来的好处远远大于所带来的害处。他们认为,当下的关键是对于人工智能的推崇,以此来促进人工智能的快速发展,而不是通过立法对其进行规制。相反,欧盟对于人工智能立法持积极态度,早在 2016 年,欧洲议会就向欧盟委员会提出了对人工智能进行立法,以此来降低人工智能在市场的利用率。

总之,伴随技术的成熟,人工智能在带来便利的同时也暴露出一系列的社会风险。为全面有效地防范人工智能所带来的风险,构建多层次“人工智能 + ”的风险防范体系,很多国家都开始着手于人工智能立法。[1] 其实早在 2017 年欧盟委员会就收到了欧盟议会提出要进行人工智能立法的提案,欧盟委员会玛利亚加布里埃尔在出席 2018 年德国慕尼黑的一次设计大会上发言:“欧盟委员会将从 2018 年春季开始起草人工智能相关法案,我们从事的大多数工作岗位都将改变,我们必须为此做好准备。”这一系列的举动标志着欧美国家逐渐将人工智能立法由规划升华到实践。

---

〔1〕 参见李新瑜、张永庆:《基于产业链视角的人工智能风险分析及其防范》,载《人文杂志》2020 年第 4 期。

(四)我国人工智能立法的实现路径

人工智能立法已经成为一种全球化的趋势,我国也应在监管模式与立法进程中增强在人工智能领域的话语权。同时,立法是调整社会利益,保证社会良好、有序运行的重要途径,立法必须先行,如果等到人工智能技术得到充分发展并且影响世界进程的时候才进行立法工作会为时已晚。[1] 例如,在自动驾驶汽车发生交通事故时,怎么判定责任分配是任何法律都需要解答的问题。针对这一问题进行立法是不可避免的,如果等到问题频频出现时再开始相关的立法工作,那么,问题得不到及时、有效的解决,就可能造成社会秩序的混乱。随着立法的进步和社会的发展,法律成为治理社会最好的方式,对人工智能进行立法活动,我们要做的是面向未来,提升立法水平。我国《立法法》第6条规定了科学立法原则。[2] 人工智能法学要成为一部良法,就要遵循科学立法的原则,立法者要加强对人工智能的探究,其不仅仅要深入学习人工智能的相关理论知识,更要设身处地地理解人工智能研发者与使用者之间的内在联系,注重理解人工智能技术背后所隐含的道德、伦理问题,这样的法律才是所谓的良法,才能真正适应社会。

首先,需要我们强化对法律价值的认识。人工智能在运行过程中具有自主学习和修复的能力,有时甚至不需要人类的直接参与。这就可能产生人类无法想象和控制的情况。人工智能是一把"双刃剑",这是客观事实,设计者无法完全将其理想化,这一缺点容易被不法分子利用,对国家和社会的安全与稳定产生很大威胁,这就需要法律进行规制和处理。[3] 如果不分析责任认定和法律规制中的价值问题,那么,法律规制背后更为复杂的价值世

[1] 参见唐辰明:《人工智能法律人格问题的思考》,载《云南社会科学》2019年第6期。

[2] 《立法法》第6条规定:"立法应当从实际出发,适应经济社会发展和全面深化改革的要求,科学合理地规定公民、法人和其他组织的权利与义务、国家机关的权力与责任。法律规范应当明确、具体,具有针对性和可执行性。"

[3] 参见吴沈括、罗瑾裕:《人工智能安全的法律治理:围绕系统安全的检视》,载《新疆师范大学学报(哲学社会科学版)》2018年第4期。

界就会被忽略。

其次,注重立法技术的运用。一部好的法律的诞生是非常复杂的过程,立法技术是做好一部法律立法的前提之一,[1]立法技术整个阶段包括预测、规划、起草,研究并确定法律相关概念等多个环节。这就需要立法者加强人工智能理论知识学习,完善立法技术,规范立法条款,实时进行立法评估,严格控制各个环节,从而使立法活动更加科学高效。在对人工智能进行立法的过程中,要借鉴国外的经验,运用最先进的立法技术,同时也要注意与我国的国情相适应,以免产生不利的社会效果。人工智能的发展已经是大势所趋,人心所向,我们应该顺应世界的潮流,提高人工智能的立法技术,使其为人民所用,为民众造福。

最后,立法者的素养也至关重要。作为一名立法者,超常的立法素养应该是其毕生的追求。一方面,立法者要足够严谨,努力减少法与法之间的矛盾;另一方面,立法者可以与人工智能法律部门合作,设计出一套能在立法起草和审查的过程中发挥重要作用的新系统,使立法工作更加高效快捷。此外,具有良好伦理素质的立法者能提高立法质量,职业道德素质代表着立法者的精神风貌。[2]

总而言之,在全球人工智能发展浪潮中,我国的人工智能实现了全方位的发展,但是,人工智能立法面临着诸多挑战。[3] 我们对待人工智能这项新生事物要保持敬畏之心,了解人工智能科学发展的利与弊,正确看待它的双面性,切忌一味地认可或者一味地批评。对于人工智能立法,要弄清其法律地位。立法的目的在于提升人工智能在实践中运用,让其更好地为人类服务。英美法系国家对人工智能立法的重视程度显而易见,我国也应该乘势

---

[1] 参见申华:《立法技术研究的新台阶——〈立法技术学〉一书评析》,载《政治与法律》1995 年第 5 期。

[2] 参见刘爱龙:《论立法者的伦理素质》,载《学术交流》2007 年第 4 期。

[3] 参见杨丹辉、邓洲:《人工智能发展的重点领域和方向》,载《人民论坛》2018 年第 2 期。

而上,积极推进人工智能立法。在人工智能立法过程中,要善于从英美法系国家的立法进程中汲取经验,并与我国国情相结合,进而找出适合我国的立法模式。此外,人工智能涉及社会生活多个领域,人工智能的发展突飞猛进,人工智能技术的应用引发一系列的法律问题,对其立法比较困难,面对人工智能时代对立法提出的新要求,如果只依靠一方力量是难以实现的,我们要汇聚各领域的尖端人才进行研究,要尊重客观规律,努力规避其带来的风险。[1]

---

〔1〕 参见金梦:《中国人工智能立法的科学性探析》,载《中共中央党校(国家行政学院)学报》2019年第1期。

参考文献

[1]龙卫球:《人工智能立法规范对象与规范策略》,载《政法论丛》2020年第3期。

[2]魏东:《人工智能算法安全犯罪观及其规范刑法学展开》,载《政法论丛》2020年第3期。

[3]胡元聪:《人工智能产品发展风险抗辩后的损害救济分摊机制研究》,载《政法论丛》2020年第3期。

[4]蔡士林:《"深度伪造"的技术逻辑与法律变革》,载《政法论丛》2020年第3期。

[5]熊波:《论人工智能刑事风险的体系定位与立法属性》,载《重庆大学学报(社会科学版)》2020年第3期。

[6]陆凯、苏苗罕、丁闻语:《美国算法治理政策与实施进路》,载《环球法律评论》2020年第3期。

[7]马长山:《智能互联网时代的法律变革》,载《法学研究》2018年第4期。

[8]王利明:《人工智能时代对民法学的新挑战》,载《东方法学》2018年第3期。

[9]左卫民:《关于法律人工智能在中国运用前景的若干思

考》,载《清华法学》2018 年第 2 期。

[10]刘宪权、胡荷佳:《论人工智能时代智能机器人的刑事责任能力》,载《法学》2018 年第 1 期。

[11]刘宪权:《人工智能时代的刑事风险与刑法应对》,载《法商研究》2018 年第 1 期。

[12]李晟:《略论人工智能语境下的法律转型》,载《法学评论》2018 年第 1 期。

[13]季卫东:《人工智能时代的司法权之变》,载《东方法学》2018 年第 1 期。

[14]刘宪权:《人工智能时代的"内忧""外患"与刑事责任》,载《东方法学》2018 年第 1 期。

[15]张玉洁:《论人工智能时代的机器人权利及其风险规制》,载《东方法学》2017 年第 6 期。

[16]郑戈:《人工智能与法律的未来》,载《探索与争鸣》2017 年第 10 期。

[17]梁志文:《论人工智能创造物的法律保护》,载《法律科学》2017 年第 5 期。

[18]袁曾:《人工智能有限法律人格审视》,载《东方法学》2017 年第 5 期。

[19]吴汉东:《人工智能时代的制度安排与法律规制》,载《法律科学》2017 年第 5 期。

[20]熊琦:《人工智能生成内容的著作权认定》,载《知识产权》2017 年第 3 期。

[21]张保生:《人工智能法律系统的法理学思考》,载《法学评论》2001 年第 5 期。

[22]周世中、吕桐弢:《人工智能给法教义学带来的冲击及其应对》,载

《广东行政学院学报》2021 年第 1 期。

[23]魏斌:《论法律人工智能的法理逻辑》,载《政法论丛》2021 年第 1 期。

[24][美]詹姆斯·格雷克:《信息简史》,高博译,人民邮电出版社 2013 年版。

[25]王利宾:《弱人工智能的刑事责任问题研究》,载《湖南社会科学》2019 年第 4 期。

[26]皮勇:《人工智能刑事法治的基本问题》,载《比较法研究》2018 年第 5 期。

[27]彭文华:《人工智能的刑法规制》,载《现代法学》2019 年第 5 期。

[28]王德政:《人工智能时代的刑法关切:自动驾驶汽车造成的犯罪及其认定》,载《重庆大学学报(社会科学版)》2020 年第 3 期。

[29]储陈城:《人工智能时代刑法的立场和功能》,载《中国刑事法杂志》2018 年第 6 期。

[30]李婕:《智能风险与人工智能刑事责任之构建》,载《当代法学》2019 年第 3 期。

[31]黄云波:《论人工智能时代的刑事责任主体:误区、立场与类型》,载《中国应用法学》2019 年第 2 期。

[32]刘宪权:《涉人工智能犯罪刑法规制的路径》,载《现代法学》2019 年第 1 期。

[33]高翔:《智能司法的辅助决策模型》,载《华东政法大学学报》2021 年第 1 期。

[34]战东升:《挑战与回应:人工智能时代劳动就业市场的法律规制》,载《法商研究》2021 年第 1 期。

[35]刘鑫:《人工智能对知识产权制度的挑战与破解——洛克"财产权劳动学说"视角下的路径选择》,载《云南社会科学》2020 年第 6 期。

[36]汪亚菲、张春莉:《人工智能治理主体的责任体系构建》,载《学习与探索》2020 年第 12 期。

[37]刘云:《论人工智能的法律人格制度需求与多层应对》,载《东方法学》2021 年第 1 期。

[38]刘宪权、房慧颖:《涉人工智能犯罪的前瞻性刑法思考》,载《安徽大学学报(哲学社会科学版)》2019 年第 1 期。

[39]李振林:《人工智能刑事立法图景》,载《华南师范大学学报(社会科学版)》2018 年第 6 期。

[40]刘小璇、张虎:《论人工智能的侵权责任》,载《南京社会科学》2018 年第 9 期。

[41]刘宪权、朱彦:《人工智能时代对传统刑法理论的挑战》,载《上海政法学院学报(法治论丛)》2018 年第 2 期。

[42]张全印:《机遇与挑战:人工智能带来的刑事风险与刑法应对》,载《中国刑警学院学报》2018 年第 6 期。

[43]简筱昊:《论实证研究方法对刑法学科的功能输出》,载《重庆广播电视大学学报》2019 年第 3 期。

[44]张旭、阮重骏:《人工智能非法应用的犯罪风险及其治理》,载《中国特色社会主义研究》2019 年第 4 期。

[45]张文显:《构建智能社会的法律秩序》,载《东方法学》2020 年第 5 期。

[46]Scholz T., *Platform Cooperativism vs. the Sharing Economy*, Big data & Civic Engagement, 2014.

[47]Ashrafian H., Clancy O., Grover V. & Darzi A., *The Evolution of Robotic Surgery: Surgical and Anaesthetic Aspects*, British Journal of Anaesthesia, 2017.

[48]Gabriel Hallevy & Rachel Charney, *Can Androids Plead Automatism-A Review of When Robots Kill: Artificial Intelligence under the Criminal Law*,

University of Toronto Faculty of Law Review, 2015.

[49] Ignatius Michael Ingles, *Regulating Religious Robots: Free Exercise and RFRA in the Time of Super inteArtificial Intelligence*, Georgetown Law Journal, 2017.

[50] Daniel Ben-Arietal, *Artificial Intelligence in the Practice of Law: An Analysis and Proof of Concept Experiment*, Richmond Journal of Law & Technology, 2017, p. 29.

[51] Toby Walsh, *It's Alive! Artificial Intelligence from the Logic Piano to Killer Robots*, La Trobe University Press, 2017.

[52] Richard Yonck, *Heart of the Machine: Our Future in A World of Artificial Emotional Intelligence*, Arcade Publishing, 2017.

[53] Kower Weston, *The Foreseeability of Human-Artificial Intelligence Interactions*, Texas Law Review, 2017.

[54] Trevor N. White & Seth D. Baum, "*Autonomy and Responsibility in Hybrid Systems: The Example of Autonomous Car*", *in Patrick Lin, Ryan Jenkins, and Keith Abney, Robot Ethics* 2.0: *From Autonomous Cars to Artificial Intelligence*, Oxford University Press, 2017.

[55]中华人民共和国最高人民法院:《中国法院的互联网司法》,人民法院出版社 2019 年版。

[56]曹士兵主编:《互联网纠纷案件裁判规则(一)》,法律出版社 2019 年版。

[57]梁坤:《信息化时代庭审方式变迁的实证研究》,清华大学出版社 2018 年版。

[58][日]福田雅树、林秀弥、成原慧:《AI 联结的社会:人工智能网络化时代的伦理与法律》,宋爱译,社会科学文献出版社 2020 年版。

[59][美]迈克斯·泰格马克:《生命 3.0:人工智能时代,人类的进化与

重生》,汪婕舒译,浙江教育出版社 2018 年版。

[60][以色列] 尤瓦尔・赫拉利:《未来简史》,林俊宏译,中信出版社 2017 年版。

[61]周志华:《机器学习》,清华大学出版社 2016 年版。

[62]吴军:《智能时代:大数据与智能革命重新定义未来》,中信出版社 2016 年版。

[63][美]凯西・奥尼尔:《算法霸权———数学杀伤性武器的威胁与不公》,马青玲译,中信集团出版社 2018 年版。

[64][德]汉斯・韦尔策尔:《目的性为论导论——刑法理论的新图景》,陈璇译,中国人民大学出版社 2015 年版。

[65][日]大塚仁:《刑法概说》(总论),冯军译,中国人民大学出版社 2009 年版。

[66]白建军:《刑法规律与量刑实践——刑法现象的大样本考察》,北京大学出版社 2011 年版。

[67]雷・库兹韦尔:《人工智能的未来:揭示人类思维的奥妙》,盛杨燕译,浙江人民出版社 2016 年版。

[68]张明楷:《刑法学》(上),法律出版社 2016 年版。

[69][澳]彼得・德霍斯:《知识财产法哲学》,周林译,商务印书馆 2008 年版。

[70][美]凯文・米特尼克、罗伯特・瓦摩西:《捍卫隐私》,吴攀译,浙江人民出版社 2019 年版。

[71]龙卫球:《人工智能立法规范对象与规范策略》,载《政法论丛》2020 年第 3 期。

后　记

本书是河北省高等教育教学改革研究与实践项目“人工智能法学教育的机遇与挑战：以河北经贸大学人工智能法学教育为例”（项目编号：2019GJJG180）最终成果。本书也是河北经贸大学“新财经”教育改革的重要成果之一。另外，郭雪慧老师撰写部分得到了河北省“三三三人才工程项目”——“人工智能信息安全与法律应对”（课题编号：A202001008）的资助。

人工智能是当代社会最具颠覆性影响的重大科技创新，其在赋能经济社会发展引发生产方式变革的同时，也正在改变人类的生活方式、价值理念和规范体系。法律作为治理社会的权威体系，如何应对此种冲击？这一问题，是所有法律人必须直接面对的问题。为了顺应时代要求，河北经贸大学法学院在全国率先开设了人工智能法学实验班，本书是该实验班教学的实践积累。

《人工智能法学导论》这本略显青涩的著作，就是法律人尝试提供部分答案或者澄清问题的尝试。人工智能对法律的影响可谓方方面面，一本著作也不可能面面俱到，而只能就其中的重要问题进行探讨。本书从人工智能法学的理论定位、人工智能重塑社会结构带来的法治变革、人工智能的民法治理、人工智能犯罪的刑法控制、人工智能规范体系的建构五个方面入手,对人工智能法学的基本问题展开探索。

本书为集体合作成果,由河北经贸大学法学院院长王利军教授、副院长李大庆副教授、林群丰副教授等共同拟定研究提纲、制订写作计划,王利军教授、李大庆副教授集中统稿,其余具体分工如下:第一章,仇志伟撰写第一节至第四节,任成印撰写第五节;第二章,林群丰撰写第一节至第三节及第五节,郭雪慧撰写第四节;第三章,张亮撰写;第四章,赵东撰写;第五章,林群丰撰写第一节至第三节,郭雪慧撰写第四节。

本书作为集体合作的成果,由于对人工智能法学的研究还不够深入,难免有不足,希望各位专家学者不吝赐教,协力斧正。

王利军

2022 年 5 月 12 日